扬州大学出版基金资助

战略决策下的情报流程

李 品 著

南京大学出版社

内容简介

本书从战略决策和情报流程研究现状分析入手,在探究战略决策与情报分析关系基础上,构建了服务于战略决策制定的情报流程模型,并对该情报流程在科技发展战略决策制定中的应用进行验证。

本书主要满足情报学、管理学及其相关专业的老师、学生(含本科生、硕士生和博士生)的学习、教学和研究需要。

图书在版编目(CIP)数据

战略决策下的情报流程 / 李品著. —南京:南京大学出版社,2023.12

ISBN 978 – 7 – 305 – 27328 – 5

Ⅰ.①战…　Ⅱ.①李…　Ⅲ.①军事情报—情报分析　Ⅳ.①E87

中国国家版本馆 CIP 数据核字(2023)第 213105 号

出版发行　南京大学出版社
社　　址　南京市汉口路 22 号　　邮　编　210093
ZHANLVE JUECE XIA DE QINGBAO LIUCHENG
书　　名　战略决策下的情报流程
著　　者　李　品
责任编辑　苗庆松　　　　　　编辑热线　025 – 83592655

照　　排　南京开卷文化传媒有限公司
印　　刷　苏州市古得堡数码印刷有限公司
开　　本　718 mm×1000 mm　1/16　印张 15　字数 280 千
版　　次　2023 年 12 月第 1 版　2023 年 12 月第 1 次印刷
ISBN　978 – 7 – 305 – 27328 – 5
定　　价　59.80 元

网　　址:http://www.njupco.com
官方微博:http://weibo.com/njupco
官方微信号:njuyuexue
销售咨询热线:(025)83594756

前　言

　　情报学与情报工作一直强调支持决策,而情报流程是(情报学与情报工作)实现情报支持决策功能的重要路径。虽然目前的绝大部分情报流程均是为满足决策需求而建,但忽略了多类型决策制定中对情报的需求特征的差异性,专门针对战略决策支持的情报流程尚未引起重视。情报活动是战略决策制定的重要组成部分,战略决策制定所面对的问题是非结构化的,它的过程更多是非程序化的,而且战略决策制定还受到决策主体有限理性、直觉、政治化倾向等主观因素的影响,这需要情报流程具备较强的灵活性、广泛的开放性、高度的共享性和充分的迭代性。鉴于此,本书构建了面向战略决策制定的情报流程模型,试图克服传统情报流程的缺陷、解决情报流程在战略决策支持中针对性不强和应用有效性低等问题。本书在综述战略决策、情报流程以及情报与决策之间关系的基础上,分析战略决策与战略情报的关系,建立以服务于战略决策制定为任务的情报流程模型,研究情报流程在科技发展战略制定中的应用。具体而言:

　　首先,在战略决策与战略情报关系分析中,本书从战略决策制定的模式、战略决策制定的影响因素以及战略决策制定过程三个方面分析了战略决策制定的基本特征。为了匹配战略决策特征,本书分析了与之相对应的战略情报,这些情报主要包括战略情报特征、面向战略决策制定的战略情报分析与应用框架等方面。

　　其次,在以服务于战略决策制定为任务的情报流程模型研究中,为了建立情报流程模型,本书分析了系统论、西蒙决策理论、价值链理论、信息生命周期理论和战略管理理论的内涵,对它们在情报流程结构和要素关系揭示中的应用进行了系统研究;从降低情报失误、匹配战略决策复杂化和满足科学决策客观性要求三个方面分析了情报流程构建的背景,这一背景是情报流程产生的土壤;从共享思想、迭代思想和知识方程理论三个方面研究了情报流程构建的思想指导,为设计情报流程的宏观架构提供了基本思路;从各环节功能的综合性、各环节之间关系的协同性和各环节内部的微循环三个方面研究了情报流程各环节应具备的属性,为情报流程要素构成及其关系管理提供了指导。基于上述研究,本书最终提出了以"情景规划"为中心,由"需求管理"(系统)、"情报搜集与分析"(系统)、"情报产品生产"(系统)和"情报产品传递"(系统)四个环节及其它们内部的微循环构成的情报流程模型。

最后,以优化科技发展战略决策为例,本书进行了情报流程的应用研究。本书主要围绕五个方面开展研究:一是新时代科技发展中的情报问题,二是"三跑并存"(跟跑、并跑和领跑)的情景规划,三是优化科技战略决策的情报分析过程与方法,四是生产情报产品的情报体系,五是情报产品的智库化传递模式。上述应用研究,一方面验证了本书所建情报流程的合理性,另一方面为科技发展战略决策制定提供了情报解决方案。

本书认为:第一,决策是主客观综合作用的结果。决策不仅取决于客观信息分析,还很大程度上受到决策主体主观因素影响。后者是由决策主体固有的有限理性、主观偏向和价值体系决定的,情报对此的干预能力有限,但却可以通过行动情报和知识管理等方式优化决策主体的这些主观因素。第二,情报支持决策过程中,主体应重视建立情报与决策之间的连接。通常而言,战略决策制定过程有其自身固定的智囊团。情报若想在战略决策中发挥作用,必须注重建立情报与决策的连接,通过这一连接,情报产品能够有效地传递给决策主体并被其接受和利用,这一连接可以借助另外的实体(例如智库),但更有效的方式还是在情报流程中设置相应的环节,来作为二者之间连接的平台。情景规划建立在愿景和组织战略差距客观分析的基础上,它提供的是对未来的理解和与未来沟通的工具,并将发展和风险全部纳入其中。从这个意义上说,情景规划更适用于作为决策与情报共享的中心以及它们之间关系连接的平台。第三,战略决策制定须具有与之相匹配的情报流程作为支持路径。战略决策中情报活动的重要性已得到诺尔奖获得者西蒙、著名管理学大师德鲁克和价值链与竞争优势理论提出者波特的高度认可,情报活动是战略决策制定的先决性要素和基础性工作。为了匹配战略决策制定,主体必须予以相对应的情报流程作为支持路径,该情报流程应强调行动情报产品的战略性、整个流程的开放性和共享性,各环节应该显著体现战略情报功能。以往的情报流程对于支持战略决策制定的有效性有限。因此,以服务于战略决策制定为任务的情报流程应具有较强的灵活性、广泛的开放性、高效的共享性和充分的迭代性。我们对情报流程提出这样的要求是为了匹配战略决策的前瞻性、价值导向性、概念性和不具体性特征,以及战略决策问题的非结构化、战略决策制定过程的非程序化等实际情况。第四,情报分析应侧重于结构化分析方法。战略决策制定过程中,决策者从问题的范围开始,并在此范围之上处理信息,他们一般近似地观察信息,需要加入主观的判断和专家的支持。在战略视角下的决策者观察到的问题范围更大,他们的决策更多地表现为在模糊信息环境中的一种管理判断。战略决策制定更侧重于对信息的定性分析,这决定了支持战略决策的情报分析需要重视结构化分析方法的使用,例如,假设驱动的情报分析过程、避免情报分析负面思维局限等。

未来,情报流程及其相关研究可以进一步延伸:第一,对情报流程进行优化研究,最终形成能够被广泛认可的,更具实际操作性和标准化的情报流程。第二,探索情报与决策之间关系的管理体制研究。我们从美国国家安全委员会和美国的相关管理体制中获得启示,谋划构建可以强化情报与决策之间连接的相应的管理体制和运行机制。第三,将情报流程应用于情报机构(组织)的部门治理中,重组现有情报部门。将情报流程应用于情报学教育中,按各环节的要求设置相应的培养方案和课程,从而为培养具有综合性情报行动能力的情报人才提供保障。

本书共包括五章——绪论、战略决策与情报流程研究现状、战略决策制定与战略情报分析的关系、以服务于战略决策制定为任务的情报流程模型、情报流程在科技发展战略决策制定中的应用模式。

本书在研究过程中,受到了南京大学杨建林教授的悉心指导,在此深表感谢! 由于战略决策涉及的影响因素较多,国内外情报流程理论也在不断的探索中,情报与决策的关系又十分复杂,更限于作者自身水平,本书一定存在诸多不足、偏颇甚至错误,希望读者提出批评和建议。我们将认真吸收,以期进一步完善后续研究,为中国情报事业的发展贡献微薄之力。

李　品

2023 年 6 月 5 日

目 录

第一章　绪论

第一节　研究背景和意义

一、研究背景

情报学与情报工作一直强调支持决策,力求在信息不完备的情况下降低决策的不确定性,甚至创造可能性空间。以美国约维茨(M C Yovits)为代表的决策功能学派强调,情报是决策中十分有价值的资料,并倡导建立以情报处理和分析为核心的通用决策模型①,由此提出了著名的广义情报系统。相应地,我国科技情报事业自建立之初,就将支持国家和各级各类社会组织的战略规划制定作为核心内容。时至今日,目前的很多科技情报(信息)研究所将情报研究部门重组为"战略研究中心",主要任务就是满足国家战略需求,为国家战略决策制定提供支持②。近年来,随着国际发展环境的日益复杂,国家安全与发展前所未有地紧密相连,以总体国家安全观为代表的国家安全与发展战略获得重视,支持复杂环境下的战略决策成为情报工作的重要任务。

为了支持决策,情报应该关注怎么做出判断从而得出结论,而不仅仅是判断本身③。也就是说,情报支持决策功能的实现方式与情报功能本身同等重要。为了有效支持决策,情报工作要求具备一种固定的程序来描述情报活动的各个阶段以及它们之间的关系。因此,情报流程在情报支持决策的功能实现中显得十分重要,情报流程是情报理论与实践所关注的重要内容。笔者研究了国外十数本"情报分析"(Intelligence Analysis)类专著,几乎每一部专著都将情报流程作为一个独立章节内容加以论述。"情报流程"概念的使用,强化

---

① 张新华.情报学理论流派研究纲要[M].上海:上海社会科学院出版社,1992.
② 马费成.情报学发展的历史回顾及前沿课题[J].图书情报知识,2013(02):4-12.
③ Richards J,Heuer Jr. Psychology of intelligence analysis[M]. Washington DC:US Government Printing Office,1999:31.

了情报管理实践和情报产品的体系属性。

正因情报流程的重要性,以美国为代表的情报发达国家从 20 世纪 20 年代就开始实质性地进行情报周期的实践应用,到了 20 世纪 40 年代,《军事情报基础野战手册》已经明确提出了情报周期的各个要素,并要求按此开展情报工作。但"情报周期"这一专有名词首次出现是在 1948 年的《情报是指挥官》专著中①。标准的情报周期最早出现在 20 世纪 70 年代,到了 20 世纪 90 年代,传统的情报周期逐渐暴露出了缺陷。2000 年后,学者开始呼吁建立"网络中枢"方式的情报周期模型。2003 年,克拉克提出了以"目标"为中心的情报流程,这一流程成为现代情报流程的典型代表。2004 年,联合出版物 JP2 - 01《军事行动的联合与国家情报支援》中首次提出情报流程的概念②。

虽然目前的绝大部分情报流程均是应满足决策需求而建,但仍存在着很多缺陷,美国中央情报局亚瑟·汉尼克发表的 *What's wrong with the Intelligence Cycle* 论文,细数了情报周期的各种缺陷,其核心是情报被决策者接受的问题,最终的落脚点在于情报与决策的关系上。鉴于决策与情报关系的复杂性,若想使情报能够有效传递给决策主体并被决策主体理解和应用,必须强化情报与决策的关系,这需要在情报流程中予以实现,这仅仅是情报流程缺陷的一个方面。另外,情报流程中决策者参与的缺席、情报流程各环节之间关系的割裂等同样是情报流程的典型缺陷。

除此之外,目前的情报流程在环节设置以及结构组织上难以匹配战略决策制定过程的特征。情报活动在战略决策中的重要作用在战略管理学研究领域中得到了显著体现,例如,诺贝尔奖获得者西蒙、著名管理学大师德鲁克、价值链与竞争优势理论提出者波特等均将情报活动作为战略决策制定的重要组成部分。在动态变化的环境下,决策变得很复杂,这是因为,战略决策制定过程更多的是非程序化的,这需要情报流程要具备充分的灵活性和开放性,情报流程各环节的功能要充分体现综合性。同时,战略决策制定还受到决策主体有限理性、直觉、政治化倾向等主观因素的影响,情报流程需有意识刺激和影响决策主体的价值体系,并不断完善决策者的信息处理能力,以尽可能避免主观因素的负面影响,减少决策的主观成分。

鉴于以上,本书提出服务于战略决策制定的情报流程,试图克服传统情报流程的缺陷,解决情报流程在战略决策支持中针对性不强和应用有效性低等问题。

---

① Mark Phythian. Understanding the Intelligence Cycle[M]. New York, NY: Routledge, 2013:26.

② 张晓军.美国军事情报理论研究[M].北京:军事科学出版社,2007:70.

二、研究意义

（一）为支持决策的情报工作提供行动指南

目前决策视角下的情报研究基本集中于情报在决策中的功能分析以及实现这种功能的情报体系和情报机制构建,这些研究的焦点在于通过各要素的综合作用来实现情报支持决策的功能,但具备了这些要素后,采用什么样的程序去实现这一功能十分重要。传统情报流程往往具有普遍意义,但对于专题领域的情报工作指导意义有限。

决策本身的复杂性决定了相应的情报流程应具有特殊性,应更加关注决策者和决策环境及它们的动态变化给情报活动带来的影响,而"大一统"的情报流程无法强调这一过程。因此,服务于战略决策制定过程的情报流程为支持决策的情报工作提供了行动指南,特别是相对于其他情报流程而言具有特定指导意义:一是开展决策支持服务时情报流程要特别重视决策者的有限理性以及偏好、行为对情报工作造成的影响,要特别关注环境变化对决策者造成的影响以及由此对情报工作造成的影响,要将这些影响分析作为情报活动的组成部分;二是情报流程要将持续反复的反馈环节摆在突出重要的位置上,以反馈来应对决策者需求和决策环境的动态变化,因此要建立必要的反馈机制和实施通道;三是情报流程要与决策者充分互动,传统情报流程中仅停留在情报需求和规划上的用户互动,无法满足面向决策支持的情报工作,情报流程的整个过程应该是情报工作者与决策者协同完成的,因此,情报流程要建立相应的资源共享机制和用户协同机制;四是情报流程要在决策方与情报方共建情景以及进行情景规划的过程中建立紧密联系。情报工作若想发挥作用,必须强化与决策方的关联,以往情报研究成果很难直接传达到决策者手中,决策者所需的情报通常由类似智囊团或智库的机构来提供。本流程以情景规划为中心,在共同的情景规划过程中,强化了决策方和情报方双方的连接,这为以后的情报支持决策提供了十分有效的路径。

（二）为面向情报实践的情报治理提供依据

情报治理是对情报工作相关的组织、人员和信息资源进行管控的措施和制度的总称[①]。《国家情报法》的颁布为情报治理提供了法律保障,目前的情报

[①] 王延飞,陈美华,赵柯然,等.国家科技情报治理的研究解析[J].情报学报,2018,37(08):753-759.

治理研究主要集中于四个方面：一是对情报制度的分析，特别是对美、英等国的国家情报制度的介绍分析；二是对情报事业的研究，主要关注的是我国情报事业的发展战略；三是对情报机构改革与转型的研究；四是对情报搜集与共享机制的研究。这些研究多是以信息环境和国内国际形势为背景的分析，提供的是一种面向某一特定治理要素的理论层面的治理思路；而作为实践性学科，情报治理的目的是为情报工作提供条件和保障。

服务于战略决策制定过程的情报流程十分强调情报活动的综合性、情报用户的协同性和情报活动各阶段的相互渗透性。这为面向情报行动的情报治理提供了思路：情报流程以支持战略决策制定的"情景规划"这一综合性的情报任务为中心，由"需求管理（系统）""情报搜集与分析（系统）""情报产品生产（系统）"和"情报产品传递（系统）"四个环节构成，这四个环节为情报机构的部门架构管理提供了基本依据。此外，这一情报流程还将对情报机构的发展提供借鉴参考——加强情报机构的布局设置研究，特别是筹划构建国家情报机构联盟；重新思考情报机构的职能及其实现模式，谋划情报部门重组，重视情报部门综合情报分析能力；重视情报人员、用户和领域专家的协同，构建相应的资源共享机制、交流沟通机制和情报保密机制；强调情报人员的综合性情报能力培养。

（三）为情报人才的综合性实践能力培养提供导向

情报人才是开展情报工作的实践者和推动者，在国家发展与安全战略中，情报工作者除了要成为"耳目尖兵参谋"，还要具有引领作用，这就要求情报人才要具有情报分析的综合能力[①]。那么，需要什么样的综合能力？我们可以从服务于战略决策制定过程的情报流程的各要素及其要求中获得一些启示，如为了进行有效的情报任务感知，情报人才需要在意识上对情报具有较强的敏感性，在能力上具备较强的搜集、组织、分析和交流沟通等能力；结构化情报分析需要培养情报人才的综合判断能力、方法与技术应用能力、系统性和批判性思维能力；情报产品与应用需要培养情报人才的研究成果组织能力和与用户沟通交流能力等。

（四）为面向跨学科的情报学理论创新提供新增长点

理论是情报学科发展的核心要素，目前情报学理论创新研究得到了学界

---

① 苏新宁.大数据时代情报学学科崛起之思考[J].情报学报,2018,37(05):451-459.

的广泛重视,特别是在苏新宁教授主持的国家社科基金重大项目《情报学学科建设与情报工作未来发展路径研究》的影响下,以《情报学报》《情报杂志》等为代表的情报学期刊刊载了大量相关研究成果,这些研究成果均试图从某一个着眼点来开展理论创新研究,这也充分说明了理论创新的重要性。

情报学理论与实践不能脱节,理论是用来指导实践的。马费成教授认为,在大数据环境下,情报学所处的介质、空间和场景发生了根本性变化,情报学者要在更广阔的背景下进一步促进情报学的发展①。跨学科研究已成为情报学理论创新的新增长点,除了研究大数据对情报学理论变革的影响外,以决策为基本属性的情报学是否能够在决策支持中获得理论创新增长点? 服务于战略决策制定过程的情报流程提供了基本思路,根据这一流程,为完成决策支持任务,情报学必须进行相应的跨学科研究,如与战略管理相关学科、管理决策相关学科、心理学和社会学等在支持决策过程中所涉的学科融合。

第二节　研究界定

一、概念界定

(一) 决策

决策是组织或个人为了实现既定的目标而对未来活动的选择或调整的过程②;从结果角度看,决策是对未来的行动所做的决定或判断。它本质上是一种管理行为。通常而言,决策包括战略决策、应急决策、经营决策和战术决策。

(二) 战略决策

战略决策是针对战略性问题而不是具体问题所做的决定或判断③,通常它是一个非程序化的过程。战略性问题通常具有竞争性、对抗性、前瞻性、稳定性以及非结构化等特征。

---

① 马费成,张瑞,李志元.大数据对情报学研究的影响[J].图书情报知识,2018(05):4-9.
② 周三多,陈传明,鲁明泓.管理学——原理与方法[M].3 版.上海:复旦大学出版社,1999:221.
③ Drucker P. The Effective Executive[M]. NewYork, NY: Harper & Row, 1967:113.

（三）情报流程

情报流程是对情报活动运行中各要素之间逻辑功能的相互推进关系的描述，它涉及各要素的分工以及要素之间协作的规则与机制等。情报流程是情报活动的核心概念，它是情报活动复杂化的产物，是对情报活动的概括、提炼，反过来又为情报活动的有序和规范化开展提供保障。

二、问题界定

（一）战略决策制定

战略决策制定是战略管理的核心。与其他决策（战术决策、经营决策和应急决策）相比，战略决策强调的是全面性、系统性以及对动态环境的不断适应性。本书针对的是战略决策制定的过程，战略决策更具有价值导向性、概念性和不具体性，战略决策制定所面对的问题具有非结构化特征，这一过程强调非程序化。此外，战略决策制定特别依赖对环境信息的分析，环境信息分析的关键不仅在于客观的真实环境，而且更在于决策过程中决策主体对环境的认知。

不同于其他决策制定过程中的信息分析始于细节，战略决策制定过程中，决策者从问题的范围开始，并在此范围之上处理信息。决策者一般近似地观察信息，需要加入主观的判断和专家支持，他们观察到的问题范围更大，更多地表现为在模糊信息环境中的一种管理判断，而战略决策制定更侧重于对信息的定性分析。

无论是商业层面还是政府层面的战略决策制定，除了受组织内外部环境等客观因素影响外，还受到决策主体主观因素的影响。决策主体的主观因素包括有限理性、直觉、认知偏差和政治化倾向等，而政治化倾向很难因情报服务获得改变。

（二）面向战略决策制定的情报流程

本书的情报流程专门服务于战略决策制定，因此在具体环节上强调了综合性功能，在结构上强调了共享性、迭代性和开放性。本书提出的情报流程针对战略决策制定过程的目标是：通过提供趋于精准的客观信息，来弱化决策者有限理性的消极影响；通过知识管理来改善决策者既有认知和直觉；通过环境分析来深化和更新决策者对环境的认知。因此，本书提出的情报流程以优化战略决策制定为主要任务。

第三节　研究目标

本书的总体目标是建立匹配战略决策特征的情报流程,以期为情报有效支持战略决策制定提供路径支持,最终有效发挥情报在优化战略决策制定中的功能。

本书具体包括两个主要分目标:一是建立以服务于战略决策制定为任务的情报流程,将"情景规划"作为决策与情报之间连接的平台,并以此为中心,在推进和反馈流的作用下,将"需求管理(系统)""情报搜集与分析(系统)""情报产品生产(系统)"和"情报产品传递(系统)"四个环节连接起来。二是将情报流程应用于科技发展战略决策制定中,分析科技发展战略中的情报问题、构建科技发展战略情景,并通过情报分析、情报产品生产和情报产品传递等环节的运行,为科技发展战略决策制定提供情报解决方案。

第四节　研究思路

本书的研究思路如图1-1所示。

第一步,本书对战略决策进行综述分析,以期发现战略决策中的情报活动特征;对情报流程,特别是对现代情报流程的典型代表——以"目标"为中心的情报流程的原理、优势和局限等进行系统分析,来总结以往情报流程的缺陷,从中吸取有益的思想和理论来为情报流程构建提供指导。与此同时,本书系统分析了战略决策制定模式、影响因素和制定过程等,并探究了匹配战略决策制定的战略情报特征以及战略情报与战略决策制定之间的关系,本书从中认识到情报流程实质上是一种情报行动,而情报分析的结果产生的是行动情报,行动情报到情报行动之间还存在着从情报到决策主体的传递和采用的距离;本书认识到为了匹配战略决策制定特征,情报流程实质上是战略情报流程,这与以往的情报流程在结构、要素功能和要素关系上存在本质的区别。这些认知均应在情报流程中得以体现。

第二步,基于上一步的认知,本书结合相关理论分析及这些理论在情报流程结构和功能设计中的应用、情报流程产生的特定背景、情报流程应该遵循的指导思想和情报流程各环节应具备的条件等研究,进行情报流程构建的总体结构、功

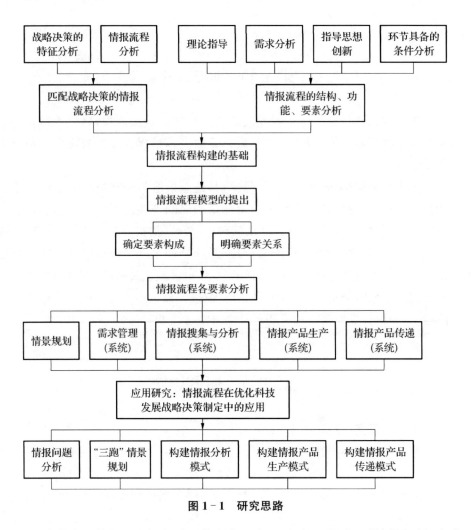

图1-1 研究思路

能、要素构成及其相互之间的关系等研究。在此基础上，提出以"情景规划"为中心的情报流程，除了"情景规划"这一核心外，情报流程还包括相互作用的"需求管理（系统）""情报搜集与分析（系统）""情报产品生产（系统）"和"情报产品传递（系统）"四个环节。每一个环节均被视为一个综合的系统，这有助于体现作为匹配战略决策制定的基本特征的战略情报的功能。为了完成每一个环节的综合性功能，每一个环节还设置了微循环环节。

第三步，本书将情报流程应用于科技发展战略决策制定中，探究了新时代科技发展中的情报问题，构建了"三跑并存"的科技发展情景，提出了面向科技发展战略决策制定的情报分析过程和方法，建立匹配"三跑并存"的三个层次情报产品生产的情报体系，构建了情报产品的智库化传递模式。

第五节　研究内容

一、基本观点

（一）情报流程是实现情报支持决策的具体路径

支持决策是情报的基本功能，实现这一功能需要支持路径的建设，情报流程便是情报支持决策的重要路径之一。

（二）共享和开放思想强化了情报与决策之间的关系

情报流程应该具有广泛的开放性和共享性，开放思想要求充分重视情报流程运转过程中决策者的参与。共享思想要求决策与情报共享一个它们各自运行中必须经历的环节，正是这个环节建立起了情报与决策之间的关系。

（三）情报流程应该充分贯彻迭代思想

与软件工程学重视的量上的迭代不同，情报流程的迭代侧重于关注信息和需求的变化带来的情报本质上的变化，要求在新信息和新需求产生时重新启动情报流程，而不是简单地在原来基础上叠加。

（四）面向战略决策制定的情报流程实质上是战略情报流程

为了匹配战略决策制定的长期性、前瞻性、竞争性特征以及战略决策制定过程的非程序化和决策者主观因素的影响，情报流程各环节需要具备显著的综合性、充分的灵活性和广泛的开放性。

（五）情报流程的任务是提供行动情报和开展情报行动

行动情报是可用于决策行动的情报，与普通的信息和知识具有本质的差别，如对竞争者基本情况的描述是信息，对竞争者的行为和意图的理解则是行动情报，行动情报是情报分析的结果；开展情报行动是将情报分析的行动情报，传递给决策主体并使其能够深刻理解并在决策行动中采用，最终产生积极效果。

二、主要研究内容

（一）战略决策与战略情报关系分析

本书从战略决策制定的模式、战略决策制定过程的影响因素和战略决策制定过程三个方面分析战略决策制定的基本特征。为了匹配战略决策特征，分析与之相对应的战略情报，本书主要包括战略情报特征、面向战略决策制定的战略情报分析与应用框架研究等。通过上述研究内容的分析，本书认识到情报分析的目的是提供行动情报，而若想行动情报能够真正被决策主体接受并被应用于决策行动中产生积极效果，还需改进情报流程中的传递环节来使情报产品能够有效地传递到决策主体。

（二）以服务于战略决策制定为任务的情报流程模型研究

为了建立情报流程模型，本书分析了系统论、西蒙决策理论、价值链理论、信息生命周期理论和战略管理理论这五个理论的内涵，对它们在情报流程结构与要素关系揭示中的应用进行系统研究；从降低情报失误、匹配战略决策复杂化和满足科学决策客观性要求三个方面分析情报流程构建的背景，这一背景是情报流程产生的土壤；从共享思想、迭代思想和知识方程理论三个方面研究情报流程构建的思想指导，为情报流程的宏观架构提供基本思路；从各环节功能的综合性、各环节之间关系的协同性和各环节内部的微循环三个方面研究情报流程各环节应具备的条件，为情报流程要素构成及其关系管理提供指导。基于上述研究，本书最终提出以"情景规划为中心"，以"管理需求""进行情报搜集与分析""生产情报产品"和"传递情报产品"四项情报任务为基本环节，并在这些环节内部分别设置相应的微循环，来支撑它们的任务的完成。这些任务具有显著的综合性特征，因此，在实际运行中，各环节均可视为一个"系统"。最终形成由五个具有综合性任务的情报活动系统作为环节的情报流程模型。

（三）情报流程的应用研究

以科技发展战略决策为例，情报流程应用研究的开展主要围绕五个方面：一是新时代科技发展中的情报问题，二是"三跑并存"（跟跑、并跑和领跑）的情景规划，三是面向科技发展战略决策制定的情报分析过程与方法，四是生产情报产品的具有先导性功能的情报体系，五是情报产品的智库化传递模式。这样的应用研究,一方面能验证情报流程的合理性,另一方面为科技发展战略决策制定提供情报解决方案。

第六节 研究方法

一、文献研究法

本书通过网络、学术文献和政策文献数据库等搜集相关资料,了解目前情报学界理论观点和最新研究进展,分析情报流程研究现状,并进行述评,为关键研究确立方向。

二、系统分析法

本书以复杂网络理论作为理论工具,构建理论分析框架,分层次、分类别深入研究,对战略决策、科技发展战略以及情报工作应用场景进行系统研究和综合设计。

三、情景分析法

本书基于客观环境的扫描分析,确定某一种特定情况可能发展变化的多种方式,以此思考科技发展战略决策中多种看似合理的未来结果的框架,协助确定可能决定未来结果的驱动力。

四、竞争性假设分析法

本书列举战略决策和科技发展战略决策中所有合理的可能答案,并进行相互竞争性的比较和证伪分析,以此来克服情报分析中的认知局限,并开展结构化情报分析。

第七节 研究创新

一、针对战略决策制定过程

本书构建了一个专门针对战略决策制定的情报流程模型,这一模型各环节充分体现了战略情报的特征,其结构也与战略决策制定的特定过程相匹配。

二、注重实现情报与决策之间的强连接

网络化的情报流程更具灵活性和开放性,强调共享思想和迭代思想,将决策者参与作为情报流程运转的重要内容,强调情报与决策之间的强连接。

三、以"情景规划"为中心

情景规划建立在对愿景和组织战略差距客观分析的基础上,它提供的是对未来理解和沟通的工具,并将发展和风险全部纳入其中。从这个意义上说,相比于克拉克的"以目标为中心的情报流程"而言,"情景规划"更适用于作为决策与情报共享的中心以及它们之间关系连接的平台。

第二章 战略决策与情报流程研究现状

战略决策和情报流程构成了本书的两大研究对象。分析战略决策研究现状,我们可以明确战略决策研究重点关注的论题。这些论题将成为情报支持决策的主要作用领域,并为情报流程的构建提供启示。为了构建情报流程,我们需要系统分析传统情报流程研究现状,探究它们的优势,以期加以利用;明确它们的缺陷,以期加以改进。基于这样的思考,本章分析了战略决策的研究现状,梳理了情报流程发展历程、论述了传统情报流程及其演变,并指出传统情报流程的缺陷。相对于传统线性和周期性的情报流程而言,以'目标'为中心的情报流程更加符合情报支持决策的实际情况,但仍然存在缺陷。本书将这一流程作为现代情报流程典型代表,分析它的优势和缺陷,以期为情报流程构建提供借鉴。

第一节 战略决策研究现状

总结而言,国内外的战略决策研究主要涵盖以下五项重点研究内容:

一、战略决策的影响因素研究

这一研究内容重点从人的个性、行为、心理等视角研究高层管理团队等战略决策主体对战略决策的影响,也包括环境因素的影响。具体而言,它主要涉及五个方面:一是高层管理团队对战略决策的影响研究,其中包括高层管理团队的特性[1][2]、个性心理特征与人口特征的断层[3]、领导能力与行为[4]、

---

[1] 古家军,胡蓓.企业高层管理团队特征异质性对战略决策的影响——基于中国民营企业的实证研究[J].管理工程学报,2008(03):30-35.
[2] 李全,佘卓霖,杨百寅.自恋型CEO对企业战略决策效果的影响机制研究[J].科学学与科学技术管理,2019,40(02):84-98.
[3] 陈悦明,葛玉辉,宋志强.高层管理团队断层与企业战略决策的关系研究[J].管理学报,2012,9(11):1634-1642.
[4] 刘进,揭筱纹,何诗萌.企业家战略领导能力对战略决策机制影响研究[J].经济问题,2012(12):45-49.

认知偏差①、认知需要②，以及高管团队与中层管理者的互动③等。如，朱振伟研究认为，最高决策者的经验以及对事业的专注对战略决策过程的程序理性存在显著影响④；阿玛森分析了高层管理团队的冲突对决策质量的影响⑤。二是董事会的作用研究。如卡彭特指出，外部网络联系决定了董事会对战略决策过程作出贡献的能力⑥。三是决策本身的特性研究。帕帕达基斯认为，战略决策过程由多种因素决定，在所有因素中，决策特性对战略决策过程有着最重要的影响⑦。四是环境与战略决策过程的关系研究。如霍夫研究表明，环境动态性可以调节理性综合决策与决策质量之间的关系⑧。五是程序合理性问题。如迪恩指出，环境竞争威胁、组织外部控制感、战略问题的不确定性与程序合理性有关⑨。

　　战略决策过程的影响因素十分复杂，不仅在于影响因素本身的丰富，还在于影响因素之间的交互关系。这就要求在情报支持决策中，我们尽量全面地为各影响因素提供有针对性的情报支持，并优化各影响因素之间的关系，使各影响因素能够在决策任务的规定下，保持内部的一致性和连贯性。

二、战略决策的过程与方法研究

　　战略决策过程研究侧重于探索相关模型的建立，目的是对战略决策中涉及的要素及其关系进行建模，从而形成针对特定战略决策的制定过程，

---

① 谢开勇,邹梅,裴飞云.认知偏差及对战略决策的影响[J].科技管理研究,2008,28(12):332-334.

② 张志学,张文慧.认知需要与战略决策过程之间的关系[J].心理科学,2004(02):358-360.

③ 熊斌,陈思婷,石建有.高管团队与中层管理者的互动过程对战略决策质量及战略执行质量的影响研究[J].工业技术经济,2016,35(03):102-108.

④ 朱振伟,金占明.战略决策过程中程序理性的实证研究[J].科学学与科学技术管理,2010,31(03):113-118.

⑤ Amason A C. Distinguishing the effects of functional and dysfunctional conflict on strategic decision making: Resolving a paradox for top management teams[J]. Academy of Management Journal, 1996, 39(1): 123-148.

⑥ Carpenter M A, Westphal J D. The strategic context of external network ties: Examining the impact of director appointments on board involvement in strategic decision making[J]. Academy of Management Journal, 2001, 44(4): 639-660.

⑦ Papadakis V M, Lioukas S, Chambers D. Strategic decision-making processes: The role of management and context[J]. Strategic Management Journal, 1998, 19(2): 115-147.

⑧ Hough J R, White M A. Environmental dynamism and strategic decision-making rationality: An examination at the decision-level[J]. Strategic Management Journal, 2003, 24(5): 481-489.

⑨ Dean J W, Sharfman M P. Procedural rationality in the strategic decision-making process[J]. Journal of Management Studies, 1993, 30(4): 587-610.

如,拉贾戈帕兰提出了一个战略决策过程的综合框架,该框架包含环境、组织和决策特定的先行因素,以及它们的过程和经济结果[①]。从决策过程模型看,战略决策包括决策者、组织内外部环境两个十分重要的方面,情报为了支持战略决策,需要着力于为这两个方面开展有针对性的服务。本书战略决策的方法研究中试图引入多维度方法,力求使战略决策过程更为合理,进而提高战略决策的质量。整体上看,战略决策方法既包括定性方法,也包括定量方法,比较有代表性的方法包括:SWOT 模型[②]、层次分析法(Analytical Hierarchy Process,AHP)[③]、商务智能技术[④]、基于信息熵—灰色局势集[⑤]、图像模糊集的余弦相似度量[⑥]、基于知识的决策方法[⑦]和多准则决策[⑧⑨]等。各种类型的方法,大多建立在广泛的信息和数据搜集与整理工作基础上,以战略决策中所面临的问题和所处的环境等相关的信息作为方法运用的基本依据,这就需要情报服务中我们要根据方法的需要,准确而有针对性地去帮助决策主体获取方法运用中所需的信息,这也是战略决策中决策主体的需求和情报流程的任务之一。

三、决策主体分析

由于决策主体主观因素的复杂性,本书从多个视角开展了相关研究,主要包括六个方面:一是不同决策者之间的差异研究,如创业者和管理者[⑩]、高层管理

---

① Rajagopalan N, Rasheed A M A, Datta D K. Strategic decision-processes crtical review and future directions[J]. Journal of Management, 1993, 19(2): 349-384.

② 宋继承,潘建伟.企业战略决策中 SWOT 模型的不足与改进[J].中南财经政法大学学报,2010(01):115-119.

③ 罗兵,赵丽娟,卢娜.绿色供应链管理的战略决策模型[J].重庆大学学报(自然科学版),2005(01):105-109.

④ 夏维力,许昌元.商务智能技术在企业战略决策中的支持作用及方法研究[J].软科学,2004(03):15-17+21.

⑤ 王娟.基于信息熵—灰色局势集的企业战略决策方法[J].统计与决策,2014(04):173-175.

⑥ Wei Guiwu. Some cosine similarity measures for picture fuzzy sets and their applications to strategic decision making[J]. Informatica, 2017, 28(3): 547-564.

⑦ Yim N H, Kim S H, Kim H W, et al. Knowledge based decision making on higher level strategic concerns: system dynamics approach[J]. Expert Systems With Applications, 2004, 27(1): 143-158.

⑧ Vego Goran, Kucar Dragicevic Savka, Koprivartac Natalija. Application of multi-criteria decision-making on strategic municipal solid waste management in Dalmatia, Croatia[J]. Waste Management, 2008,28(11): 2192-2201.

⑨ Onar Sezi Cevik, Oztaysi Basar, Kahraman Cengiz. Strategic decision selection using hesitant fuzzy TOPSIS and Interval Type-2 Fuzzy AHP: A case study[J]. International Journal of Computational Intelligence Systems, 2014, 7(5): 1002-1021.

⑩ Busenitz L W, Barney J B. Differences between entrepreneurs and managers in large organizations: Biases and heuristics in strategic decision-making[J]. Journal of Business Venturing, 1997, 12(1): 9-30.

团队与首席执行官[①]、男性和女性[②③]等。二是战略决策对决策者的影响研究,如程序公正性[④]和过程公平性[⑤]等对决策者有重要影响。三是决策者自身特征对战略决策的影响研究,如米勒研究表明,高管多元化抑制了对当前机会和威胁考察的全面性,并抑制了长期规划的广泛性[⑥];希勒认为,自尊、自我效能和情绪稳定性等对战略决策过程具有显著影响[⑦]。四是决策者的决策行为特征研究,主要包括直觉[⑧]、政治化行为[⑨]、认知偏差[⑩]、以往经验[⑪]等。五是决策者对决策速度的影响研究,如,沃利发现,首席执行官的认知能力、直觉的运用、对风险的容忍度、行动倾向与快速决策正相关,其认知全面性与战略决策速度正相关,组织全面性与战略决策速度负相关[⑫]。六是心理学角度的决策者在决策过程中的神经机制研究[⑬⑭⑮]。

---

① Papadakis V M, Barwise P. How much do CEOs and top managers matter in strategic decision-making? [J]. British Journal of Management, 2002, 13(1): 83 - 95.

② Nielsen Sabina, Huse Morten. Women directors' contribution to board decision-making and strategic involvement: The role of equality perception[J]. European Management Review, 2010, 7(01): 16 - 29.

③ Sonfield M, Lussier R N, Corman J, et al. Gender comparisons in strategic decision-making: An empirical[J]. Journal of Small Business Management, 2001, 29(02): 165 - 173.

④ Korsgaard M A, Schweiger D M, Sapienza H J. Building commitment, attachment, and trust in strategic decision-making teams-The role of procedural justice[J]. Academy of Management Journal, 1995, 38 (01): 60 - 84.

⑤ Kim W C, Mauborgne R. Procedural justice, strategic decision making, and the knowledge economy [J]. Strategic Management Journal, 1998, 19(4): 323 - 338.

⑥ Miller C C, Burke L M, Glick W. Cognitive diversity among upper-echelon executives: Implications for strategic decision processes[J]. Strategic Management Journal, 1998, 19(1): 39 - 58.

⑦ Hiller N J, Hambrick D C. Conceptualizing executive hubris: The role of (hyper-) core self-evaluations in strategic decision-making[J]. Strategic Management Journal, 2005, 26(4): 297 - 319.

⑧ Miller C C, Ireland R D. Intuition in strategic decision making: Friend or foe in the fast-paced 21(st) century? [J]. Academy of Management Executive, 2005, 19(1): 19 - 30.

⑨ Elbanna Said, Child John. Influences on strategic decision effectiveness: Development and test of an integrative model[J]. Strategic Management Journal, 2007, 28(4): 431 - 453.

⑩ Das T K, Teng B S. Cognitive biases and strategic decision processes: An integrative perspective[J]. Journal of Management Studies, 1999, 36(6): 757 - 778.

⑪ Mitchell J Robert, Shepherd Dean A, Sharfman Mark P. Erratic strategic decisions: When and why managers are inconsistent in strategic decision making[J]. Strategic Management Journal, 2011, 32(7): 683 - 704.

⑫ Wally S, Baum J R. Personal and structural determinants of the pace of strategic decision-making[J]. Academy of Management Journal, 1994, 37(4): 932 - 956.

⑬ Venkatraman Vinod, Payne John W, Bettman James R, et al. Separate Neural Mechanisms Underlie Choices and Strategic Preferences in Risky Decision Making[J]. Neuron, 2009, 62(4): 593 - 602.

⑭ Van't Wout M, Kahn R S, Sanfey A G, et al. Repetitive transcranial magnetic stimulation over the right dorsolateral prefrontal cortex affects strategic decision-making[J]. Neuroreport, 2005, 16(16): 1849 - 1852.

⑮ Venkatraman Vinod, Rosati Alexandra G, Taren Adrienne A, et al. Resolving Response, Decision, and Strategic Control: Evidence for a Functional Topography in Dorsomedial Prefrontal Cortex[J]. Journal of Neuroscience, 2009, 29(42): 13158 - 13164.

决策主体在战略决策制定过程中占有重要地位,最终的战略决策方案拟定、战略决策分析与评估等实际上均取决于决策主体的认知。决策主体在战略决策制定过程中通常会表现出很强的主观性,这样的主观性受他们的有限理性、直觉、政治化行为、经验等多种因素的影响。为了科学的决策,情报活动应该通过对内外部环境的客观综合分析来不断优化决策主体的主观认知,并通过知识管理来完善个人的知识结构,同时促进决策管理层和执行者之间进行充分的知识共享。

四、战略决策中各要素的管理研究

这一研究包括三个方面:一是对与"人"相关要素的管理研究,如,高管团队的冲突管理[1]、董事会与首席执行官(CEO)的战略决策权配置[2],以及决策者主观性因素的克服等。如,霍奇金森研究了因果认知映射程序在克服决策者认知偏差中的作用[3];达斯研究了理性决策、回避决策、逻辑渐进决策、政治决策和垃圾桶决策五种决策模式中的认知偏差表现[4]。二是对决策过程的管理研究,如,迪恩对24家公司的52项决策进行的研究表明,决策过程与决策的成功密切相关[5]。三是对要素关系的管理研究。如,奥尔森研究了认知多样性、任务冲突和基于能力的信任的相互关系及其对决策结果的影响[6];埃尔班纳探究了决策、环境和企业特征对战略决策合理性的影响[7]。为了优化决策结果,提高决策质量,情报活动应嵌入到决策过程中,通过提供客观的系统性信息和行动情报,来控制和优化战略决策的管理。

五、图书情报领域中的战略决策研究

图书情报学是战略决策研究的重要支撑学科,西蒙、德鲁克和波特等均

---

① 欧阳慧,李树丞,陈佳.高层管理团队(TMT)在战略决策中的冲突管理[J].湘潭大学学报(哲学社会科学版),2004(02):7-10+75.

② 周建,罗肖依,余耀东.董事会与CEO的战略决策权配置研究[J].外国经济与管理,2015,37(01):52-61.

③ Hodgkinson G P, Bown N J, Maule A J, et al. Breaking the frame: An analysis of strategic cognition and decision making under uncertainty[J]. Strategic Management Journal, 1999, 20(10): 977-985.

④ Das T K, Teng B S. Cognitive biases and strategic decision processes: An integrative perspective[J]. Journal of Management Studies, 1999, 36(6): 757-778.

⑤ Dean J W, Sharfman M P. Does decision process matter? A study of strategic decisionmaking effectiveness[J]. Academy of Management Journal, 1996, 29(2): 368-396.

⑥ Olson Bradley J, Parayitam Satyanarayana, Bao Yongjian. Strategic decision making: The effects of cognitive diversity, conflict, and trust on decision outcomes[J]. Journal of Management, 2007, 33(2): 196-222.

⑦ Elbanna Said, Child John. The influence of decision, environmental and firm characteristics on the rationality of strategic decision-making[J]. Journal of Management Studies, 2007, 44(4): 561-591.

将情报活动视作战略决策过程中的重要组成,这印证了情报学在战略决策研究中的重要作用。图书情报学对于战略决策研究主要关注四个方面:一是决策者信息利用行为研究。如,战略决策过程中的信息需求[①],信息利用的模式[②],以及信息的获取、分析、判断和应用方式[③]等。二是战略决策中的知识管理研究,如,通过建立知识管理系统来促进大数据纳入组织的战略决策[④],战略决策的知识管理[⑤],内部信息共享[⑥]等。三是战略决策支持系统研究,如,基于仿真的创新企业发展战略决策支持系统[⑦]等。四是情报支持战略决策研究,如,基于战略失败分析的战略情报研究[⑧],竞争战略决策的模式[⑨]等。

第二节 情报流程研究现状

一、情报流程的简要发展历程

情报流程(Intelligence Process)源于"情报周期(Intelligence Cycle)",它是为了克服情报周期在情报活动实践中暴露出的种种缺陷,而逐渐演变而来的。早在波尔战争时期,沃斯利勋爵在 1886 年为陆军野战服务编写的袖珍

① Rodriguez Cruz Yunier, Pinto Maria. Information requirements for strategic decision making in information organizations[J]. Transinformacao, 2017, 29(2): 175 - 189.

② Rodriguez Cruz Yunier, Pinto Maria. Information use model for the strategic decision making in information organizations[J]. Transinformacao, 2018, 30(1): 51 - 64.

③ Citroen Charles L. The role of information in strategic decision-making[J]. International Journal of Information Management, 2011, 31(6): 493 - 501.

④ Intezari Ali, Gressel Simon. Information and reformation in KM systems: big data and strategic decision-making[J]. Journal of Knowledge Management, 2017, 21(1): 71 - 91.

⑤ Lin Yang, Cole Charles, Dalkir Kimiz. The relationship between perceived value and information source use during KM strategic decision-making: A study of 17 Chinese business managers [J]. Information Processing & Management, 2014, 50(1): 156 - 174.

⑥ Li Yuan, Hou Mingjun, Liu Heng, et al. Towards a theoretical framework of strategic decision, supporting capability and information sharing under the context of Internet of Things[J]. Information Technology & Management, 2012, 13(4): 205 - 216.

⑦ Yan Min Ren. Improving entrepreneurial knowledge and business innovations by simulation-based strategic decision support system[J]. Knowledge management Research & Practice, 2018, 16(2): 173 - 182.

⑧ Aversa Paolo, Cabantous Laure, Haefliger Stefan. When decision support systems fail: Insights for strategic information systems from Formula[J]. Journal of Strategic Information Systems, 2018, 27(3): 221 - 236.

⑨ Raudeliuniene Jurgita, Elskyte Vida. Change management: Formation of competitive strategic decisions[C]. 5th International Scientific Conference on Business and Management, 2008:468 - 474.

本就为野战指挥官及其参谋提供了如何选择情报官员以及如何建立野战情报组织的详细指示,其中的情报工作包括三个阶段:收集、分析和报告。第一次世界大战前,军事情报的先驱们对情报的生产和使用所涉及的内容进行了系统的描述,区分了在获取阶段所涉及的内容与将产品分类和分发给野战部队的任务所涉及的内容。第一次世界大战期间公布的美国陆军条例将收集、整理和传播军事情报确定为当时所谓的军事情报部门的基本职责。

到 20 世纪 20 年代,军事情报官员确定了战术作战情报的四个不同职能:确定信息、情报需求,收集情报,今天被视为分析的"利用",以及向用户传播情报。虽然这些军事情报官员的工作并没有特别提到情报周期,但周期的基本组成要素已经被确定[1]。1926 年,美国军事情报官员提出战术作战情报有四个不同的功能:需求、收集、利用(即处理和分析)和传播,尽管那时还没有明确提到情报周期。

1940 年,美国军事条令规定情报官员的职责如下:(1)规定要收集的信息;(2)启动并保持所有现有收集机构对所需信息的系统和协调搜索;(3)整理、评估和解释收集的信息;(4)将所得情报简化为系统和简明的形式,并及时分发给所有有关方面,以便对接受者有利用价值;(5)确保在制定计划时对情报给予适当考虑,并检查命令,确保做到这一点。美国陆军 1940 年的《军事情报基础野战手册》已经有了标题为"情报收集""情报整理""情报评估与解释""敌情 G-2 评估"和"情报传播"的章节。可以注意到,这个手册中提到的"情报过程"是反复的、周期性的,于是"情报周期"理念就诞生了。学者们也许永远不知道究竟是谁做出了这一精神上的飞跃,但到 1948 年,这已经成为一个摆在台面的事实,这一事实被《情报是指挥官》的作者们很好地理解并绘制成图表[2]。美国指挥与总参谋学院根据这张图表进行教学,该图表显示了任务由四个功能循环支持——收集工作的方向、收集信息、处理信息、使用情报。就是在这本书中,作者罗伯特·格拉斯和菲利浦·戴维森首次使用了"情报周期"一词,他们的情报周期包括四个阶段:收集工作的方向、信息的收集、信息的处理和情报的使用。可见,到 1948 年,情报工作者已经确定了这个周期的一般步骤并创造了它的名字,但至于这个周期的历史起源问题至今仍然存在争议,许多人认为,美国中央情报局(CIA)在早几年的时间里就开发了它,但这一结论仍未得到证实。

---

① Carl J Jensen, David H McElreath, Melissa Graves. Introduction to intelligence studies[M]. Boca Raton, FL: CRC Press,2012:153.

② Mark Phythian. Understanding the intelligence cycle[M]. New York, NY: Routledge, 2013: 26.

标准的情报周期最早出现在 20 世纪 70 年代初的美国①。这是一个不可忽视的时代，当时西方经济正处于分散化生产方式的顶峰，情报生产也没有什么不同。苏联威胁的单一且缓慢移动的目标使得情报业务实现了工业化，包括越来越多的技术手段，如卫星图像、信号情报和使用大量计算能力的加密攻击，它还提供了一个情报报告的生产线流程。在那个时代，西方情报生产商的定位是向其决策者提供苏联在欧洲军事部署的情报报告，这是一个非常适合线性和编码流程图的流程。然而，从 70 年代起，市场变得越来越灵活，加之技术的变化，使一次性使用的设备缺乏实用性。这一转变使得具有更扁平的管理层次和更大的释放创新能力的公司更具灵活性，并成为新经济的赢家。本质上，工业主义正在成为"信息主义"。当这些变化发生时，情报客户发现自己面临着越来越复杂的需求。1981 年，美国学者阿莫斯·乔丹和威廉姆·泰勒认为，情报周期包括"公开或秘密地搜集信息，处理信息以澄清技术细节，分析各种来源的信息以评估其对政策问题的重要性和相关性，向负责决策的官员分发成品"等几类活动②。1987 年洛克·约翰逊将情报周期划分为"规划与指导、搜集、处理、分析与生产、分发"等五个阶段③。之后，布鲁斯·伯科威茨和艾伦·戈德曼④、詹姆斯·沃茨⑤、亚瑟·汉尼克⑥等许多美国学者都对"情报周期"做出过相近或类似的论述。约翰·金特里为了突出情报分析在情报生产者和情报用户之间的衔接作用，将情报周期的环形结构修改为"8"字形，使得情报分析部门与确定情报搜集需求过程不会分离⑦。美国军方在上述学者研究的基础之上，分别于 1995 年、1996 年、1998 年和 2000 年在其颁布的联合出版物《作战情报支援联合条令》(JP2-0)、《对军事行动联合情报支援》(JP2-01)、《联合作战国家情报支援》(JP2-02)以及 JP2-0 的修订版中逐步丰富了情报周期的各阶段活动内容，延展了情报工作所涉及的范围，并形成了

① Manuel Castells. The Rise of the network society—The information age: Economy, society, and culture[M]. Oxford: Blackwell, 2010: 166.

② Jordan A A, Taylor W J. American national security: Policy and process[M]. Baltimore: Johns Hopkins Press, 1981: 127.

③ Johnson L K. Making the Intelligence Cycle Work[J]. International Journal of Intelligence and Counterintelligence, 1987, 1(4): 2.

④ Berkowitz B D, Goodman A E. Strategic Intelligence for American National Security[M]. Princeton, NewJersey: Princeton University Press, 1989: 185-192.

⑤ Wirtz J J. The tet offensive——Intelligence failure in war[M]. New York: Cornell University Press, 1991: 4, 256.

⑥ Hulnick A S. Controlling intelligence estimates[M]. London: Frank Cass, 1991: 81-96.

⑦ Gentry J A. Lost promise: How CIA analysis misserves the nation[M]. Lanham, Maryland: University Pressof America, 1993: 222.

比较稳定的关于情报周期及其阶段划分、工作内容的官方界定，即情报周期是将信息转化为情报并提供给用户的过程①。

在20世纪90年代初，苏联解体、安全威胁的新情况，特别是自"基地"组织和当代国际恐怖主义出现以来，一个由各种风险、行动者和应对战略交织在一起的极其复杂的情报网络变得越来越普遍。恐怖主义和有组织犯罪等复杂的跨国威胁，以及自然灾害、气候变化等威胁人类安全的因素。社会和经济的这种转变，以及构成情报需求的平行变化，共同促使人们越来越认识到，旧的情报周期可能不再适合，情报界内外的各种分析人士开始提出各种可能更适合当代情报生产的新模式②③。奎尔姆比指出，传统的情报周期"不是被设计成字面意义上的，也不是为现代情报组织的结构和运作提供一个精确的过程图"。本质上，这个周期是一个非常基本的理论模型，将被用作一种训练工具，它不应被视为组织结构的模板，而应仅仅作为新员工的松散概念模型④。2000年之后，随着网络时代的来临，伯克维茨和古德曼⑤首先呼吁以"网络中枢（network-centric）"方式代替之前的情报周期模型，他们认为这种方式不仅能反映情报过程的特性，还能反映出外界环境变化带来的机遇，即信息与通信技术的变革和公开信息源的开发。

情报流程的概念是由美军于2004年正式提出，出现在联合出版物《对军事行动的联合与国家情报支援》（JP2－01）中，用于取代沿用多年的情报周期概念。根据美军的解释，这两个的基本内涵是相同的，但是，新概念认为"在现代情报流程中，各类情报工作的起点或终点之间没有严格的界限；它们之间不是前后按序承接的，而是几乎同时发生的；并非所有的情报工作都必须经过完整的情报流程才能完成。"⑥

2001年，特番弗顿也认为传统的"情报周期"所具有的线性结构不再适合快速发展的网络世界，反而会造成"短路"（Short-Circuited），原本是复杂的、迭代的情报过程被简化为单一的线性的信息处理过程。于是，他提出"实际的情报周

①　任国军. 美军联合作战情报支援研究[M].北京：军事科学出版社，2010：114－120.

②　Manuel Castells. The rise of the network society—The information age：Economy，society，and culture[M]. Oxford：Blackwell，2010：166.

③　Julian Richards. A guide to national security：Threats，responses and strategies[M]. Oxford：Oxford University Press，2012：14.

④　N Quarmby，L J Young. Managing intelligence：The art of influence[M]. Sydney：The Federation Press，2010：13.

⑤　Berkowitz B D，Goodman A E. Best truth：Intelligence in the information age[M]. London：Yale University Press，2000：80.

⑥　U. S. Joint Chiefs of Staff. Joint Publication 2－01，Joint and national intelligence support to military operations[M]. Washington DC：GPO，2004：III－2.

期"(Real Intelligence Cycle),这种情报周期的运转是由情报"推动"(Pushing),而非政策的"拉动"(Pulling)。在特雷弗顿看来,决策者并没有足够的时间和耐心进行需求的清晰表达,情报人员和情报组织需要自己推断情报需求以及任务的分配和实施,从而确保更好地理解决策者的想法。此外,不同环节间的快速反馈与响应,促使更为扁平的组织结构的形成,有助于及时应对所预料到的政策需求①。

2003年,克拉克运用"目标中心法"(Target-Centric Approach)来阐释情报周期,该方法并不是将情报看作是一个线性过程或是周期,而是围绕"情报对象",将用户与情报人员之间的交互看作是一个网络化的协作过程。其目的在于构建共享式的目标图景(Picture of The Target),从每个工作环节参与者所做的工作和所处的环境中抽取要素形成更为准确的目标图景。这种方法下的情报周期将更为节省时间,因为所谓的"目标图景"通常是已共享的数据库或技术性的协作平台②。

2009年,洛文塔尔建议对传统的情报周期进行改善,将单一线性结构转变为双层网络结构,他认为这样一种模型适用于多种类型的情报工作,而且许多情报课题往往需要多次的情报过程,对不同环节的需求程度也不一样,只靠单次的情报周期很难解决问题。洛文塔尔的双层模型相比传统的模型更具现实意义,同时反映出情报工作所具有的线性、循环性和开放式的特性③。

从发展历程上看,情报流程伴随着情报环境和决策需求的变化而不断发生着变化,从最初的强调各环节按序承接和周期性运转,到各环节的并行运行。直到现在,以网络结构为代表的情报流程更加强调开放性和决策者的参与性。情报流程的一次次变化逐渐接近情报工作实际,我们通过这样的变化使得情报流程在情报支持决策中发挥更大的实际作用。

二、传统情报流程及其演变

(一) 传统情报流程研究现状

情报流程是情报实践工作和理论构建的核心概念,它是情报工作复杂化

---

① Treverton G F. Reshaping national intelligence in an age of information[R]. RAND Report, 2001: 106.
② Clark R M. Intelligence analysis: A target-centric approach[M]. 2nd edition. Washington DC: CQ Press,2007: 13–17.
③ Lowenthal M M. Intelligence: From secrets to policy[M]. 4th edition. Washington DC: CQ Press, 2009: 65–67.

的产物,是对情报活动的概括、提炼,反过来又为情报活动的有序和规范化开展提供保障。情报流程为情报工作提供了指导方针和持续改进的工作框架,能够加深对整体情报工作运行的理解,正如彭知辉教授认为,高效运行、运转顺畅的情报流程是情报活动正常开展的前提和基础①。目前国内关于情报流程的研究还未引起足够重视,笔者通过中国知网期刊全文数据库的题名字段检索"情报流程"或"情报周期"后发现,真正研究情报流程本身的成果很少,少有的研究成果主要集中于两方面:一是竞争情报流程,如孙琳和邵波提出了面向技术竞争的情报流程②;二是公安情报流程,如彭知辉提出了大数据环境下的公安情报流程优化③,姜峰和谢川豫提出了基于控制论的公安情报流程优化④。上述研究本质上仍未脱离传统情报流程(周期性的顺序推进)的一般环节及其先后次序,只不过因应用领域不同,进行了侧重点强调(如强调竞争对手分析、强调公安情报的特殊性等)。

2000 年出版的美军《联合作战情报支援条令》专门论述了"联合作战情报周期"理论,提出情报周期包括六个阶段:计划与指导、搜集、处理与加工、分析与生产、分发与整合、评估与反馈,它将情报工作的各阶段描述为一个完整的循环,以后的情报周期研究基本上围绕这六个环节进行拓展和修订。传统的情报周期是一种简单易记的视觉表现,在美国中央情报局看来,情报周期就是"获取信息、转化为情报并提供给决策者的过程"⑤,其最初的目的是帮助情报生产者和消费者理解情报产生的各个环节。它最开始主要用于军事和安全领域,近年来也广泛应用于商业世界和作为公共信息工具⑥。在美国联邦调查局网站上,情报周期被描述为"将未经提炼的数据开发为供决策者使用的精良情报的过程"⑦。情报周期不仅仅是一个线性推进的过程,是一个具有反馈循环的过程:一个循环的步骤的重复过程,按照一个生产过程的模式排列,在这个生产过程中,用户对情报的需求产生了情报活动,从而使用户收到与所需主题相关的情报产品。而与此同时,又允许对需求进行优化或调整,以便循环可以重新开始。美国情报机构使用的最常见的情报周期包括五个步骤:规划和

① 彭知辉.情报流程研究:述评与反思[J].情报学报,2016,35(10):1110-1120.
② 孙琳,邵波.企业技术竞争情报流程分析[J].情报杂志,2008(05):101-104.
③ 彭知辉.论大数据环境下公安情报流程的优化[J].情报杂志,2016,35(04):15-20.
④ 姜峰,谢川豫.基于控制论的公安情报流程优化研究[J].图书馆杂志,2019,38(02):17-24.
⑤ CIA. Fact Book on Intelligence[R]. Washington DC: CIA, 1983.
⑥ Wark W K. Introduction: Learning to live with intelligence[J]. Intelligence and National Security, 2003,18(4):1-14.
⑦ FBI. Directorate of intelligence website[EB/OL].[2019-11-4]. http://www.fbi.gov/about-us/intelligence/intelligence-cycle.

指导(包括用户对情报的需求陈述,有时称为情报需求,然后转化为收集机构的详细的和优先的任务);收集可能与需求相关的原始信息或数据;将数据处理成情报分析员可以利用的形式;对数据进行可靠性、有效性、相关性和背景评估,从而产生情报报告的分析;最后,向需要的人传递情报产品(口头简报、书面产品、照片、地图和图形或数据库中的条目),从而使用户反馈到下一次规划和方向的迭代中。

情报周期的一些变体,有四个基本步骤:指导(Direction)、收集(Collection)、处理(Processing)和传播(Dissemination),即所谓的 DCPD 循环①。英国情报界的实践,进一步区分了情报的"分析"和情报的"评估",前者是指将复杂的技术性证据转化为对真实世界物体或事件的描述所需的过程②,后者是指对情报的含义和可能对未来的发展方向进行的估计判断。我们通常也会将基于单一类型情报(人、技术、通信等)的报告与基于对某一主题的所有可用情报(秘密和公开来源)的评估的报告区分开来,例如,美国国家情报评估(NIE)和英国联合情报委员会(JIC)的情报评估。2003 年,克拉克在"以目标为中心的分析"中,开发了另一种情报周期的变体,该周期的各个组成部分在一个网络中连接在一起,与参与者合作制作目标的共享图景。分析员的职能在这个模型中是核心。其中,决策者的要求可以笼统地表述(例如优先支持部署的军事力量,或通过确定恐怖网络来保护人民,确定核扩散网络等),情报机构需要将这些笼统的描述转变成详细的任务和收集计划③。

多年来,批评人士一直指出,情报周期过于简单化情报界内部及其与用户的互动,情报周期不应被视为一个简单的流程图④⑤。关于情报周期的争论主要发生在"概念主义者"和"程序主义者"之间,前者将情报周期简单地看作是情报功能的框架,后者则寻求情报如何实际执行的模型⑥。特别是情报周

① MODUK. JDP2 - 00: Understanding and intelligence support to joint operations, shrivenham[M]. London: UK Defence Concepts and Doctrine Centre, 2011: 3 - 5.

② Butler, the Lord of Brockwell. Review of intelligence on weapons of mass destruction[M]. London: The Stationery Office, 2004: 10.

③ Clark R M. Intelligence analysis: A target-centric approach[M]. Washington DC: CQ Press, 2003: 81 - 109.

④ Marrin M Pythian. Intelligence theory: Key questions and debates[M]. London: Routledge, 2009: 131 - 150.

⑤ Quarmby N, Young L J. The art of influence[M]. Sydney: Federation Press, 2010: 12.

⑥ Davies P H J. The intelligence cycle is dead, long live the intelligence Cycle[D]. Brunel University, 2012: 5.

期对描述情报是如何实际产生的未能给出准确描述①,在一个周期性的过程中,情报活动的各个步骤按照规定的顺序依次围绕一个闭环运行,最后为完善情报产品形成一个反馈回路②。批评者认为,作为一种情报活动的模式,周期性的过程限制甚至可能使对不符合主流理论的观察和数据的想象性分析变得不可能③。美国中央情报局的汉尼克指出,在情报生产者和消费者之间有很多互动反馈,现有的情报周期中情报搜集和分析并行运行的程度有限④。此外,技术的发展也降低了在循环中严格按顺序执行步骤的需要程度,特别是现代通信允许快速交互,例如,数字通信可以实现情报的电子传播,改变了情报分析员与用户之间的关系。

(二) 传统情报流程的演变

在情报工作实践中,情报周期逐渐暴露出了缺陷,以至于美国情报界一致认为,传统情报周期存在的缺陷一定程度上催化了"9·11"事件和对伊拉克大规模武器的情报失察、失误的产生⑤。认识到情报周期的理论缺陷后,美国情报界逐渐以情报流程代替情报周期。2004 年美军颁布了《对军事行动的联合及国家情报支援》(JP2-01)条令,这是官方文件首次使用"情报流程"取代"情报周期"⑥。同时,美国还将构成情报周期的 6 个阶段改进为情报流程中的 6 种情报行动。在此基础上,国内外学者提出了多种情报流程模型(有的学者仍将其称为情报周期模型),根据各流程模型的特征,笔者将这些流程模型分为两大类:强调结构的模型和强调功能的模型(如表 2-1 所示)。前者实际上还是沿用了情报周期的基本思想,并没有本质的变化;后者则突破了传统情报周期的思维局限,将情报活动各环节聚焦在情报功能上,而不拘泥于形式。

---

　　① Lowenthal M. Intelligence: from secrets to policy[M]. Washington DC: CQ Press, 2006:65 - 67.

　　② George R Z, Bruce J B. Analyzing intelligence[M]. Washington DC: Georgetown University Press, 2008:2.

　　③ Agrell W. Intelligence Analysis after the Cold War—New Paradigm or Old Anomalies[EB/OL].[2020-1-1]. https://www.researchgate.net/publication/292505591_Intelligence_analysis_after_the_cold_war_-_new_paradigm_or_old_anomalies

　　④ Hulnick Arthur S. The intelligence producer—policy consumer linkage: A theoretical approach [J]. Intelligence and National Security, 1986, 1(2):212 - 233.

　　⑤ 吴素彬、陈云、王科选,等.美国"以目标为中心"的情报分析流程研究[J].情报杂志,2013,32(04):6 - 9,21.

　　⑥ 张晓军.美国军事情报理论研究[M].北京:军事科学出版社,2007:70.

表 2 - 1 情报流程模型

情报流程模型分类			主要特征
强调结构的模型	循环型	拉里的四环模型①；赫林五环模型②；罗恩的六环模型③。	强调情报活动的周期性,注意到了情报活动的循环反复。
	线性	谢尔曼的线性推进模型④。	强调情报活动的线性推进,各环节首尾相连,顺序推进。
	综合型	洛文塔尔的多层反馈视角的情报流程⑤；FBI 的层层反馈型情报流程⑥。	强调因搜集更多情报的需要、情报处理的不确定性、分析结果的未知和情报需求的变动等动态变化,每个流程均进行反馈。
	网状拓扑结构	美军《对军事行动的联合及国家情报支援》的网状情报流程⑦。	强调不同情报行动间的相互联系,体现了情报工作的复杂性和多样性。
		矩阵型情报流程⑧。	分析过程与收集过程并行工作。
		"超级结构"情报流程⑨。	在传统情报周期基础上,在外层增加了治理、信息和通信技术、人力资源、立法和研究,强调治理在情报流程中的重要作用。
		轮辐式情报流程⑩。	以持续的环境评估和决策者意图为中心,情报流程中的每一个环节均与此中心产生信息推进与反馈流动。
		嵌套式情报流程⑪。	总体上遵循 D(Direction)- C(Collection)- P(Processing)- D(Dissemination)四个环节,每一个环节内部又嵌套 DCPD 这四个环节。

① Larry Kahaner. Competitive intelligence:From black ops to boardrooms—How business gather,analyze,and use information to succeed in the global marketplace[M]. New York:Simon & Schuster,1996:91 - 92.

② Herring Jan P. Buiding a business intelligence system[J]. Journal of Business Strategy,1988,9 (3):4 - 9.

③ Ron Simmer. Using intellectual property data for competitive intelligence[M]. Philadelphia:Licensing executive Society USA & Canada Inc,2001:1 - 2.

④ 谢尔曼·肯特.战略情报:为美国世界政策服务[M].刘微,肖皓元,译.北京:金城出版社,2015:123,130 - 147.

⑤ 马克·洛文塔尔.情报:从秘密到政策[M].杜效坤,译.北京:金城出版社,2014:91.

⑥ Patrick Mc Glynn,Godfrey Garner. Intelligence analysis fundamentals[M]. London: Taylor &Francis Group,2018:13.

⑦ 张晓军.美国军事情报理论研究[M].北京:军事科学出版社,2007:71,49.

⑧ Isabelle Duyvesteyn, Ben de Jong, Joop van Reijn.The future of intelligence[M]. Oxon, OX:Routledge,2014: 51 - 52.

⑨ Patrick F Walsh.Intelligence and intelligence analysis[M]. Oxon, OX:Routledge, 2011:149.

⑩ Geraint Evans. Rethinking military intelligence failure—Putting the wheels back on the intelligence cycle[J].Defence Studies, 2009 ,9(1): 22 - 46.

⑪ Mark Phythian.Understanding the intelligence cycle[M]. New York, NY:Routledge, 2013:80.

续 表

情报流程模型分类			主要特征
强调结构的模型	突出分析功能	从情报失误分析情报流程①。	强调情报与行动、情报与决策之间的互动;情报流程中的各个环节之间应该保持紧密联系,各情报活动之间能够良好协调并形成合力。
		以情报分析为核心的情报流程②。	以情报分析衔接情报用户和情报活动,加强了情报分析与情报搜集需求的互动。
		以分析师为核心的情报流程③。	情报流程各环节与传统情报周期本质上并无太大差异,只是每一个环节都由分析师作为主导者。
	突出特定任务	弗朗索瓦的安全/监测双功能模型④。	具有情报与反情报双重功能,可应用于防御性和进攻性活动中。将情报与反情报两个流程通过规划和学习接口有机地连接在一起。
		以目标为中心的情报流程⑤。	强调在同一目标指引下,情报搜集者和分析者与情报用户面向共同的目标开展互动。
		预警情报流程⑥。	强调通过推理判断形成对未来的预测。长期和中期预警情报遵循一般的情报流程。短期预警情报的生成基本停留在一般情报流程的分析这一单一环节。

(三) 传统情报流程的缺陷

具体而言,传统情报流程的缺陷主要表现在以下四个方面:

1. 情报流程被弱化为情报分析流程

情报学者曾忠禄对情报分析的定义进行了较详细的调研分析⑦,基于此,笔者通过分类和比较研究,来揭示情报分析的基本特征(见表2-2)。

---

① James J Wirtz. The tet offensive: Intelligence failure in war[M]. Ithaca, NY: Cornell University Press, 1991:4.

② John A Gentry. Lost promise: How CIA analysis misserves the nation[M].Lanhan,Maryland: University Press of America,1993:222.

③ Mark Phythian.Understanding the intelligence cycle[M]. New York, NY: Routledge, 2013: 34.

④ Francois Brouard. Business intelligence for canadian Corporations after September 11[J]. Journal of Competitive Intelligence and Management,2004,2(1):1-15.

⑤ Robert M Clark. Intelligence analysis: A target-centric approach[M]. Washington DC: Congressional Quarterly Press,2012:16.

⑥ 刘强.战略预警下的战略情报工作:边缘理论与历史实践的解析[M].北京:时事出版社,2014: 240-241.

⑦ 曾忠禄.情报分析:定义、意义构建与流程[J].情报学报,2016,35(02):189-196.

表 2-2 情报分析的基本特征

提出者(机构)	以信息为对象	研究内容的性质			研究方法的性质		核心目标	
		描述	解释	判断	理论	行动	提供知识	提供建议
克劳瑟①	√	√		√	√		√	
兰德公司②	√	√		√	√		√	
詹姆斯·赫斯③	√	√		√	√		√	
列菲弗尔④	√	√	√	√	√			√
新泽西州警察局⑤	√	√		√		√		
美国海军陆战队⑥	√	√		√				√
克里桑⑦	√	√	√	√			√	
曼吉奥⑧	√		√	√			√	
帕特森⑨	√		√				√	

从表 2-2 可以看出,情报分析以信息为研究对象,没有关注到(或者说没有强调)用户及其需求。正如马林指出,情报分析没有把决策者的信息需求纳入其中⑩;研究内容包括现状描述、信息含义解释、形势判断和未来预测等方面,这些研究内容止步于情报工作前端的情报研究阶段,很少转化为实际的

① 杰劳姆·克劳泽.情报研究与分析入门[M].辛昕,等译.北京:金城出版社,2016:83.
② Rand. Intelligence analysis [EB/OL]. [2019-11-16]. http://www. rand. org/topics/intelligence-analysis.html.
③ Hess J H. Improving intelligence in a counterinsurgency or counterterrorism environment through the application of a critical thinking-based framework[D]. Louisiana State University,2011:2.
④ Lefebvre S. A look at intelligence analysis [J]. International Journal of Intelligence and Counterintelligence, 2004, 17(2):231-264.
⑤ New Jersey State Police. Practical guide to intelligence-led policing[M]. Trenton, NJ: New Jersey State Police,2006:9.
⑥ Black J, Cavano J, Hollyfield. Optimizing talent management Strategies for MCISR-E, Capstone Cohort 4,2011[EB/OL]. [2019-11-16].http://www. hqmc.marines, mil/Portals/133/Dots/Optimizing% 20 Talent% 20Management% 20Strategies% 20for% 20 MCISRE _ Capstone% 20Cohort% 204. pdf.
⑦ Krizan L. Intelligence essentials for everyone[M].Washington DC: Joint Military Intelligence College,1999:29.
⑧ Mangio C A, Wilinson B J. Intelligence analysis: Once again[EB/OL].[2019-11-16].https://www.education.psu. edn laru palt/fi/es/sgam/Intel Once Again.pdf.
⑨ Patterson E S, Roth E M, Woods D D. Predicting vulnerabilities in computer supported inferential analysis under data overload cognition[J].Technology &Work, 2001(3):224-237.
⑩ Stephen Marrin. Intelligence analysis theory: Explaining and predicting analytic responsibilities [J]. Intelligence and National Security, 2007, 22(6): 821-846.

情报产品提供给用户;研究方法绝大多数是理论性研究,较少关注行动性研究;核心目标以提供知识为主,少量的情报分析侧重于为决策提供建议。毋庸置疑,情报分析是一种研究性或学术性活动,从信息链的角度看,情报分析关注的是信息链中各要素之间的转化问题,处于情报价值链的前端。

典型的情报分析流程包括两类,分别是数据驱动的情报分析流程和假设驱动的情报分析流程,以肯特[①]和霍伊尔[②]为代表(如图 2-1)。从图 2-1 可以看出,虽然两种情报分析流程的驱动要素不同,但其本质上都是围绕情报分析的内涵而展开各环节的顺序推进,这一过程忽略了用户的作用,没有将分析结果进一步转化为情报产品而进行传递、应用和评估。

图 2-1　情报分析流程

情报流程确切地说应该是情报活动或情报工作流程,它是情报价值链的实现路径,是学术研究和行动研究的综合体,最终的落脚点在于为用户提供有效的情报产品以支持用户的发展。情报流程除了强调情报分析的准确性外,还特别重视情报产品应用的有效性,这是情报分析所无法实现的。而当前有些情报流程实际上更多地表现为情报分析流程,例如,克拉克的以目标为中心的情报流程强调的是决策者和情报研究者的知识共享,而情报的产品化问题、情报产品的传递问题,以及情报产品应用有效性问题等在他的情报流程中没有给出明确的环节来支撑。与此类似,美国军事情报中一个早期的情报流程(包括收集工作的方向、收集信息、处理信息、使用情报四个环节)通常被认为是情报分析流程而不是情报流程。

2. 情报流程各环节关系被简化为顺序推进甚至被割裂

强调结构的流程模型与情报工作实际不符,实际的情报活动并非按周期式顺序推进的,也不是单向流动的,更不是彼此独立的,各情报活动环节可能会产生重复、跳跃、返回,各情报活动环节也具有显著的综合性和交叉

①　Kent S. Writing History[M]. 2nd edition. New York：Appleton-Century-Crofts, 1967：26.

②　Heuer R. Strategies for analytical judgment[J]. Studies in Intelligence, 1981(1)：65-78.

性。虽然情报流程表面上看起来是一个简单的过程,但实际上却是一组复杂的活动。它是一个连续的过程,包括许多以不同水平和速度运行的循环。情报流程中各个环节看似离散,但实际上任务是重叠和重合的,因此它们通常是同时进行的,而不是按顺序进行的①。例如,汉尼克指出,情报搜集和分析并不是两个独立的阶段,它们是并行进行的,它们在效用方面是相同的,而在实际执行过程中,这两个阶段却被错误地分割开来,特别是由于信息共享的局限性、心理障碍、对泄露消息来源的恐惧和安全考虑,它们之间没有沟通或协调②。传统的情报流程实际上描述的是情报工作的结构和功能,主要适用于管理情报组织,或者说按照情报组织的部门设置来开展情报活动,这样就人为地将情报流程的各环节割裂出来,并且使情报责任划分不明,容易造成责任推诿。另外,在决策过程中由于环境和决策者认知与需求的变化,具体的目标和任务可能会随时产生变化,这在情报流程中未能获得强调。

3. 情报任务和目标被默认为简单的迎合式服务

情报流程运行,既要不断提高情报分析的准确性,也要不断提高情报产品应用的有效性。前者需要深入、准确地识别决策中的情报需求。汉尼克指出,决策者不善于表述明确和具体的情报需求,这需要情报人员根据对决策者目标和需求的深入理解来预测具体情报需求是什么③。此外,决策者很多时候提出的情报需求是分散的、宏观的,需要情报研究者能够将其进行分解,并确定情报问题的先后顺序。不仅如此,由于决策者有限理性的限制,情报研究者需要通过外部客观环境和组织内部发展环境分析,去影响和引导决策者的情报需求,以拓宽决策者的视野、验证决策者的认知与预期,而不仅仅是单纯地去迎合决策者提出的情报需求。上述内容需要情报研究与服务者进入决策者及其所处环境的空间。同时,情报需求分析不仅存在于决策者和情报分析人员之间,在情报流程各个环节中也广泛存在,例如,情报搜集人员有时不能够明确领会情报分析人员的具体情报需求,情报分析人员有时也不能够明确领会情报产品生产人员的情报需求,等等。这些情况需要情报流程各环节的功能具有综合性,要素之间能够建立起稳

---

① Ministry of Defence Development, Concepts and Doctrine Centre. JDP 2 - 00 understanding and intelligence support to joint operations[M]. Shrivenham, UK: DCDC, 2011:3 - 4.

② Arthur S Hulnick. What's wrong with the Intelligence Cycle[J]. Intelligence and National Security, 2006, 21(6): 959 - 979.

③ Arthur S Hulnick. What's wrong with the Intelligence Cycle[J]. Intelligence and National Security, 2006, 21(6): 959 - 979.

固的协同关系。对决策者、决策环境重要性的忽略,以及各环节任务的单调、僵化和各环节之间情报共享的限制,使得传统情报流程满足上述要求的能力有限。

情报在决策中应用的有效性主要体现在两个方面,一方面,情报能够为决策提供客观上的满意解,而不仅仅是"决策者"心中的满意解,从而提高决策的科学性。决策者对于情报的理解和利用受到其自身的有限理性、经验和所追求的价值等个性化的因素影响,不同的决策者在不同的参考框架内接受信息,从不同的角度看问题,将其融入自己的价值体系中,融入他们不同的观点中,并经常将其转化为有竞争力的结论[①],这难免会增加决策的主观成分。同时,决策者的个性化因素(如对环境的认知、直觉等)会随着时间和情报的获取而不断发生变化,这样的变化需要情报研究与服务者及时地去跟踪、识别。为了提高情报应用的有效性,情报流程各环节应重视对客观环境的分析,并依据确凿的证据去验证、影响决策者的原有认知和所追求的价值。另一方面,情报产品要精准地传递给决策者,所谓精准是指传递给决策者的情报应经过严密的分析和判断,并赋予其对决策意义的说明,而不是将粗糙的情报数据不经研判直接传递给决策者,这也是美国中央情报局的一些情报学者所指出的情报流程的一个明显缺陷。同时,情报产品要基于假设分析,通过预设场景进行应用验证和评估,以使决策者能够不断深入地去理解情报的价值和决策方案。传统情报流程在传递和评估中略显粗糙,从而降低了情报产品传递的有效性。

4. 情报流程的架构和运行被局限为推送模式

洛克哈特认为,传统情报流程中需求过程的重要性被低估了,这导致情报部门"决定自己的需求"。情报流程运行采用的是信息推送模式,而不是由特定的情报需求驱动的[②]。虽然在此过程中,情报研究与服务者对情报需求也作出了反应,但是他们还是把更多的精力放在信息推送上[③]。汉尼克对传统情报流程缺陷的分析指出,在传统情报流程中,决策者的作用很有限,情报流程运行的主要驱动力是填补现有情报中的空白,而不是对决策者的具体方向做出反应[④]。古德森注意到,情报分析人员应该了解用户的需求、观点和工作约

① Richard Betts, Thomas Mahnken. Paradoxes of strategic intelligence[M]. London: Frank Cass, 2003:94-95.

② Robertson K G. British and American approaches to intelligence[M]. London: Macmillan, 1987:38.

③ Peter Gill, Stephen Marrin, Mark Phythian. Intelligence theory: Key questions and debates [M]. New York, NY: Routledge, 2009:35-36.

④ Arthur S Hulnick. What's wrong with the intelligence cycle[J]. Intelligence and National Security, 2006, 21(6):959-979.

束,而且决策者必须了解情报所依据的知识范围,并将其纳入对所收到情报的现实评估中①。从这个意义上说,决策者与情报提供者之间的互动应该是一个双向的过程:决策者影响的是情报提供者处理的情报主题和范围,情报提供者为决策者提供一个粗略的估计(即如果采用某一特定的方案,将会发生什么后果)和客观的情报干预。这个双向过程是持续深入而不是一蹴而就的,这是由环境和决策者个性变化所决定的,显然信息推送模式实现持续双向过程的能力还很薄弱。进一步地,在双向互动过程中,为了不断提高决策的科学性,情报可以依据客观的证据去影响决策者,正如马林指出,情报可以通过影响决策者来间接影响决策,情报应该从集中关注情报产品的准确性转移到情报产品应用的有效性②。从这个意义上说,情报流程的运行应该从自下而上的推送模式转向自上而下的驱动模式。

鉴于传统情报流程的缺陷,本书提出的情报流程提供的是一种情报行动方案而不仅仅是情报分析,它采用的网络化结构,更符合战略决策实际。它特别强调决策者的参与,从而使情报能够更有效地传递给决策者并被其接受。这一流程中的情报分析采用的是假设驱动的模式,此模式更符合战略决策制定的特征。

为了能够优化决策者在战略决策制定过程中的认知,本书提出的情报流程设置了知识管理这一环节。传统情报流程模型假定决策过程主要是由数据驱动的,因此,情报流程由一系列的信息采集、处理等环节构成。如果决策仅仅基于情报数据,那么决策和政策只会"跟随"它,就不需要决策者③。而决策者拥有对原始情报数据的解释、使用以及分析等思维方式。也就是说,决策者所追求的价值决定了提供给他们的情报分析的意义和相关性。正如美国国务院国际研究所(INR)前主任托马斯·休斯所言,信息在进入由"意见、观点、信仰、价值、概念和判断"组成的"思想世界"之前没有任何意义④。因此,事实上,决策并不完全是从信息的客观分析中得出的,还涉及在决策者追求的价值下组织信息的问题⑤。

① Roy Godson, Ernest R May, Gary Schmitt. U. S. Intelligence at the crossroads: Agendas for reform[M]. Washington DC: National Strategy Information Center, 1995:7.

② Stephen Marrin. Intelligence analysis theory: Explaining and predicting analytic responsibilities [J]. Intelligence and National Security, 2007, 22(6): 821 - 846.

③ Yeshoshafat Harkabi. The intelligence-policy-maker tangle[J]. The Jerusalem Quarterly, 1984(30): 125 - 131.

④ Thomas L Hughes. The fate of facts in a world of men: Foreign policy and intelligence-making[M]. New York: Foreign Policy Association, 1976:10.

⑤ Peter Gill, Stephen Marrin, Mark Phythian. Intelligence theory:Key questions and debates[M]. New York, NY: Routledge, 2009:140.

决策者开始以参与者的身份进入到情报流程中。这样的流程存在一个隐含假设，即决策者在决定行动方案之前等待客观分析，在著名情报学者马林看来，这是错误的。如果决策者在采取行动之前等待分析结果，那么他们可能会寻求与现有政策或政策偏好相匹配的情报分析，如果他们得不到这些信息，他们可能会要求进一步的分析[①]。著名情报学者舒尔斯基指出，价值能够驱动思维定式，思维定式可以帮助决策者组织和解释信息，因此，价值就有可能驱动决策过程[②]。在决策者参与的情报流程中，决策者向情报流程各环节贡献他们的需求和经验知识，渗透他们追求的价值，这决定了情报流程中信息搜集与分析处理的范围和方向，情报流程也一味地去迎合决策者的需求，没有从根本上改变决策最初拟定的目标和任务，也没有从本质上改变情报流程各环节及其结构关系。在这样的情报流程中，决策者很可能没有根据情报分析做出选择。相反，他们希望通过情报分析来证明他们的政策选择是正确的[③]，显然，这样的决策在复杂动态变化的环境中有失科学性。为了能够尽量优化决策者的经验知识和价值取向，引导他们能够更客观地认识决策和情报，知识管理这一环节便发挥了相应的作用。

三、现代情报流程典型代表——以目标为中心的情报流程

（一）以目标为中心的情报流程概述

2001年—2005年间发生的两起情报失误事件——"9·11"与伊拉克战争，暴露出传统情报周期理论在实际应用场景中存在的情报共享不畅、情报反馈不及时等问题，美国情报界对于情报支持路径的研究开始反思，美国资深情报分析专家克拉克提出了一种以目标为中心的情报流程。具体可概括为"确定目标——问题分解——建立模型——评估数据——填充模型——进行预测"的情报分析流程。这一流程的基本结构及要素如图2-2所示[④]。

以目标为中心的情报流程的核心思想是将用户纳入情报流程中，使

① Peter Gill, Stephen Marrin, Mark Phythian. Intelligence theory：Key questions and debates [M]. New York, NY：Routledge, 2009：144.
② Abram N Shulsky, Gary J Schmitt. Silent warfare：Understanding the world of intelligence [M]. Washington, DC：Brassey's Inc.，1991：133.
③ Arthur S Hulnick. What's wrong with the intelligence cycle[J]. Intelligence and National Security，2006, 21(6)：959-979.
④ Robert M Clark. Intelligence Analysis：A target-centric approach [M]. 5th edition. Los Angeles：CQ Press, 2016：90.

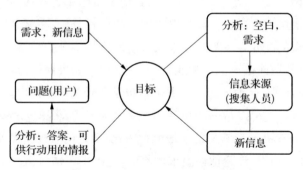

图 2 - 2　以目标为中心的情报流程

用户和情报人员能够共享同一个目标,所有参与者都可以从中提取他们工作所需的元素,并且所有人都可以以他们的资源或知识为目标做出贡献,从而创建最精确的目标图景。这里的目标不是单一的实体,而是由具体的情报对象构成的复杂系统,并基于目标系统的建模来进行组织架构,以便于用户等参与人员的信息共享。本书中所提目标虽然针对的是情报目标,但无论将其理解为决策目标还是其他类型的目标,该模型均具有较好的适用性。本书不做说明时,所说的目标是指分析对象,以及为了完成对分析对象的研究而需要思考的要素。该情报流程结构不是一个线性序列,也不是一个循环(尽管它包含许多反馈循环),它是一个网络过程、一个社会过程,所有参与者都专注于目标。以目标为中心的情报流程的目的在于解决两个问题:情报搜集人员和分析人员不能共享信息以及情报分析人员不能对所搜集的材料进行客观分析。

(二) 以目标为中心的情报流程的优势

以目标为中心的情报流程的优势的显著优势表现在两个方面:

第一,用户、情报搜集人员、分析人员三者共享目标,将共同专注于情报目标的分析人员、搜集人员和用户视为一个合作的团队。这使得情报流程围绕如何最好地接近目标而展开,从而有助于共享情报分析结果,更及时和有针对性地发现情报分析空白。正是因为能够共享目标,用户与情报工作者之间的互动才能得到充分保证,而这样的互动在情报流程中是十分必要的。因为很多时候用户并不能够准确定义问题,而一个准确的问题界定正是情报搜集与分析的起点,在情报搜集与分析中具有基础性作用。情报工作者必须深刻了解用户情报需求的原因、背景和核心内容,这对于情报问题界定的准确性至关重要。情报分析的成功取决于问题定义的准确性,正如美国一位资深的政策用户所言:"有时候,情报官认为是重要的实际并不重要,而情报官认为不重要的却十分重要。"[①]用户与情报工作者的充分互动可以不断地深入到问题的实质,不断提升问题结构化水平。此外,以目标为中心的情报流程强调建立目标模型的重要性,典型的情报目标是一个系统,情报总是与目标相联系,目标是用户希望得到解答的问题的焦点。情报分析在一开始就应该将目标视为一个系统,因为目标是动态的、演变的、非线性的。该系统涵盖结构(Structure)、职能(Function)和流程(Process),结构是由系统的组成部分及相互关系确定;职能涉及该系统可产生的效果或结果,即系统输出;流程是指产生结果的事件或活动的次序[②]。情报机构可以在不完全了解分析需求的情况下建立目标模型,并通过迭代的情报分析活动不断扩大该目标模型,创建更为详细的子模型(Submodel)或附带模型(Collateral Model)。

第二,整个过程是一个增量迭代的过程,这有力地推动了用户与情报搜集、分析人员之间交流的不断深入,从而避免问题界定的不清晰和情报任务更新的不及时。迭代的情报分析过程更符合情报工作的实际,情报工作就是一个不断地发现、创造和实现的过程,它需要不断甄别情报的准确性,不断依据需求方变化的需求来修改情报目标。迭代的情报分析过程能使不同职能角色之间的沟通更顺畅,降低情报失察、情报误判的风险,保证最后的情报产品更符合需求方的需求。

上述两个优势抽象起来,实际上遵循的是两个思想:共享和迭代。这也将在本书所探索的情报流程中得到充分体现。

(三) 以目标为中心的情报流程的局限

以目标为中心的情报流程展现出明显优势的原因是,用户与情报工作者、情报搜集与情报分析之间的充分交流与合作,在这样的要素及其关系构建下,情报流程得以践行共享和迭代的思想,使情报分析的成果不断接近目标,并保障情报分析的有效性、时效性和针对性。然而,纵观整个流程,可以看出,它因关注背景的专指性、前提假设的局限性以及不完全遵循决策制定过程规律等问题,暴露出了缺陷。笔者认为,这一流程的缺陷主要表现在:

---

① Stew Magnuson. Satellite data distribution lagged, improved in Afghanistan[J]. Space News, 2002:6.

② Jamshid Gharajedaghi. Systems thinking: Managing chaos and complexity [M]. Boston: Butterworth-Heinemann, 1999:110.

1. 服务于安全并不是情报目标的全部

在《情报分析：以目标为中心的方法》这一专著中，克拉克提出的以目标为中心的情报流程是建立在服务于国家安全这个逻辑基础之上，整个流程都是围绕安全展开。正如作者所言，通常情况下，决策者和情报分析人员面临的是非常明确的共同的"敌人"，决策主体对于安全风险的认知随着时间的推移不会产生太大的变化，情报目标围绕的是尽量消除一切不安全因素，它指向焦点的本质不会产生太大变化。一言概之，面向安全的决策过程，更多地表现为理性过程，决策主体的认知通常是基于信息获得的。服务于安全是情报的重要方面，这实际上是情报研究（Intelligence Studies）的核心内容。但是，情报研究也有面向发展的一面，1980年，经济合作与发展组织中心负责人尼古拉斯·杰奎尔发表了一篇题为 Intelligence as an Instrument of Development 的论文[①]，很贴切地指出了发展与情报的关系，即情报不仅仅与安全密切相关，与发展也密切相关。作者认为，与国防和间谍活动有关的情报组织，很少注意关于发展的文献资料，也很少认识到情报作为发展的一种手段以及它在制定发展战略中的潜在作用。实际上，竞争情报就是这样的一类情报，很难说竞争情报是关于安全的还是关于发展的。

在情报发展历史和实践中，面向发展也是情报的一项重要职能。因为发展在动态性上表现得更为突出，决策主体对发展的认知会随着时间的推移而产生较大的变化。因此，在面向发展的决策中，决策主体的认知实际上具有重要的影响作用。而决策主体的认知又受有限理性、直觉和政治化行为的影响，在决策制定过程中，始终存在着黑暗、错综复杂的区域，不同层面的决策主体具有不同的决策特征。焦虑、偶然情绪、过度自信、偏好等个体因素都会对决策产生重要影响[②]，相对于消除安全隐患这种比较固定的目标而言，发展具有多面性特征，面向发展的决策受到决策主体主观成分的影响显著，而且决策目标也呈现出模糊性。正如高金虎教授所言，决策主体的决策风格以及对情报的认知，会直接影响情报界的运转以及情报与决策之间的关系[③]。因此，这一流程对于面向发展的情报服务的适用性有限。

2. 目标并不十分适合作为情报流程中心

以目标为中心的情报流程能够成立的前提条件是"共享目标"，但在实

---

① 尼古拉·杰斯尔.情报——发展的一种手段[J].孙学琛,等译.科技情报工作,1982(3):25-29.

② David Kahn. Codebreaking in World Wars I and II the major successes and failures: Their causes and their effects[J]. The Historical Journal, 1980, 23(3):617-639.

③ 高金虎.美国战略情报与决策体制研究[M].西安:陕西师范大学出版社,1996:33.

际运作过程中,目标并非是完全公开的,它具有一定的保密性。特别是冲突和竞争环境下,竞争双方将尽量隐藏自身的目标而不被对方所探知。因此,组织将目标与情报工作者进行共享本身就具有风险性,在实际决策过程中,组织未必愿意将目标或者完全将目标与情报工作者进行共享,而目标不能共享甚至不能完全共享都会影响情报流程的有效运转。

另外,目标这一概念本身,也不是特别适合作为情报流程的中心。从战略角度上看,目标实际上是战略管理者想要实现但却对于如何实现知之不多的事情[①],它具有较大的预测和想象的成分,而预测和想象倾向于忽视风险,这在一定程度上忽视了实现目标过程中的风险规避。同时,以目标为中心的流程虽然强调了目标的动态变化,但是对于目标与情报供给之间的关系没有给出清晰的认识。在实际决策制定过程中,目标一方面是受新情报的不断供给影响,另一方面也是组织内部的管理调整、决策者认知变化和目标的执行反馈等综合作用的结果。这就要求:一方面情报流程要供给情报;另一方面也需要善于通过知识管理等手段提供组织"决策学习"的渠道,以使组织内部进行调整时不仅基于新情报的供给,而且还广泛地建立在决策知识积累上,以尽量优化决策主体的认知偏差和直觉等,而这在以目标为中心的情报流程中并未加以强调。

决策制定过程,极大可能产生"目标替代现象",即很多组织常常背离原定目标甚至追求与原定目标相悖的目标[②],目标的替代极易导致情报价值的折扣和失真。情报流程与决策之间保持及时、有效的供给和反馈的愿望是好的,但是在实际运行过程中,情报搜集、分析和情报成果的传递速度难以满足决策目标更替的需要,在时间上存在错位的矛盾,这种错位由小变大的累积将会导致情报流程的失效。目标替代现象的出现与目标本身具有不稳定性有关,在战略决策中,目标系统的不稳定更是常见,因此,以"目标"为中心的情报流程对于战略决策的支持作用有限。

3. 忽略了决策执行对于情报流程的影响

以"目标"为中心的情报流程强调了迭代运转的过程,但既然是迭代就应该有一个某一特定迭代过程停止而开始下一个迭代过程的机制,这个机制通常是由情报绩效评估构成。决策主体对情报成果的采用情况以及决策主体对情报意义的认知等是影响情报绩效评估的重要因素,这在以目标为中心的

---

① 约翰·A.皮尔斯.战略管理:制定、实施和控制[M].8 版.王丹,等译.北京:中国人民大学出版社,2004:191.

② 陈德,刘杰. 决策失误归因中"情报失察"泛化现象检视[J]. 情报杂志,2019,38(09):20-23,13.

情报流程中并未得到强调,也就无从考察情报应用效果,从而对于情报流程的知识积累、学习和改进造成了很大缺陷。此外,正如组织学者马奇所指出,执行过程是决策过程的延续①,即决策执行过程实际上始终伴随着执行者对决策的理解、解释,甚至根据自己的利益和意愿来有意"曲解"决策的本意。决策目标的传递注定是一个易被执行者分解、曲解甚至是消解的过程,也就是说,行动目标具有很大的弹性,这说明决策目标本身并非如白纸黑字的明确,而是一个充满弹性的动态模糊概念。当一个决策目标转化为具体任务、行动目标时,每一个执行者都可能在一定的空间范围内改变决策的目标指向,使得情报具有阶段性意义。而在以目标为中心的情报流程中所谓的用户更多强调的是处于高层的决策主体,对于决策的执行者没有给予足够关注,而往往决策执行过程对于决策问题界定和目标的变化起到的作用十分重要。

鉴于以目标为中心的情报流程的缺陷,本书将以情景规划为中心,情景既不是预测,也不是想象,而是一种被期望的未来,例如,回答"什么可能发生"或"如果……会发生什么",情景使风险管理成为可能②,并且情景被赋予了安全与发展两个使命。在战略决策过程中,情景规划是一个重要环节,这在壳牌公司等世界500强公司的战略决策规划中已得到证明。同时情景规划也是情报分析的重要价值体现。此外,本书的流程还会充分考虑执行者、知识管理、假设驱动等环节的重要性,以更加贴近战略决策制定的规律。

第三节　情报与决策的关系

情报与决策关系的论题研究始于 20 世纪 40 年代末,谢尔曼·肯特(《服务于美国世界政策的战略情报》)、罗伯特·盖茨、罗伯塔·沃尔斯泰特(《珍珠港:警util与决策》)、理查德·贝茨和麦克尔·汉德尔等最早开始了这一论题的研究。总体上,学者认为情报与决策之间关系包括三类:第一类是以谢尔曼·肯特为代表的学者认为,情报与决策之间的关系应具有绝对客观性。但他也指出,情报机构需要政治指导,以便明确努力的方向。如果缺乏相应的指导,他们的工作对于

---

① 汪先明,吴强,严萍.试评二战中英美对德战略轰炸[J].南昌大学学报(哲学社会科学版),2009(2):128-132.

② 麦茨·林德格伦,班德·霍尔德.情景规划:未来与战略之间的整合[M].郭小英,等译.北京:经济管理出版社,2003:25-26.

政策需要而言就会变得效率低下,毫无价值①。第二类是以罗伯特·盖茨为代表的学者强调了情报与决策之间的政治化关系,他认为情报人员如果想协助决策者作出判断,就必须与之接近以了解决策者所需要的研究种类,并应对决策者随着形势的变化提出新的要求。完全独立于决策过程之外有助于保持客观,但也意味着完全的孤立②。第三类是机会分析理论,这一理论偏重于解决情报分析如何更好地服务于政策制定过程,特别是如何在避免政治化的基础上,强化情报分析的相关性。首先,该理论鼓励分析专家系统掌握决策相关的专业知识,正如戴维斯所言,分析人员应当熟悉美国政策制定的流程和他们所服务的重要政策制定者③。其次,分析人员要采取适当方法与决策者进行沟通,比如通过公开或内部渠道了解用户的真正需求。再次,分析人员要努力帮助用户澄清可利用的机会以及当前(潜在)政策可能存在的弱点,而且要把这种支持落在实处,并提供可行性评估④。机会分析的理念总体上要求:分析人员不仅要像用户一样思考,还要像情报生产者一样回答问题。为此,分析人员要全面获取用户关注的问题,并主动向用户提供高相关度的情报产品;他们要以用户对于问题的描述方式来界定情报问题,并采取各种方式来掌握用户对事件理解和判断的真实态度。表2-3列出了情报与决策之间关系的三种模式。

表 2-3　情报分析政治化理论⑤

理论内容	传统理论肯特模式	机会理论折中模式	激进理论盖茨模式
情报分析的客观性	严格保持	保持	方便的情况下保持
明确的政策相关性	不需要	需要	需要
决策人"想要的"还是"需要的"	需要的	两者都有	想要的
是否提供不受决策者欢迎的评估	提供	在良好交流条件下提供	避免提供

①　Sherman Kent. Strategic intelligence and American foreign policy[M]. Princeton, NJ: Princeton University Press, 1949:195.

②　Robert M Gates. Guarding against politicization[J]. Studies in Intelligence, 1992, 36(5): 5-13.

③　Jack Davis. Tensions in analysis-policymaker relations: Options, facts, and evidence[J]. Intelligence Analysis Occasional Papers, 2003, 2(3): 8.

④　Office of Training and Education. Analytic thinking and presentation for intelligence producers: Analysis training handbook[EB/OL]. [2020-01-10]. http://www.scip.org/files/resources/analytic-thinking-cia.pdf.

⑤　John Gentry. Lost promise: How CIA analysis misserves the nation[M]. MD: University Press of America Inc., 1993:226.

续　表

理论内容	传统理论肯特模式	机会理论折中模式	激进理论盖茨模式
对情报用户的评价	有能力的	有能力的	一般水平
情报产品是否包含大量的研究成分	包含	看情况而定	不包含
生产情报产品需要的时间	长	长	较短

总体上看,情报机构如果与决策者关系紧密,其研究结果虽然有助于改善决策,但却在无形中会由于掺杂决策者的偏见而步入歧途;如果与决策者距离太远,虽然会给出客观的研究结果,不掺杂任何歪曲成分,但却不利于改善决策者对形势的判断。同时,外界信息媒体的介入,尤其是来自电子新闻媒体的介入,会对情报与决策者之间的关系造成一定的影响,电视新闻媒体成为决策者一个替代的信息源。媒体确实偶尔会先于情报界得到信息,原因是电子媒体具有速度优势,有能力和意愿根据需要提供最新的消息和更正的信息。这样,决策者可能会产生错误的认识:媒体报道的内容与情报界提供的情报大体一样,但媒体的速度更快、成本更低[①]。

学界对情报与决策之间关系的认识,呈现出从强调客观到强调现实转化的态势。伴随着情报政治化问题的加剧,研究者开始重新审视情报与决策的关系,研究的基本出发点是应该修正在情报分析过程中与决策者保持距离的传统刻板理念,探索一种促进二者有效互动的改良方式。在反复争论的过程中,研究者逐渐形成了一种折中的理念——即在根本原则上依然坚持传统情报分析理论的经典主张,不能放弃客观的底线,更不能为了主动迎合决策者而制造情报,但也应该看到情报分析政治化现象背后隐含的合理性和积极性因素,特别是在操作层面上积极探索既能强化情报分析的相关性,又不违背基本职业道德规范的指导理念[②]。鉴于情报与决策之间关系的复杂性,为了使情报能够更有效地被决策者采用,在情报流程中应设置相应的环节来强化它们之间的关系。本书提出的情报流程通过需求管理和情景规划两个环节来优化情报与决策之间的关系。

---

① 马克·洛文塔尔.情报:从秘密到政策[M].杜效,译.北京:金城出版社,2014:285.
② 李景龙.情报分析:理论、方法与案例[M].北京:时事出版社,2017:104.

第四节　本章小结

通过对战略决策研究的主要论题分析,以及对传统情报流程和以目标为中心的情报流程表现出来的缺陷和优势进行分析,本书形成了如下四点认识:

一、情报流程(周期)研究获得了广泛重视

据已掌握的资料看,情报流程(周期)研究已有百余年的历史,它在建设情报机构(组织)、开展情报活动以及进行情报学教学等方面发挥了重要作用。

二、对传统情报流程(周期)诟病逐渐增多

以美国中央情报局的汉尼克为代表的一批情报学者系统地分析了情报流程(周期)的缺陷。在研究情报流程的相关研究论文和专著中,对于情报流程(周期)缺陷的分析是一项重要内容。传统情报流程(周期)缺陷产生的本质原因在于不符合情报活动实际,以及不能完全匹配决策需求特征。为了优化情报流程(周期),学界进行了大量探索。

三、网络化的情报流程获得了较为广泛的认可

学界普遍认为传统线性、周期性的情报流程与实际情报活动不符,由此探索一种网络化的情报流程,其中以克拉克的以目标为中心的情报流程为典型代表。以目标为中心的情报流程的优势在于以目标模型系统为中心,将用户与情报人员紧密相连。但缺陷也很明显:一是视野局限。它仅建立在维护安全背景之上。二是过于理想化。流程目标的具体性、多变性和对风险的隐藏,很容易产生目标充分共享困难,情报流程运行复杂化以及对目标风险控制的忽略等问题。三是情报与决策关系的连接淡化。一方面,没有强调情报对于决策者应用的绩效评估;另一方面,没有突出决策执行者的重要作用,而是笼统地将决策者视为用户,这里的用户更多地强调决策管理层。

四、对网络化情报流程的改进需要引起关注

对于传统线性和周期性情报流程乃至网络化情报流程存在的缺陷,我们需要有针对性地提出改进方案,来匹配决策需求特征并构建符合实际情报活动的情报流程,从而提高情报应用的有效性。

第三章 战略决策制定与战略情报分析的关系

　　情报流程为了实现服务于战略决策制定这一任务,必须首先明确战略决策在制定模式、制定过程和影响因素等方面的特征和任务,并以此作为情报流程结构设计、要素功能定位以及要素关系确立的基本导向。本章采用文献调研法,对著名战略管理学学者的观点和战略决策中具有重要影响的研究论文进行分析,这些研究成果大多建立在作者的实证研究基础上,与战略决策制定的实际情况相符度较高,这为面向战略决策制定的情报流程构建提供了客观基础。此外,本章从情报分析视角探究了战略决策与战略情报的关系,从情报流程视角分析了情报分析与情报行动的关系,从而进一步明确情报与决策之间的关系,以及情报应用有效性等方面对情报流程要素设置的要求。

第一节　战略决策与非战略决策的比较分析

一、战略的界定

　　战略起源于军事领域,从诞生之日就带有浓厚的竞争和对抗属性。从目标上看,战略是力争在竞争和对抗中取得胜利而发展起来的。正如舍尔默霍恩等指出,战略是在竞争环境中进行组织定位并实施行动以获得竞争优势的过程①。在企业中,战略是一个公司努力寻求相对于竞争者的优势,从而用自身的相对优势来更好地满足客户需求的过程②。对于国家而言,战略应支持/塑造国家竞争优势或削弱竞争对手的竞争优势。本质上,战略对于企业和国家而言价值是一致的,即取得竞争优势。从战略的构成要素上看,战略包括五个 P:未来行动计划(Plan),实现某个目标的策略(Ploy),行为模式

---

　　① John R, Schermerhorn Jr, James G Hunt. Organizational behavior[M]. 11th edition. Hoboken, NJ:John Wiley & Sons, Inc., 2011:416.
　　② Ohmae K. The mind of the strategist[M]. New York:Penguin McGraw-Hill, 1983:56.

（Pattern），由目标和价值确定的立场（Position），以及如何看待世界的观点
（Perspective）[1]。从功能定位上看，战略是主要目标的模式和完成这些目标必
要的政策或计划[2]，但是战略与政策具有显著的区别：政策是一个通用的决策，
它不关心环境的变化，而战略会随着环境的不同而发生变化[3]。

　　恰克拉瓦西提出了一个整体的战略过程框架（如图 3-1 所示）[4]。不难看
出，决策和行动是战略过程的核心要素，履行这一核心要素的任务需要以组织
环境为前提，决策和行动需要通过反复的前馈学习和反馈学习得以修正。这
一战略过程框架引入了"战略动态"这一要素，战略动态的形成是建立在外部
环境与组织内部核心能力动态匹配的基础上的。拉贾戈帕兰等人认为，战略
决策未来首先要关注的是多样性的组织、环境和决策特有的因素如何导致战
略决策的多样性[5]，战略过程研究的问题十分丰富。本书关注的是战略决策制
定过程中情报流程的基本模式。

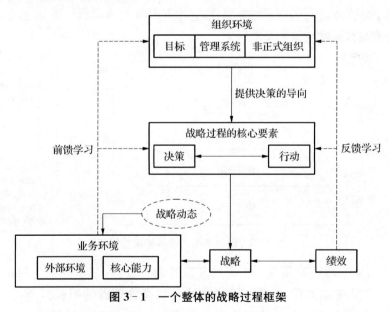

图 3-1　一个整体的战略过程框架

图片来源：B S Chakravarthy，R E White. Strategy process：Forming
implementing and changing strategies[M]. London： Sage Publications，2002：75.

---

　　① H Mintzberg，J B Quinn. The strategy process[M]. Englewood Cliffs，NJ：Prentice Hall，
1992：12-19.

　　② Andrews K R. The concept of corporate strategy[M]. Homewood：ILL Irwin，1971：35.

　　③ Ansoff H I. Corprate strategy[M]. London：PenHill，1965：62.

　　④ B S Chakravarthy，R E White. Strategy process：Forming implementing and changing
strategies[M]. London： Sage Publications，2002：75.

　　⑤ V Papadakis，P Barwise. Strategic Decisions[M]. New York：Kluwer，1992：229-249.

二、战略决策的界定

概括地说,战略包括三大部分:思想、计划和行动①,战略的主旨在于行动,行动又必须以思想为基础,思想是概括的、抽象的、理论的,而行动则是特定的、具体的、实际的,因此要想把思想变为行动,则需要以计划为桥梁,而计划的形成需要以战略决策制定为基础。从这个意义上说,战略决策制定奠定了战略过程的基础,服务于战略决策制定应成为情报流程的重要任务。

按解决问题性质和持续时间来看,决策主要包括应急决策、经营决策、战术决策和战略决策。管理大师德鲁克指出,战略决策关心什么是战略性问题而不是解决具体问题②,战略决策是战略管理的核心,它具有竞争性、对抗性、前瞻性和稳定性。与非战略决策相比,战略决策强调的是全面、系统和对动态环境的不断适应,战略决策更具有价值导向性、概念性和不具体性;而非战略决策十分强调时间和创新的重要性,它面向的是具体问题。图3-2展示了战略决策与非战略决策的基本区别。

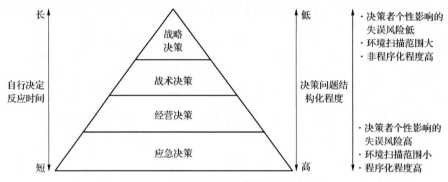

图3-2 战略决策与非战略决策的差异

总体上,战略决策是一个高度复杂的动态过程,它涉及企业的长期健康发展③。从主体上看,战略决策通常属于最高管理者的职权范围,由组织的高层管理者来制定。从战略管理的角度看,战略决策是战略管理中的一个关键变量④,它是长期稀缺的资源被合理地投入到实现成功的管理期望中的一种手段。雪莉总结了战略决策的五个基本特征:第一,决策必须指向定

---

① 钮先钟. 战略研究[M].桂林:广西师范大学出版社,2003:207.
② Drucker P. The Effective Executive[M]. NewYork, NY:Harper & Row, 1967:113.
③ Bass B M. Organizational Decision Making[M]. Berlin:Springer, 1983:16.
④ Child J. Organizational structure, environment, and performance:the role of choice[J]. Sociology, 1972, 6:1-22.

义组织与其环境的关系;第二,决策必须将组织作为一个整体分析单位;第三,决策必须包括组织中执行的所有主要职能;第四,决策必须为组织的所有行政和运营活动提供约束性指导;第五,决策对整个组织的长期成功至关重要[①]。

战略决策最重要的特征是其面对的问题具有显著的非结构性,正如西蒙指出,战略决策往往与非结构化或非程序化问题相关[②],为解决这样的问题,其过程需要具有新颖性、复杂性和开创性[③]。战略决策是一种非程序化决策,表3-1列出了程序化决策与非程序化决策的主要区别[④]。理论上,高层管理主要关心的是非程序化决策,一线管理关心的是程序化决策。

表3-1　程序化决策与非程序化决策对比

特征 ＼ 类别	程序化决策	非程序化决策
问题类型	结构化	非结构化
管理层	低层	高层
频率	重复、常规	新颖、不寻常
信息	容易获得	模糊的或不完备的
目标	清晰、具体	模糊
解决问题的时间框架	短期	相对较长
解决方案依赖于	程序、规则、政策	判断和创造性

战略决策反映了组织与环境之间的关系,并展示了组织如何管理这种关系[⑤]。有研究者甚至将战略决策界定为:基于对环境发展的理解和预测[⑥]。作为一种非程序化决策,战略决策特别依赖对环境信息的分析,值得一提的是,

---

① Shirley R C. Limiting the scope of strategy: a decision-based approach[J]. Academy of Management Review, 1982, 7(2): 264 - 265.

② Simon H A. The New Science of Management Decision[M]. New York: Harper and Row, 1965:1 - 9.

③ Mintzberg H, Waters J. Strategies deliberate and emergent[J]. Strategic Management Journal, 1985(6): 257 - 272.

④ Simon French, John Maule, Nadia Papamichail. Decision Behaviour, Analysis and Support [M]. Cambridge:Cambridge University Press, 2009:55.

⑤ Ginsberg A. Measuring and modeling changes in strategy: Theoretical foundations and empirical directions[J]. Strategic Management Journal, 1988(9):559 - 575.

⑥ Papula J, Papulova Z. Stratégia a strategický manazment ako nastroje, ktoré umoznuju superenie spoluzitie Davida s Goliasom[M]. Bratislava, SK: Wolters Kluwer, 2015:52.

环境信息分析的关键不仅在于真实环境,而且更在于决策过程中决策主体对环境的认知①,也就是要求决策主体具有判断能力和创造性思维。正因如此,弗里沙马尔将战略决策信息分为软信息和硬信息,软信息由想象、愿景、思想、认知结构、世界观等构成,硬信息是能够定量化处理的信息。基于此,弗里沙马尔从时间维度上对战略决策信息进行了逻辑划分(如图3-3)②。从这个意义上说,战略决策的信息分析需要整合过去的事件、现实的情况和未来的观点,不同于非战略决策重点关注的是定量化的信息分析,战略决策的信息分析是定量和定性相结合的产物。

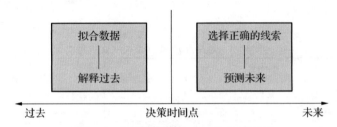

图3-3 历史数据拟合与未来信息预测

图片来源:Johan Frishammar. Information use in strategic decision making[J]. Management Decision, 2003, 41(4): 318-326.

在非战略决策制定的过程中,决策者一般从环境信息的细节开始,并将这些细节用于进一步的探索,他们使用具体的、详细的和精确的值来处理信息,他们观察问题的范围更小,更精确。而战略决策制定的过程中,决策者从问题的范围开始,并在此范围之上处理信息,决策者一般近似地观察信息,需要加入主观的判断和专家支持,他们观察到的问题范围更大,但精确度更低。特别是在复杂快变的环境中,计算与长期预测更难成为现实,战略决策更多地表现为在模糊信息环境中的一种管理判断③。由于环境中的战略机会总是稀有的,了解组织在此环境下的管理判断过程并且探讨提高此过程有效性的方法,才能更好地捕捉复杂快变环境中的机会,提高组织的适应性④。马拉库蒂认为,

---

① Anderson C R, Paine F T. Managerial Perception and Strategic Behavior[J]. Academy of Journal, 1975(18): 811-823.

② Johan Frishammar. Information use in strategic decision making[J]. Management Decision, 2003, 41(4): 318-326.

③ Powell T C, Lovallo D, Fox C R. Behavioral strategy[J]. Strategic Management Journal, 2011, 32(13): 1369-1386.

④ Gavetti G, Greve H R, Levinthal D A. The behavioral theory of the firm: Assessment and prospects[J]. Academy of Management Annals, 2012, 6(1): 1-40.

在决策过程中,对信息的处理存在两种方式:具体和抽象①,表3-2列出了这两者的区别。战略决策信息处理中以抽象化为主要方式。

表3-2　决策中信息处理的方式

处理方式 差异	具体	抽象
搜索	探索信息深度	探索信息广度
	精确的观察小范围	欠精确的观察大范围
	精确信息	简洁信息
分析	观察概念的细节	观察概念的概括性
	具体逐项观察	观察条目之间的关系
	先看信息内容	先看信息范围
	关注问题的特定方面	关注问题的一般方面
应用	应用精确的价值	应用近似的价值
	喜欢详细形式的信息	喜欢摘要形式的信息

为了服务战略决策制定,情报流程的结构、要素功能以及要素之间的关系需要针对战略决策的特征而建。战略决策制定过程中对信息的搜集、分析与应用的特征,需要相对应的情报分析过程、方法以及情报产品刻画,以匹配战略决策特征。

第二节　战略决策制定模式的特征分析

一、经典决策和行为决策模式

通常而言,战略决策制定包括两种主流模式:经典决策和行为决策(见图3-4)②。前者把管理者看成在一个确定的世界里行动,后者接受了有限理性的说法并建议人们只是根据他们对给定环境的感知来进行行动③。从

---

① Malakooti B. Decision making process: typology, intelligence, and optimization[J]. Journal of Intelligent Manufacturing, 2012, 23(3):733-746.

② Herbert A Simon. Administrative behavior[M]. New York: Free Press, 1945:89-92.

③ Herbert A Simon. The new science of management decision[M]. New York: Harper & Row, 1960:14-21.

战略决策的实际情况来看，行为决策更符合复杂动态环境下的战略决策实际。有限理性的观点认为，决策主要受时间、资源稀缺和大脑处理能力有限的影响。但是，这不仅仅与人脑的能力有关，因为战略家的思维方式具有过滤注意力的作用，即管理者仅关注他们的参考框架和心智模式所倾向的特征和问题[1]。

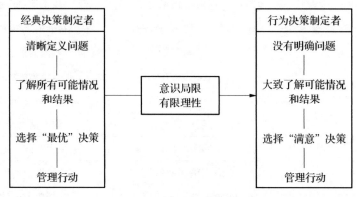

图 3-4 战略决策模式

作为战略决策制定的主流模式，行为决策过程受到意识局限和有限理性的消极影响，这种影响很难完全消除，但并非不可优化。服务于战略决策制定的情报流程应关注行为决策中决策者的这些表现，并通过相应要素的设置来降低消极影响，如通过对决策者显性和隐性知识的管理来丰富决策者的决策知识，提高他们的信息处理能力。

二、其他决策模式

除了两种基本达成共识的决策模式外，1972 年，科恩又提出了一种垃圾罐头模型。他对美国国营组织深入分析后发现，许多美国国营组织处于无政府状态，这些组织中的决策是垃圾罐头式的决策。他们研究发现，大学和一些国营实体具有权力高度分散，等级结构复杂、不清晰的特点。在这种等级结构中，几乎任何人都可以将任何问题纳入讨论范围中。在这样的组织中，人们广泛地参与决策，工作范围模糊且交叉，缺少整个组织范围内的共享文化价值。决策参与是开放和随意的，进行选择的背景和参与结构是开放和不明确的。决策很大程度上是偶然的，决策过程缺少意图和目的，它完全依赖于问题情景

① 拉尔夫.战略管理与组织动力学[M].宋光兴，付宏财，译.北京：中国市场出版社，2009：12.

以及出席人和参与人是谁、如何参与，其他人如何干预参与①。可见，在这种决策模式中，选择过程的主要因素（问题、措施、参与者和选择环境）都混合在垃圾罐头中。这种模式的决策受组织机构管理体制的影响，情报流程能够在其中起到的作用有限，它所能做的仅仅是提供给他们相应的背景信息。这种模式的决策在倡导科学化决策的今天并非决策的主流模式，本书提出的面向战略决策制定的情报流程不将这种模式的决策作为应用范围。

此外，还有一些学者从影响因素角度对决策模式进行了分析。例如，汤普森和图登认为，决策模式与因果关系不明确、目标不一致有关，具体表现为：当因果关系明确、目标一致时，环境适合管理者按理性逻辑方式作出决策，而一旦脱离这种环境，管理者就不可能按理性逻辑作出决策，需要采用其他办法。当因果关系清晰，但管理者之间存在冲突时，会以政治形式作出决策，即掌权者作决策；当管理者有一致的目标，但因果关系不清楚时，管理者将采取评判或直观的决策模式，管理者不得不通过类比的方法进行推断，从侧面考虑问题并用试错的方式作出决策。最麻烦的情况就是因果关系不清楚、目标不一致，这时候管理者既要用个人的直觉判断，又要用组织中的政治影响来进行决策②。

邓肯指出，决策模式与环境有很大关系③，本书将这一观点和情报学者曾忠禄的情报需求模型④相结合，对简单环境、复杂环境、静态环境和动态环境四种环境及它们之间不同组合下的决策模式进行了整理分析（见表 3 - 3）。

表 3 - 3　不同环境组合下的决策模式

环境复杂性 环境动态性	简单环境	复杂环境
静态环境	环境特征：环境因素少、因素相似性高、因素不变或缓慢变化，可预测性高	环境特征：外部因素丰富、因素间差异大、因素不变或缓慢变化，可预测性高
	情报需求：基本没有	情报需求：有限度的需求
	决策模式：理性决策	决策模式：理性与有限理性并存

① Cohen M D, March J G, Ohlsen J P. A garbage can model of organizational choice[J]. Administrative Science Quarterly，1972，17：1 - 25.
② Thompson J D. Comparative Studies in Administration[M]. Pittsburgh，PA：University of Pittsburgh Press，1959：102.
③ Duncan R. Characteristics of organizational environments and perceived uncertainty[J]. Administrative Science Quarterly，1972，17：313 - 327.
④ 曾忠禄.21 世纪商业情报分析：理论、方法与案例[M].北京：中国经济出版社，2018：38 - 39.

续　表

环境复杂性＼环境动态性	简单环境	复杂环境
动态环境	环境特征：环境因素少、因素相似性高、因素变化频繁，难以预测	环境特征：外部因素丰富、因素间差异大、因素变化频繁，难以预测
	情报需求：有限度的需求	情报需求：高度需求
	决策模式：理性与有限理性并存	决策模式：有限理性，也涉及政治性的、直觉的

雷格纳提出了决策模式的归纳和演绎的观点，他将组织的战略分为中心战略和外围战略，中心战略制定是演绎式的，是基于开发而不是探索形成的，它依赖于对历史的参考，强调当前知识结构的重要性。外围战略制定是探索式的，包括以试错、实验、启发式的方法进行探索活动。组织的战略制定就是保持探索和开发之间的平衡[①]。萨尔瓦托提出了决策模式的进化论的观点，这一观点认为，战略决策制定就是管理者主动将核心微观战略进行重组，以促进战略进化，形成新的战略结构[②]，其基本思想可概括为图3-5。

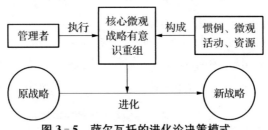

图3-5　萨尔瓦托的进化论决策模式

明茨伯格提出了意图战略和突现应对战略两种战略模式，很多学者认为，这样的模式划分更符合实际。意图战略是规划的战略；突现应对战略是对于未预见到变化的无规划的反应，它们往往是组织内部管理者自发的行为，或者来自撞大运的发现和事件，不是规范的自上而下规划机制的产物。明茨伯格认为，突现应对战略常常是成功的并且可能比意图战略更合理[③]。在现实管理决策中，绝大多数组织的战略很可能都是意图战略和突现应对战略的结合。管理层应该了解

① Regner P. Strategy creation in the periphery：inductive versus deductive strategy making[J]. Journal of Management Studies，2003，40(1)：57-82.

② Salvato C. The role of micro-strategies in the engineering of form evolution[J]. Journal of Management Studies，2003，40(1)：83-108.

③ H Mintzberg，A McGugh. Strategy Formation in an Adhocracy[J]. Administrative Science Quarterly，1985，30(2)：257-272.

突现应对战略的过程,并进行及时干预和评估,如,将突现应对战略同组织目标、外部环境中的机会与威胁、内部环境中的优势与劣势进行对比,从而评估突现应对战略是否匹配组织的需求和能力。

　　上述学者提出的决策和战略的模式本质上仍属于行为决策模式范畴。除了具有行为决策模式的基本特征外,它们还十分强调一个共同的要素——对环境的感知。这就要求在服务于战略决策制定的情报流程中,应充分重视对环境的分析,这里的环境包括外部环境、内部环境和组织内外部环境的比较。情报流程应依据环境分析来协助组织进行战略分析。

第三节　战略决策制定过程的特征及影响因素分析

一、战略决策过程的特征

　　决策本质上是一种管理行为。目前关于决策的定义很多,总结起来包括过程论和结果论两个部分。明茨伯格呼吁关注战略决策过程,即战略是如何产生的,而不仅仅是关注战略的内容[1][2]。战略内容的研究关注组织与环境相互作用的理性选择,而战略决策过程的研究则关注组织内员工之间及群体之间的相互作用,这种作用可以是理性的、有限理性的,甚至是非理性的。过程研究一方面关注组织如何获得、保持和调整管理系统与决策过程之间的有效关系,另一方面则关注竞争或资源的定位[3]。有效的决策过程通常应具备六个特点:其一,它关注重要的事情;其二,它是符合客观逻辑性和内部一致性的;其三,它承认主客观思维,并将分析思维与直觉思维融为一体;其四,它只需要为解决某一特定困境所需的大量信息进行分析;其五,它鼓励和引导收集有关信息和知情意见;其六,它简单、可靠,易于使用[4]。总体而言,过程论视角认为,决策是一个不断推进、反馈和验证的过程。例如,决策是在特定时间内,在评估满足某个目标的替代方案的过程中,因对某一特定行动方案的期望促使

　　① Mintzberg H. Crafting strategy[J]. Harvard Business Review, 1987, 65(4): 66-75.
　　② Mintzberg H, Waters J A. Of strategies deliberate and emergent[J]. Strategic Management Journal, 1985, 6: 257-72.
　　③ 拉尔夫.战略管理与组织动力学[M].宋光兴,付宏财,译.北京:中国市场出版社,2009:169.
　　④ J S Hammond, R L Keeney, H Raiffa. Smart choices: A practical guide to making better decisions[M]. Boston, MA: Harvard Business School Press, 1999: 4.

决策者选择最有可能实现该目标的行动方案①;决策是决策者为了达到特定的
目标,在诸多可供选择的方案之中依据一定的标准选择最优方案,逐步付诸行
动,并根据执行反馈信息不断调试的过程②。过程论视角侧重于决策是引导和
支持战略的行动。结果论视角认为,决策就是一个决定或判断。例如,决策是
对未来实践的方向、目标、原则和方法所作的决定③;决策意味着对于一个行动
方案考虑成熟后做出的与某种形势相关的判断④。结果论视角侧重于对决策
本身的研究,以及决策与结果的绩效之间的关系研究。赛尔特和马奇指出,如
果考虑到人类的认知局限,加上对目标的不确定性和一致性的缺乏,决策与管
理者、研究者事先设想的情形就会有很大的不同,决策与特定时间和背景紧密
相连,它需要一个长期的过程,涉及不同层次的人⑤。赛尔特和马奇的工作促
使其他人将决策所依赖的资源分配和闲置分配(以前投资的剩余)视为一种
组织过程,而不是一种简单的选择。因此,他们的决策概念是一个平衡各种
权力载体的政治过程。其他采用类似方法的作者包括钱德勒⑥、安索夫⑦、艾
可夫⑧和安德鲁⑨,他们的研究最早提出战略决策过程与战略决策内容的
区别⑩。

　　将决策视为一个过程研究更符合决策本身的特征,这也是本书研究的立
足点,正是因为决策是一个过程,情报流程才能够在决策的某些特定过程中发
挥作用。诺贝尔经济学奖获得者西蒙将决策视为整个管理过程的同义词,在
他看来,决策包括发现机会、找到可能的行动方案和选择行动方案三个阶段,他将
这三个阶段分别称为情报活动、设计活动和抉择活动⑪,后来西蒙在他的模型中又
增加了决策实施后的评价阶段,但仍强调前3个阶段是决策过程的主要组成部分。

① Harrison E F. The Managerial Decisionmaking Process [M]. 4th edition. Boston, MA: Houghton Mifflin, 1995:4.
② 杨晓宁,刘杰.论作为决策支持的情报分析—建议采纳的视角[J].情报杂志,2017,36(09):19-23.
③ 雷润玲.成功决策中的情报保障[J].现代情报,1993(01):38-39.
④ Ofstad H. An Inquiry into the Freedom of Decision[M]. Oslo: Norwegian Universities Press,1961:5.
⑤ Cyert R M, March J G. A Behavior Theory of the Firm[M]. Englewood Cliffs, NJ: Prentice Hall,1963:135-140.
⑥ Chandler A D. Strategy and Structure: Chapters in History of the Industrial Enterprises[M]. Cambridge, Mass: The MIT Press,1962:158-172.
⑦ Ansoff H I. Corporate strategy[M]. New York: McGraw-Hill,1965:56-60.
⑧ Ackoff R L. A Concept of Corporate Planning[M]. New York: Wiley,1970:89-92.
⑨ Andrews K J. The Corporate Strategy[M]. Homewood:Irwing,1971:201-205.
⑩ Janczak S. The Strategic Decision-Making Process in Organizations[J]. Problems & Perspectives in Management,2005,101(101):411-415.
⑪ Simon H. The New Science of Management Decision[M]. New York: Harper&Row,1960:14-22.

　　所谓过程是一个由自变量和因变量组成的逻辑因果关系,以及描述要素随时间变化的序列①。管理学大师德鲁克认为,一个有效的决策是通过一个有明确定义要素的系统化过程和一系列不同的步骤做出的。德鲁克建议决策过程应包括六个步骤,即问题的分类→问题的定义→问题的答案必须满足的规范→决定什么是正确的,而不是什么是可接受的→行动计划内置于决策中→根据事件的实际过程测试决策的有效性和有效性的反馈②。实际上,研究者对决策过程所经历环节的认识不尽相同,自上而下的研究视角将决策过程分为辨别问题、收集信息、制定方案、决策和实施③;系统论研究视角认为,决策是复杂和混乱环境中的一个动态循环集,受复杂的人与人之间交互作用的影响④;泽伦尼认为,决策是一个动态的过程,这个过程具有复杂性和反馈性,充满着搜索、迂回、信息收集和信息忽略,它由不确定性、模糊性和冲突性所推动⑤,系统论视角强调决策过程的循环反复和多要素之间的相互作用。在战略决策制定过程中,通常采用的是自上而下和系统论两个视角的综合,这从逻辑起点、信息流控制和情报搜集范围等方面为服务于战略决策制定的情报流程提供了导向。

二、代表性战略决策制定过程

　　20 世纪 70 年代开始,战略决策制定过程模型大量涌现。表 3-4 列出了目前较有代表性的决策过程研究,笔者根据驱动力的不同将其分为问题驱动型和目标驱动型(见表 3-4)。

表 3-4　代表性战略决策制定过程

类型	代表人物	流程环节
	西蒙(1960)⑥	情报活动、设计活动、选择活动
	施伦克(1969)⑦	问题识别、问题诊断、行动选择

①　Van de Ven A H. Suggestions for studying Strategy Process: A Research Note[J]. Strategic Management Journal, 1992(13):169-188.
②　Drucker P F. The effective decision[J]. Harvard Business Review, 1967, 45(1), 92-98.
③　郭巍青,涂峰.重新建构政策过程:基于政策网络的视角[J].中山大学学报(社会科学版),2009,49(3): 161-168.
④　McKenna R J, Martin Smith B. Decision making as a simplification process: New conceptual perspectives[J]. Management Decision, 2005, 43(6): 821-836.
⑤　Zeleny M. Descriptive decision making and its applications[J]. Applications of Management Science, 1981, 1: 333.
⑥　Herbert A Simon. The new science of management decision[M]. New York: Harper & Brothers Publishers, 1960:1-2.
⑦　Schrenk L P. Aiding the decision maker—A decision process model[J]. Ergonomics, 1969(12):543-557.

类型	代表人物	流程环节
问题驱动型	明茨伯格(1976)①	确定阶段(识别、诊断)、开发阶段(搜索、设计)和选择阶段(甄别、评价和认可)
	纳特(1989)②	探索可能性、评价选择、验证假设和学习
	舍尔默霍恩(2005)③	认识和确认问题或机会、识别和分析可行的行动方案、选择较优的行动方案、执行较优行动方案、评估结果
	弗伦奇(2009)④	形成问题、评价备选、评价推荐、选择备选执行
	保罗(2005)⑤	识别问题或机会、利益分析、评估形势、开发方案、选择策略、调整执行监测
	穆拉鲁(2014)⑥	定义问题、开发标准、数据挖掘、开放可能的备选方案、备选方案评估、为每个标准分配一个重要系数、用概率比较备选、选择最佳方案、应用于决策
	罗宾斯(2014)⑦	识别问题、识别决策标准、为标准分配权重、开发备选方案、分析备选方案、选择备选方案、选择方案、执行方案、评价决策效率
	汤普森(2016)⑧	形势分析、挑战框架和原因分析、生成解决方法思想、选择解决方案、执行和善后
目标驱动型	哈里森(1999)⑨	确定目标、搜寻方案、比较和评价方案、选择行动、执行决策、跟踪与控制
	卡雷尔(1997)⑩	目标陈述、问题识别、寻找各种解决方案、评估各个解决方案、理性地选择最佳方案、执行方案控制和评估绩效

① Mintzberg H，Théorêt A，Raisinghani D. The structure of the unstructured decision making process[J]. Administrative Science Quarterly, 1976, 21(2)：246-75.

② Nutt Paul C. Making tough decision[M]. San Francisco：Jorssey-Bass, 1989；102-105.

③ 谢默霍恩，亨特，奥斯本.组织行为学[M].8 版.刘丽娟，等译.北京：清华大学出版社，2005；338.

④ Simon French,John Maule, Nadia Papamichail.Decision Behaviour, Analysis and Support[M]. Cambridge：Cambridge University Press，2009；301.

⑤ Paul K Davis,Jonathan Kulick, Michael Egner. Implications of Modern Decision Science for Military Decision-Support Systems[EB/OL].[2019-10-18]. https：//www. rand. org/pubs/monographs/MG360.html

⑥ Niculae Iancu, Irena Dumitru. Intelligence in the Knowledge Society[C]. Proceedings of the XIXth International Conference,2014；219.

⑦ Stephen P Robbins，Mary Coulter. Management[M]. New York：Pearson Education, Inc，2014；47.

⑧ Thomas N Martin. Smart decisions：The art of strategic thinking for the decision-making process[M]. New York, NY：Palgrave Macmillan,2016；4.

⑨ Harrison F. The management decision making process[M]. Boston, MA：Houghton Mifflin Company, 1995；39.

⑩ Carrel M R, Jennings D F, Heavrin C. Fundamentals of organizational behavior[M]. Englewood cliffs, NJ：Prentice Hall,1997；36.

类型	代表人物	流程环节
	伊万切维奇(2006)①	设置具体目标和可以衡量的结果、识别和定义问题、确定优先顺序、查找原因、开发备选方案、评估备选方案、选择方案、执行、跟进

目前的大多数决策过程模型是对西蒙三阶段决策过程的分解和拓展,例如,有学者认为决策过程包括识别问题、确定决策目标、拟定备选方案、分析评价备选方案、方案优选、实施方案、监督与反馈以及决策效果评估阶段②。

明茨伯格领导一个小组研究了 25 例加拿大企业中的重大决策后提出了一个 3 阶段模型,即识别(identification)、开发(development)和选择(selection)③。可见,决策是一个充满不确定性和复杂性的动态过程,信息的不完备、信息获取成本和决策者的认知局限是决策过程的主要障碍④。早期的决策局限于决策者经验性上,受决策者的有限理性、决策动机等影响。例如,迪恩和沙夫曼的实证分析发现,对于不确定性较大的决策,决策者在选择和判断过程中更多依赖于直觉和经验,而不是分析过程⑤。决策者对决策本身的认识也会影响其决策过程,将决策视为机会还是威胁,会影响后续的决策过程,例如,只有当决策对组织造成威胁的时候,组织才会将决策权利下放,而中层决策者将会得到参与决策的机会⑥。与此类似,埃尔班纳和蔡尔德实证证明了决策动机与决策有效性存在显著关系⑦。随着信息资源的不断丰富,对信息利用的深度不断加强,科学化决策越来越成为主流。

综上,决策的核心是对未来的行动所做的决定,而这种决定的给出是一个动态过程,需要围绕决策目标充分理解决策环境并进行及时响应,也需要进行必要

①　伊万切维奇,康诺帕斯基,马特森.组织行为与管理[M].邵冲,等译.北京:机械工业出版社,2006:371.

②　姜昊,梁林,刘培琪.大数据对企业决策过程的影响:一个多案例的研究[J].河北经贸大学学报, 2018, 39(03):99 - 107.

③　Mintzberg H. The manager's job: folklore and fact[J]. Harvard Biuiness Rev, 1975, 53(4): 49 - 61.

④　Jones R E, Jacobs L W, Spijker W V. Strategic decision processes in international firms[J]. Management International Review, 1992, 32(3): 219 - 237.

⑤　Dean J W, Sharfman M P. Procedural rationality in the strategic decision-making process[J]. Journal of Management Studies, 1993, 30(4):587 - 610.

⑥　Papadakis V, Lioukas S, Chavibers D. Strategic decision making processes: the role of management and context[J]. Strategic Management Journal, 1998(19):115 - 117.

⑦　Elbanna S, Chilid J. Influences on strategic decision effectiveness: development and test of an integrative model[J]. Strategic management Journal, 2007(28):431 - 453.

的逻辑推演和假设,从而形成前瞻性判断[1],以及规避可能出现的风险。这些必须以充分占有信息并理解信息的含义为前提,再辅以可受情报产品影响的决策者的理性和经验。西蒙强调情报活动是决策过程的重要组成部分[2]。从情报的观点看,决策就是将情报转化为行动的过程[3],情报的应用是科学化决策的重要保障。但这种转化是非线性的,正如兰德公司认为,决策过程中的发展层面不是一个接一个的连续动作,例如,在情报收集阶段所发现的信息通常能鼓舞你再走回头,重新架构决策。一个复杂的问题可能要做一系列较小的决策,而其中的每一个决策又将牵涉到数个决策的框架、数次情报收集工作与数个下结论的步骤[4]。

三、战略决策制定过程的影响因素

1993 年,拉贾戈帕兰对战略决策制定的影响因素进行了全面调研分析[5],时至今日,这些影响因素仍然适应环境,只不过在研究范围和丰富度上有所增加。图 3-6 是借鉴了拉贾戈帕兰的战略决策制定影响因素框架而进行分类整理出来的整体上战略决策制定的影响因素。我们从中可以看出,战略决策制定的核心影响因素是战略决策过程,而战略决策过程又受环境因素、组织因素和决策内容因素影响。

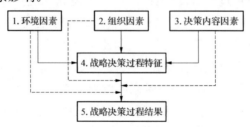

图 3-6 战略决策制定的影响因素

(图片基于以下文献整理加工而来:Nandini Rajagopalan. Strategic Decision Processes: Critical Review and Future Directions[J]. Journal of Management,1993,19(2):349-384.)

罗宾斯对专门决策制定过程中的影响因素进行了总结归纳[6],本书结合罗

---

① 郑彦宁,赵筱媛,陈峰.我国科技情报机构政府决策服务的最佳实践特征研究[J].情报学报,2012,31(1):4-8.

② Simon H A. Administrative Behavior—A Study of Decision Making Processes in Administrative Organization[M]. New York: Macmillan Publishing Co, lnc, 1971:146.

③ 梁战平.中国科技情报分析为规划和决策服务的现状[J].科学,1993(01):35-38.

④ 乔迪.兰德决策[M].成都:天地出版社,1998:308-309.

⑤ Nandini Rajagopalan. Strategic Decision Processes: Critical Review and Future Directions[J]. Journal of Management,1993,19(2):349-384.

⑥ Stephen P Robbins, Mary Coulter. Management[M]. New York: Pearson Education, Inc, 2014:60.

宾斯与其他学者的研究成果,对影响战略决策制定过程的影响因素进行了强调和补充(如图3-7所示)。

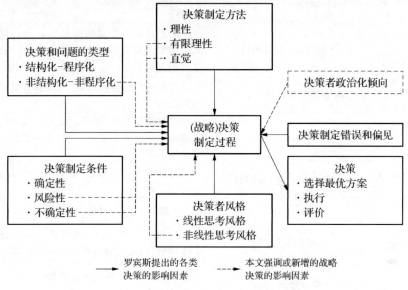

图3-7 决策制定过程中的影响因素

(图片基于以下文献整理加工而来:Stephen P Robbins,Mary Coulter. Management [M]. New York:Pearson Education,Inc,2014:60.)

基于图3-6和图3-7,本书认为,决策者决策内容和组织内外部环境这三个因素是战略决策制定过程中的核心影响因素。

(一)决策者层面的影响因素

在战略决策制定过程中,决策者行为是一个十分重要的影响因素,根特纳研究表明,决策者的表征质量与决策效果存在正相关性。所谓表征是指决策者在心智世界中所形成的对现实世界的建构,是决策者进一步搜寻信息、理解现实世界的基础[①]。盖瑞和伍德研究发现,决策者对环境要素间因果关系、环境深层结构的认识精确性及水平与决策绩效存在正相关性。表3-5描述了影响战略决策制定的有关决策者行为的相关实证研究结果。总结起来,决策者对战略决策的影响主要表现在决策者的有限理性、直觉和政治化行为。

---

① Gavetti G, Levinthal D. Looking forward and looking backward:Cognitive and experiential search[J]. Administrative Science Quarterly,2000,45(1):113-137.

表 3 - 5　战略决策制定中决策者影响因素

影响因素	代表性成果	影响范围和作用
决策者	根特纳，1983①	决策者的表征质量与决策效果存在正相关性。
	盖瑞和伍德，2011②	决策者对环境要素间因果关系和环境深层结构的认识精确性和水平与决策绩效具有正相关性。
	梅特兰和萨马蒂诺，2015③	决策者的战略性经验越丰富，越容易形成高级启示。
	苏尔玛，2010④	在问题识别阶段，专家建议的引入能够更加精确的确定有用信息，从而对决策效果具有积极影响。
	弗雷德里克森，1984⑤	稳定环境下程序理性与战略决策效果正相关，不稳定环境下两者负相关。
	洛瓦洛，2012⑥	系统性搜寻可以避免个人偏见。
	格列瓦，2010⑦	侧重于机会识别的决策者具有更积极的搜寻动机，因此对目标情景的认识更清晰。
	索南沙因，2007⑧	在动态环境下，决策者的直觉是一种有效的决策方法。
	杰拉德，1999⑨	认知图是限制背景偏见可能破坏性的有效手段。
	史蒂芬，1994⑩	认知全面性与决策速度正相关。

① Gentner D. Structure-mapping：A theoretical framework for analogy[J]. Cognitive Science, 1983，7(2)：155-170.

② Gary M S，Wood R E. Mental models，decision rules，and performance heterogeneity[J]. Strategic Management Journal，2011，32(6)：569-594.

③ Maitland E，Sammartino A. Decision making and uncertainty：The role of heuristics and experience in assessing a politically hazardous environment[J]. Strategic Management Journal，2015，36(10)：1554-1578.

④ Surma J. Supporting strategic decision making with case-based reasoning[J]. International Journal of Business Insights and Transformation，2010，3(1)：4.

⑤ Fredrickson J W. The Comprehensiveness of strategic decision processes：Extension，observations，future directions[J]. Academy of Management Journal，1984，27：445-466.

⑥ Lovallo D，Clarke C，Camerer C. Robust analogizing and the outside view：Two empirical tests of case-based decision making[J]. Strategic Management Journal，2012，33(5)：496-512.

⑦ Grégoire D A，Barr P S，Shepherd D A. Cognitive processes of opportunity recognition：The role of structural alignment[J].Organization Science，2010，21(2)：413-431.

⑧ Sonenshein S. The role of construction，intuition，and justification in responding to ethical issues at work：the sense making -intuition model[J]. Academy of Management Review，2007，32(4)：1022-1040.

⑨ Gerard P. Hodgkinson. Breaking the frame：an analysis of strategic cognition and decision making under uncertainty[J]. Strategic Management Journal，1999(20)：977-985.

⑩ Stefan Wally J. Robert Baum. Personal and structural determinants of the pace of strategic decision making[J]. Academy of Management Journal，1994，37：932-956.

续　表

影响因素	代表性成果	影响范围和作用
决策者	迪恩，1996①	决策过程理性提高了决策过程决策效率。
	赛德，2007②	战略决策中运用理性与战略决策效率、效果正相关，战略决策过程中政治行为与战略决策效率、效果负相关。
	格里克，1993③	在高动态环境中决策全面性提高了收益率。
	帕帕达斯基，1998④；西蒙，1999⑤；扎赫拉，2002⑥	决策过程理性提高了决策效果。
	亚尼夫和希勒尔，2012⑦	在决策者进行决策前提供建议，会使得决策者更多采纳建议。
	摩尔和坦柏伦塞，2014⑧	缺乏推理能力会降低决策者的决策质量。
	斯考特，2003⑨；希思和冈萨雷斯，1995⑩	在决策前与他人充分互动有助于激发出不同的思维方式，提供未曾考虑到的信息或备选方案。
	布雷默和哈加弗斯，1986⑪	他人建议能够简化决策者所面临的难题，从而帮助找到更好的答案，即使建议本身并不那么精确，依然能够提升最终的决策质量。

① Dean J，Sharfman M. Does decision process matter A study of strategic decision making effectiveness[J]. Academy of Management Journal, 1996, 39：368-396.

② Said Elbanna，John Child. Influences on strategic decision effectiveness：Development and test of an integrative model[J]. Strategic Management Journal，2007,28：431-453.

③ Glick W，Miller C，Huber G L. Organizational change and redesign：Ideas and insights for improving performance[M]. New York：Oxford University Press,1993：176-214.

④ Papadakis V. Strategic investment decision processes and organizational performance[J].British Journal of Management,1998(9)：115-132.

⑤ Simons T，Pelled L，Smith K. Making use of difference：Diversity, debate and decision comprehensiveness in top management teams[J].Academy of Management Journal,1999,42：662-673.

⑥ Zahra S，Neubaum D，El-Hagrassey G.Competitive analysis and new venture performance：Understanding the impact of strategic uncertainty and venture origin[J]. Entrepreneurship Theory and Practice,2002,27：1-28.

⑦ Yaniv I，Choshen-Hillel S. Exploiting the wisdom of others to make better decisions：Suspending judgment reduces egocentrism and increases accuracy[J]. Journal of Behavioral Decision Making，2012,25：427-434.

⑧ Moore C，Tenbrunsel A E. Just think about it? Cognitive complexity and moral choice[J]. Organizational Behavior and Human Decision Processes，2014，123：138-149.

⑨ Schotter A. Decision-making with naive advice[J].American Economic Review, 2003,93：196-201.

⑩ Heath C，Gonzalez R. Interaction with others increases decision confidence but not decision quality：evidence against information collection views of interactive decision-making[J]. Organizational Behavior and Human Decision Processes，1995,61：305-326.

⑪ Brehmer B，Hagafors R. The use of experts in complex decision-making：A paradigm for the study of staff work[J]. Organizational Behavior and Human Decision Processes，1986，38：181-195.

1. 有限理性影响因素

希特等将理性战略决策描述为"一系列分析过程,一组客观标准",用来评价战略备选方案[①]。我们假设管理者进行理性战略决策,也就是说,他们会用最优化的和一致性的选择来最大化价值。毕竟,管理者有各种各样的工具和技术来帮助他们成为理性的决策者。做一个理性的决策者意味着什么?理性决策者的理性假设是完全客观和合乎逻辑的,所面临的问题将是明确和毫不含糊的,决策者将有一个明确和具体的目标,并知道所有可能的替代方案和后果。然而,描述管理者如何做出决策的更现实的方法是有限理性的概念,即管理者理性地做出决策。但在决策活动中,管理者由于不可能分析备选方案的所有信息,使其信息处理能力受限。琼斯等人指出了采用理性决策过程的三个主要障碍:第一,组织可能缺乏搜索和分析相关信息所需的资源;第二,决策者的认知能力可能有限;第三,高管们可能担心会扰乱组织现有的政治结构[②]。正如西蒙认为,由于世界太大、太复杂,而人类大脑处理信息的能力又非常有限,因此人类的决策在很多情况下不可能是理性的[③]。情报学者曾忠禄认为,有限理性主要表现在收集信息、理解信息以及行为这三方面的偏差上[④]。正是由于人的有限理性,决策者收集信息存在偏向性,他们大多只能收集和分析其中很小的一部分信息,这些信息通常具有易于引发关注、易于记忆识别或易于引起感官刺激等特征,比如醒目的新闻标题、重复报道的信息、不同寻常的事件[⑤],即行为经济学中所称的"显著性效应"和"方便性效应"[⑥]。另外,由于心理、情感和判断能力的差异,他们在理解信息时往往也存在一定的偏差。信息搜集的偏向和信息理解的偏差直接影响了决策判断的准确性和全面性。

2. 直觉影响因素

对决策问题的认知首先是直觉的,因为,管理者首先必须承认他所面临的处境是一个问题,这种承认最初表现为直觉。在实际决策过程中,直觉产生后

① Hitt M A, Tyler B M. Strategic decision models: Integrating different perspectives[J]. Strategic Management Journal, 1991, 12(3):327-351.

② Jones R E, Jacobs L W, Spijker W V. Strategic decision processes in international firms[J]. Management International Review, 1992, 32, 219-237.

③ Simon H A. Modes of Man: Social and Rational[M]. New York: John Wiley and Sons Inc., 1957:56-57.

④ 曾忠禄.21世纪商业情报分析:理论、方法与案例[M].北京:中国经济出版社,2018:9.

⑤ Rogers P. The cognitive psychology of lottery gambling: A theoretical review[J]. Journal of Gambling Studies, 1998, 14(2):111.

⑥ Gilovich T R. Seeing the past in the present: The effect of associations to familiar events on judgments and decisions[J]. Journal of Personality & Social Psychology, 1981(40):797-808.

需要一个分析的过程来重新定义问题,再进行分析,然后进行更严格的定义问题,如此反复。众多研究表明,在实际决策中,管理者经常利用直觉来帮助他们做出决策,例如,米勒研究表明,许多管理者将直觉作为一种有效的战略决策方法,一半受访的高管相比正式分析更经常使用直觉来管理公司[1];伯克通过调研也发现,高管们认为直觉决策存在多种好处,例如,可以加快决策速度、改善最终决策、促进个人发展等[2]。甚至有研究证明,直觉决策可以补充理性和有限理性决策[3]。那么,直觉到底是什么? 它受什么影响? 直觉实际上是个体一生所有经验、推理能力、累积的知识(包括一生中感情和文化的偏见)的潜意识的结合[4]。总结目前关于直觉的认知,笔者认为可以分为知识与能力说和经验说两大类(见表3-6),知识与能力说认为直觉具有客观性和显性化特征,可以通过知识学习和累积来提升。经验说认为直觉具有主观性和隐性化特征,对于具有长期性特征的战略决策而言,经验应该进行显性化处理,并经知识管理持续被纳入决策者的知识结构中。情报流程要做的是通过知识管理来力图使决策者的直觉建立在丰富而有序的知识基础上。

表3-6　关于直觉的认知

类别	代表人物	界定
知识与能力说	西蒙(1987) [5]	直觉和判断是同义概念。
	沃利(1994) [6]	直觉是一种从经验中学习的能力。
	沃恩(1989) [7]	直觉通常与一种预感或一种知道将要发生什么的强烈感觉联系在一起。
	萨德勒·史密斯(2004) [8]	直觉是一种涉及认知(直觉即专业知识)和感知(直觉即感觉)之间相互作用的复合现象。

① Miller C C, Ireland R D. Intuition in strategic decision making: friend or foe in the fast-paced 21st century[J]. Academy of Management Executive, 2005, 19:19-30.

② Burke L A, Miller M K. Taking the mystery out of intuitive decision making[J]. Academy of Management Executive, 1999, 13:91-99.

③ E Sadler-Smith, E Shefy. Developing intuitive awareness in management education[J]. Academy of Management Learning & Education, 2007, 6(2): 186-205.

④ 卡尔·斯特思.波士顿战略观点[M].波士顿咨询公司,译.北京:中国人民大学出版社,2009: 276-277.

⑤ Simon H A. Making management decisions: the role of intuition and emotion[J]. Academy of Management Executive, 1987, 1:57-64.

⑥ Wally S, Baum J R. Personal and structural determinants of the pace of strategic decisionmaking[J]. Academy of Management Journal, 1994, 37:932-956.

⑦ Vaughan F E. Varieties of intuitive experience[M]. London: Sage, 1989:40-61.

⑧ Sadler-Smith E, Shefy E. The intuitive executive: understanding and applying "gut feel" in decision-making[J]. Academy of Management Executive, 2004, 18:76-91.

类别	代表人物	界定
知识与能力说	米勒(2005)①	直觉可以被概念化为自动化的专业知识和整体直觉。
	沃恩(1989)②	直觉是一种综合的心理功能,因为它理解给定情况的全部。它通常与一种预感或一种知道将要发生什么的强烈感觉联系在一起。
经验说	普利图拉(1989)③	直觉代表了一种基于对特定工作或环境相关问题的深刻认识的经验形式。
	纳特(1998)④	直觉是决策者之前的经验或对情况的知识。
	阿戈尔(1989)⑤	直觉决策与经验年数之间存在相关关系。
	伯克(1999)⑥	对60名经理的半结构化电话访谈结果显示,56%的受访者认为直觉决策是基于经验的。

　　虽然直觉与决策效果之间的关系始终没有得到确认,直觉对于决策绩效的影响研究及其结论仍存在矛盾,我们无意于去探讨这一问题,但必须认清的是:决策者在进行战略决策制定时,经常会使用直觉,这就使我们不能够忽视直觉在战略决策制定中的影响。另外,我们必须要特别关注直觉对决策效果可能带来的消极方面的影响,以此保障决策有益。绍特指出,使用直觉的管理者可能会对常规或细节失去耐心,他们可能会很快得出结论,忽略相关的事实,或者追随灵感⑦。当管理者做出决策时,他们可以使用经验法则或启发式方法来简化决策过程。有研究者认为,经验法则很有作用,因为它们有助于理解复杂、不确定和模棱两可的信息⑧。但这并不意味着经验法则是可靠的,因为它们可能导致信息处理和评估中的错误及偏差⑨。决策中可能存在的偏

---

　　① Miller C C, Ireland R D. Intuition in strategic decision making: friend or foe in the fast-paced 21st century[J]. Academy of Management Executive, 2005, 19:19-30.

　　② Vaughan F E. Varieties of intuitive experience[M]. London: Sage, 1989: 40-61.

　　③ Prietula M J, Simon H A. The experts in your midst[J]. Harvard Business Review, 1989, 67: 120-124.

　　④ Nutt P C. Evaluating alternatives to make strategic choices[J]. Omega, 1998, 26: 333-354.

　　⑤ Agor W H. Intuition and strategic planning: how organisation can make productive decisions [J]. The Futurist, 1989, 23:20-23.

　　⑥ Burke L A, Miller M K. Taking the mystery out of intuitive decision making[J]. Academy of Management Executive, 1999, 13: 91-99.

　　⑦ Sauter V L. Intuitive decision-making[J]. Communications of the ACM, 199, 42: 109-115.

　　⑧ D Kahneman, A Tversky. Judgment under uncertainty: Heuristics and biases[J]. Science, 1974, 185: 1124-1131.

　　⑨ D Kahneman, D Lovallo, O Sibony. Before You Make That Decision[J]. Harvard Business Review, 2011, 89(6):50-60.

见表现为:寻求支持性证据而不愿意考虑反面材料,不能对类似情形遵循同样标准,不能随着新信息和新证据的出现而改变固有思维,较少考虑甚至忽略过去的事实,依靠容易回忆的信息而不考虑其他信息,过分依赖原始信息进行预测,迷信于固定模式并对变量关系进行随意关联,倾向于以自身背景和经验看问题,未来结果的偏好影响结果预测的准确性,低估不确定性等①。表3-7列出了直觉在决策中的来源、影响及治理。

表3-7　直觉在决策中的来源、影响及治理

来源	决策影响	决策治理
情感或情绪	政治化行为	知识管理 流程优化
伦理观或文化		
潜意识		
经验	有限理性	系统搜寻 情报分析
技巧、知识、训练		

为避免决策制定中因直觉带来的错误和偏见,我们需要对直觉影响的决策进行有效治理。绍特指出,为避免管理决策中因直觉带来的负面倾向,决策者在进行决策制定时应了解自身的长处和短处,需要使用适当的分析来测试评估所有直觉获得的信息,并无偏见地仔细考虑所有因素。另外,直觉可以在完成理性的数据分析后再引入。沃伊辛认为,经验并不是影响直觉数量和质量的唯一因素②。从这个意义上说,提高决策者知识归档、知识检索和知识整合的水平有助于减少直觉带来的偏见。本书认为,使用直觉进行决策制定增强了决策者的政治化行为和有限理性,虽然我们不能完全避免直觉及其带来的消极影响,但是通过知识管理和流程优化等方式可以改善政治化倾向,通过信息的系统搜寻和情报分析可以一定程度上避免有限理性对决策制定带来的消极影响。

3. 政治化行为影响因素

战略决策的政治观点起源于20世纪50年代的政治科学文献,当时许多

---

① Makridakis S. Forecasting, Planning and Strategy for the 21st century[M]. New York: Fress Press, 1990:36-37.

② Jaana Woiceshyn. "Good Minds": How CEOs use Intuition, analysis and guiding principles to make strategic decisions[J]. Long Range Planning, 2009, 42:298-319.

作者认为,人的目标和利益冲突影响政府的决策[①]。但是对战略决策中的政治行为缺乏统一的认识,明茨伯格将战略决策中的政治行为分为两类[②]:第一类是出现与使用权力或影响力有关的某些行为形式,如,对稀缺资源的冲突、对政策决定的冲突,对权力或影响力的使用等;第二类是有意识地针对组织中其他人的利己行为,即技术上的非法权力[③]。麦克米伦干脆将战略决策中的政治行为笼统地界定为:试图"在他人可能不选择做我们想做的事情时,让他们做我们想做的事情"[④]。希克森认为,利益、冲突和权力的相互作用,意味着可持续发展计划可以被定性为政治性质[⑤]。

　　虽然战略决策中的政治行为没有达成统一认识,但是笔者认为战略决策政治行为主要可依据决策目标进行考察:政治化行为的战略决策分为围绕组织目标和围绕个人目标两种,围绕组织目标而形成的政治行为是由于对未来的不同期望而形成的组织内部的不同立场和冲突,以及相互冲突的偏好和利益。例如,有些人可能对增长感兴趣,而另一些人可能对盈利感兴趣[⑥]。纳特的研究证实了这一点,他认为组织中的人由于职能、等级、专业和个人因素在兴趣上存在差异[⑦]。围绕个人目标的政治行为是一种个人利益的追逐,在决策过程中,组织中的人试图影响决策的结果,以便为自己的利益服务,他们通过使用各种政治技巧来做到这一点。艾森哈特指出,在战略决策过程中,最有权势者的偏好占上风,并以政治模式攻击集团模式[⑧]。

　　无论是上述哪种政治行为,均不是建立在客观分析基础上做出的决策,因此,不可能产生完整和准确的信息,也不注重环境约束,它们很可能与效率较

　　① Eisenhardt K M, Zbaracki M. Strategic decision-making[J]. Strategic Management Journal, 1992, 13:17 - 37.

　　② Mintzberg H,Waters J A. Of strategies, deliberate and emergent[J]. Strategic Management Journal, 1985, 6:257 - 272.

　　③ Gandz J, Murray V V. The experience of workplace politics[J]. Academy of Management Journal, 1980, 23: 237 - 251.

　　④ MacMillan I C, Jones P E. Strategy Formulation: Power and Politics[M]. St Paul: West Publication, 1986:1.

　　⑤ Hickson D J, Miller S J, Wilson D C. Planned or prioritized? Two options in managing the implementation of strategic decisions[J]. Journal of Management Studies, 2003, 40: 1803 - 1836.

　　⑥ Allison G T. Essence of decision: Explaining the cuban missile crisis[M]. Little Brown: Boston, 1971:108 - 120.

　　⑦ Nutt P C. The formulation processes and tactics used in organizational decision making[J]. Organization Science, 1993, 4: 226 - 251.

　　⑧ Eisenhardt K M, Kahwajy J L, Bourgeois L J. Conflict and strategic choice: how top management teams disagree[J]. California Management Review, 1997, 39: 42-62.

低的决策联系在一起。贾尼斯[①]、艾森哈特[②]和福特[③]等人的解释性研究表明，政治行为和不成功的决策之间存在联系。从情报分析角度看，政治行为可能导致信息失真[④]、限制信息流动[⑤]，因此，管理者可能会根据不完整的信息做出决策，从而导致令人失望的结果[⑥]。从决策效率角度看，政治行为可能导致决策效率的低下，例如，政治决策过程是分裂的，它们可能导致推迟作出决定，由此可能丧失机会。这个问题在竞争和快速变化的环境中会更加明显。从环境分析角度看，政治行为可能会导致对决策环境约束的忽略，政治战术是针对本组织内部的利益、权力基础和立场，而不是针对什么是可行的，因此，由这些过程产生的决策不太可能考虑环境约束。此外，政治进程可能会排除一些可行的替代方案，从而破坏战略决策可能取得的成功，因为这些替代方案与有权有势的个人利益相冲突[⑦]。

我们在政治行为对战略决策的消极影响的表述中一直用"可能"一词，这是因为虽然大量的实证研究结论证实了这种消极的影响，但是并非说政治行为对战略决策的影响完全是消极的。政治行为对决策的影响也有积极的一面，例如，通过权力的影响，可以加快决策的制定；通过权力的权威性，可以使决策执行更为有效等。而我们要做的是，在进行战略决策过程分析时，将政治行为考虑进去，并且尽量克服政治行为带来的消极影响。

我们从以上分析可知，决策者的有限理性、直觉和政治化行为对战略决策的消极影响很难完全消除，但却可优化。正如在行为决策模式中所阐述的，决策者的有限理性和直觉可以通过知识管理来进行优化。另外，要在情报流程中设置供决策者学习的渠道，通过这一渠道持续深化决策者对决策知识的学习，不断更新决策者对环境的认知，并加深决策者对情报产品的理解。政治化

① Janis I L. Crucial decisions：Leadership in policymaking and crisis management［M］. New York：Free Press，1989：205－210.

② Eisenhardt K M，Bourgeois L J. Politics of strategic decision making in high-velocity environments：Towards a midrange theory［J］. Academy of Management Journal，1988，31：737－770.

③ Ford C M. Creativity in managerial decision making：An examination of factors that influence the creativity of managers' decisions［D］. Pennsylvania State University，1989.

④ Pfeffer J. Managing with Power：Politics and Influence in Organizations［M］. Boston：Harvard Business School，1992：301－306.

⑤ Pettigrew A. The Politics of Organizational Decision-Making［M］. London：Tavistock，1973：200－208.

⑥ Dean J W，Sharfman M P. Does decision process matter? A study of strategic decision making effectiveness［J］. Academy of Management Journal，1996，39：368－396.

⑦ Said Elbanna. Strategic decision-making：Process perspectives［J］. International Journal of Management Reviews，2006，8(1)：1－20.

行为是一种十分复杂的影响因素,决策者的政治化倾向为情报服务提供了导向。情报流程要做的是,首先,避免决策者政治化倾向源于个人利益,而忽视组织整体利益;其次,避免决策者建立在个人主观认知基础上,忽视客观环境的决定性作用。不可否认,在实际决策过程中,我们很难避免决策者的政治化倾向造成的负面影响。为了试图优化它给战略决策制定带来的消极影响,情报流程除了关注决策管理层外,还要将决策执行者作为情报用户,从而尽可能客观地获取战略决策需求,提供面向决策而非决策者的情报产品。需要指出的是,本书提出的情报流程对于完全依靠政治化倾向来进行的战略决策制定作用有限。

二、决策内容影响因素

从内容上看,战略决策主要包括机会决策(Opportunity decision)、问题决策(Problem decision)和危机决策(Crisis decision)三种类型。而且这三种类型具有相互转化的关系,明茨伯格对这三者之间的关系给出了解释(一个给定的决策过程可能会因为一个延迟或一个管理行为而沿着一个连续的过程发生变化)[①]:一个被忽视的机会可能后来会成为一个问题,甚至是一个危机;一个管理者可能会通过寻求一个临时的解决方案将一个危机转化为一个问题,或者他可能会利用一个危机或问题情境进行机会创新(如图 3-8 实线部分)。笔者之所以对这三者之间的转化关系进行强调,是想说明在战略决策过程中,这三个类型的决策可能都存在,有些看似战术类型的决策,实际上构成了战略决策的重要组成部分,特别是由于时间的积累和环境的发展,类似战术性的决策很容易转化为战略决策或者对战略决策构成重要影响。尽管我们把机会型决策、问题型决策和危机型决策分开来讨论,但在战略决策中只有把这三者结合起来,才能确保战略决策质量。

(1)机会型决策

机会型决策更多地表现为决策者的主动行为,通常是在决策者收到的模棱两可的数据流中确定[②]。机会决策一般是由理论(假设)驱动的,理论驱动与数据驱动的决策主要区别在于谁先谁后的问题。在机会决策中,决策者一般先提出理论(假设),然后据此指引数据搜集与分析,最后形成某种结论。显然,这一过程会受到决策者个体特征的影响,例如决策者的知识结构、过去的

---

① Mintzberg H. Strategy-making in three mode[J]. Management Review, 1973, 15(2): 44-53.
② Mintzberg H. The Nature of Managerial Work [M]. New York: Harper and Row, 1973:67-71.

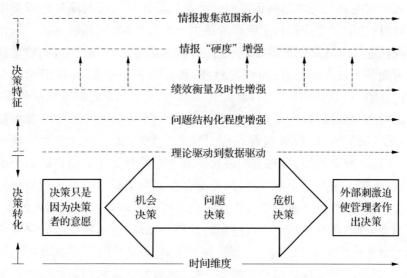

图 3-8　战略决策类型(虚线部分由作者补充)

经验、主观倾向等。除了受个体因素影响外,从相对客观的角度上看,假设还来自情景逻辑、理论推演、归纳总结、同历史情景比较和头脑风暴等①。从这个意义上说,机会决策一般始于决策目标形成。此外,机会决策所面临的一般是结构化程度很低的问题,这些问题大多先是从定性角度进行的分析判断,然后才以数据证据进行辅助证明,因此决策主体的分析判断能力在机会决策中具有十分重要的地位。同时,机会决策的绩效衡量通常时限较长,是需要在不断发展过程中进行控制和评估的(如图 3-8 中的虚线部分)。

从情报分析角度看,机会型决策需要搜集某种现象相关的所有情报,也就是从现象观察入手,根据观察结果来确定情报搜集范围和情报分析的方向,并要求所收集的情报范围要尽可能广,要从战略性层面广纳情报资料。这个过程除了涉及情报客观定量化的情报资料,还特别重视对定性情报资料的推演、归纳和判断。此外,由于机会决策是一个长期持续的工作,情报分析报告通常需要提供大量细节、评论、证据以及情报成果对于决策的意义、使用范围等说明。

(2)问题型和危机型决策

问题决策和危机决策更多地表现为外部环境的倒逼,从诱导因素来看,问题型决策和危机型决策一般非常清晰并很明确地出现,这样的决策特别

---

① 曾忠禄.21 世纪商业情报分析:理论、方法与案例[M].北京:中国经济出版社,2018:140-142.

重视决策制定与行动的时机。问题决策需要搜集目标与绩效之间差距的情报,危机决策需要搜集特定问题的情报。庞兹指出,问题制定始于认识到期望或标准与绩效之间的差距,从他对许多决策过程的观察中,他确定这些标准可能基于过去的趋势、预测的趋势、其他组织的标准、其他组织的期望和理论模型①。赛德研究表明,危机性决策与政治化正相关②;瓦西利斯指出,将决策视为危机时,决策过程的理性程度和参与决策时各部门合作程度更高,无政治性争论,决策过程速度更快③。显然,这两个研究结论存在矛盾性,从这个意义上说,危机型决策对决策过程有积极还是消极影响仍没有定数,这可能与决策者个人、危机的类型存在密切关系。问题和危机决策通常是数据驱动,即首先收集已经摆在管理者面前的问题或危机相关的数据,通过数据分析、研判来推进决策过程的开展。此外,这两种类型的决策所面临的问题结构化特征较明显。当然,问题型决策中的问题包括短期和长期两种,长期性问题结构化水平会稍差一些,危机型决策所面临的问题结构化特征特别突出。同时,与机会型决策相比,这两种决策绩效衡量及时性更强(如图3-8中的虚线部分)。

从情报分析角度看,问题型决策进行情报搜集的主要目的是确定目标和绩效之间的差距,危机型决策情报搜集的主要目的是寻求特定危机的数据证据支撑,虽然情报搜集的目的略有差异,但可以看出,问题决策和危机决策始于问题,并在决策过程中的最开始就界定和识别问题,这与机会型决策以目标为始存在差异。问题型决策和危机型决策所搜集到的情报“硬度”更强,即定量化水平更高,相对而言,这两种决策搜集的情报范围均比机会型决策情报搜集范围小。此外,情报报告上,这两种决策的情报报告通常以简报的形式口头传达给管理者,书面报告的使用很少,因为该类用户更倾向于即时的、有说服力的建议。战略决策制定是一个漫长的过程,这个过程会产生时间域上前后联系以及问题域上横向联系的多个战术性、操作性的决策,其中包含问题型决策和危机型决策。决策的情报需求特征要在服务于战略决策制定过程的情报流程的情报分析和知识管理中有所体现。

---

① Pounds W F. The process of problem finding[J]. IndustrialManagement Review, 1969, 11:1-19.

② Said Elbanna, John Child. The influence of decision, environmental and firm characteristics on the rationality of strategic decision-making[J]. Journal of Management Studies, 2007(6):4-44.

③ Vassilis M Papadakis, Yiannis Kaloghirou, Maria Iatrelli. Strategic decision making:from crisis to opportunity[J]. Business Strategy Review, 1999(10): 29-37.

三、决策环境影响因素

从情报分析角度看,决策环境能够对战略决策制定过程形成影响的前提假设是,决策环境是动态变化的。因为,处于稳定环境中的管理者通常以他们的经验去理解环境,不再需要或很少需要进行信息收集与分析。但是,如果决策环境具有不确定性和复杂性时,决策者就会大量依靠信息的收集与分析,此时的战略决策过程更偏向于理性决策。因此,环境的不确定性能够缓和决策制定过程中的理性与决策有效性之间的关系,例如,达夫特研究表明,当环境不确定时,成功的公司比不成功的公司更有可能收集额外的信息[①]。也就是说,当环境不稳定时,决策者更加倾向于采用理性决策,这也得到了普里姆等人的证实,他们研究发现,在高度动荡的环境中,理性过程与决策有效性之间具有很强的关系,但在不那么动荡的环境中这种关系却很弱[②]。

决策环境包括组织内部环境和组织外部环境,前者主要包括组织的资源和能力,而资源既包括有形资源(如财务、技术和基础设施等),也包括无形资源(如知识、信任、制度和管理能力等)。无形资源在持续保持组织竞争优势方面更具效力,正如希特指出,无形资源是一种更高级、更有效的核心竞争力来源[③],因为这样的资源不易被发现、不易被模仿、不易被购买和替代,而且无形资源的价值可以通过共享从而得到更大程度的利用。正因如此,在战略决策制定过程中,关于组织无形资源对决策过程影响的研究更为丰富,这些研究有的针对组织制度与政策性资源对决策过程的影响,例如,奥卡西奥研究认为,组织惯例、组织体系以及组织政策,甚至组织战略对决策团队所关注的目标情境中的信息具有引导作用[④]。有的学者针对人的因素对决策过程的影响进行研究,例如,瓦西利斯[⑤]指出,组织计划正式性对政治行为有负向影响;米勒研

---

① Daft R L, Sormunen J, Parks D. Chief executive scanning, environmental characteristics, and company performance：An empirical study[J]. Strategic Management Journal, 1998, 9：129 - 139.

② Priem R, Rasheed A, Kotulic A. Rationality in strategic decision processes, environ-mental dynamism and firm performance：A test of competing theories[D]. University of Texas at Arlington, 1992.

③ M A Hitt, R D Ireland. The essence of strategic leadship：Managing human and social capital [J]. Journal of Leadership and Organization Studies, 2002, 9(1)：3 - 14.

④ Ocasio W. Towards an attention-based view of the firm[J]. Strategic Management Journal, 1997, 18(S1)：187 - 206.

⑤ Vassilis M, Papadakis Spyros Liouks, David Chambers. Strategic decision-making processes：The role of management and context[J]. Strategic Management Journal, 1998(19)：115 - 147.

究发现管理者认知多样性对决策过程理性有负向影响[1]。

组织内部环境影响的是组织的能力,而组织外部环境影响的是组织对机遇的把握和对威胁的控制,正如贝隆指出,外部环境会创造机遇和威胁,机遇与威胁会影响公司的战略行动[2]。从信息分析的角度看,组织外部环境信息分析是一个连续的过程[3],总体上依次包括扫描、监测、预测和评估,它们具有不同的分析侧重点和分析目的(见表3-8)。

表3-8 外部环境分析活动及其目的

分析活动	分析侧重点	分析目的
扫描	环境信息识别	识别潜在变化的早期信号、探索正在发生的变化[4]。
监测	环境信息收集	持续观察环境变化和趋势,探索其中的含义[5]。
预测	环境信息推断	对将来可能发生的事情及其形成的速度等进行可行性推断[6]。
评估	环境信息解读	判断环境变化和趋势对战略管理影响的时间点和显著程度[7]。

因此,组织外部环境对战略决策制定过程的影响主要集中于对环境信息分析上,因分析目的差异,会关注于不同的信息分析重点和启动不同的信息分析方法。此外,环境本身的特性也会对战略决策制定过程产生一定的影响,赛德研究发现,环境不确定性、支持性对决策过程理性有正向影响[8];瓦西利斯也指出,环境异质性对决策过程理性影响不显著,对决策过程的政治行为和冲突有显著影响[9]。

① C Chet Miller, Lida M Burke, William H Glick. Cognitive diversity among upper-echelon executives:implications for strategic decision processes[J]. Strategic Management Journal, 1998, 19:39-58.

② P Berrone, L R Gomez-Mejia. Evironment performance and executive compensation: An integrated agency-institutional perspective[J]. Academy of Management Journal, 2009, 52: 103-126.

③ J A Lamberg, H Tikkanen, T Nokelainen, H Suur-Inkeroinen. Competitive dynamics, strategic consistency, and organizational survival[J]. Strategic Management Journal, 2009, 30:45-60.

④ W H Stewart, R C May, A Kalla. Environmental perceptions and scanning in the United States and India: Convergence in entrepreneurial information seeking? [J]. Entrepreneurship Theory and Practice, 2008, 32:83-106.

⑤ L Fahey. Competitors[M]. New York: John Wiley & Sons, 1999:71-73.

⑥ 迈克尔·A.希特,R.杜安·爱尔兰.战略管理:竞争与全球化(概念)[M].焦豪,等译.北京:机械工业出版社,2019:31.

⑦ P E Bierly, M D Santoro. The application of external knowledge: Organizational conditions for exploration and exploitation[J]. Journal of Management Studies, 2009, 46: 481-509.

⑧ Said Elbanna, John Child. The influence of decision, environmental and firm characteristics on the rationality of strategic decision-making[J]. Journal of Management Studies, 2007(6):4-44.

⑨ Vassilis M Papadakis, Yiannis Kaloghirou, Maria Iatrelli. Strategic decision making: From crisis to opportunity[J]. Business Strategy Review, 1999(10):29-37.

第四节　面向战略决策制定的战略情报分析

一、战略情报及其特征

古代兵圣孙武在《孙子兵法》中,明确地将情报纳入战略思想的体系中,此书的整体逻辑体系为:以计划为起点,以情报为终点。它开宗明义地说明战略的实质内容就是计划,而计划必须以情报为基础。孙子在战略思想史上的地位受到全世界的景仰,利德尔·哈特认为过去所有一切的其他战略思想家都不足以与其比拟,甚至于克劳塞维茨的思想也都比他陈旧①。美国国家情报局局长在2008年出版的《2015年展望:全球网络化和集成化情报企业》中提到,情报从信息或洞察力方面为决策优势的建立提供了支持,这是情报的真正目标②。可见,情报在战略决策中的重要作用已得到充分认可。

与经营、战术等决策不同,战略决策强调决策的全局性、长期性、前瞻性等,而且从战略的竞争性属性上看,战略决策更加关注的是基于组织内部环境条件的分析以及对外部环境带来的机遇与威胁的把控。战略决策的问题往往是非结构化的,决策过程通常是非程序化的。在战略决策过程中,决策者的有限理性、直觉和政治化行为表现得更为突出。这一过程需要对战略环境、对方战略意图、战略力量以及决策模式、思维模式、政治与文化传统等进行综合性、全局性和前瞻性的分析判断。从这个意义上说,战略决策需要战略情报的支持。对于国家而言,战略情报通常被用来制定国家政策,监测国际局势,并支持贸易政策制定或国家工业政策制定等多种行动;对于企业来说,战略情报通常支持战略规划、市场开发计划和投资,战略情报在政府和商业中的作用几乎相同③。与情报的定义相似,目前关于战略情报的定义也远未达成共识,笔者调研了部分代表性的有关战略情报的界定,如表3-9所示。

---

① B H Liddell Hart. Foreword, of Sun Tzu, The Art of War[M]. Oxford: Oxford University Press, 1963: ⅵ-ⅶ.

② Justin Crump. Corporate Security Intelligence and Strategic Decision Making[M]. New York: CRC Press, 2015:7.

③ Robert M Clark. Intelligence Analysis: A Target-Centric Approach [M]. 5th edition. Los Angeles: CQ Press, 2016:66.

表 3-9　战略情报界定

提出者	定义
张晓军,2001①	是有关国家或社会集团安全和战略全局的情报,是决策者进行战略决策、制定战略计划、筹划和指导战争的重要依据之一。
闫晋中,2003②	是指导战争全局所需要的情报,主要包括:敌方军事思想、战略方针、军备、战备措施、战争潜力以及政治、经济、地理等情况。
卢克旺,2005③	是有关国家安全和战争全局所需的情报,是制定国家战略和军事战略的基础,是战争准备和赢得战争胜利的重要保障。
秦荣斌,2007④	是指导战争全局所需的情报,主要包括:敌方的军事思想、战争方针、军备、战备措施,战争潜力以及政治、地理等情况。
刘宗和,2007⑤	是有关国家安全和战略全局的情报,是统帅部进行战略决策、制定战略计划、筹划和指导战争的重要依据。
黄政基,1996⑥	是国家和军队为制定和遂行国家战略和军事战略所需的军事情报,是指导战争全局所需的军事情报。它是为国家的安全、利益和发展战略需要服务的,在战争时期是为达成战争目的服务的。
肯特,1949⑦	是为保障国家安全、战略全局胜利的需要以侦察手段或其他方法获得的地方和有关各方的情况,并对其综合分析研究判断的成果。它是统帅部制定和推行战略行动、筹划和指导战争的重要依据。
克劳瑟,2008⑧	用于制定(国家和国际层面)战略计划,通常是长期性行动。

　　将上述作者的战略情报定义中的关键词加以总结(见表 3-10),我们可以发现:8 个定义中,有 6 个面向的对象是国家层面,而其他 2 个虽然没有明确指出国家这个关键词,实际上也暗含着国家这个层面;有 5 个提到了安全战略,只有 1 个提到了发展战略;有 7 个最终的落脚点都是战争。这 8 个定义所体现出来的战略情报的作用都是为战略决策或战略制定提供指导、依据或保障。因此,我们可以确定战略情报的基本内涵——战略情报是指导国家战略决策或战略规划制定的情报。特别是在新环境下,国家前所未有地将安全与发展放在一起,深刻洞悉了两者的辩证统一关系,因此,战略情

　　① 张晓军. 军事情报学[M].北京:军事科学出版社,2001:20.
　　② 闫晋中.军事情报学[M].北京:时事出版社,2003:227.
　　③ 卢克旺,候振山. 中国军事情报科学体系概说[M].北京:军事谊文出版社,2005:62.
　　④ 秦荣斌. 军事情报基础[M].北京:解放军出版社,2007:24.
　　⑤ 刘宗和. 中国军事百科全书·军事情报[M].2 版.北京:中国大百科全书出版社,2007:144.
　　⑥ 黄政基.军事情报学[M].内部出版物,1996:46.
　　⑦ Sherman Kent. Strategic intelligence for American world policy[M]. Princeton:Princeton University Press, 1949. 转引自张晓军.美国军事情报理论著作评介[M].北京:时事出版社,1994:228.
　　⑧ 杰劳姆·克劳泽.情报研究与分析入门[M].辛昕,等译.北京:金城出版社,2016:16.

报的内涵应延伸到国家安全与发展这样的全局性的情报。但是从目前的战略情报定义上看，我们还无法明确战略情报的来源、特性和价值等方面的要素。

表 3－10　战略情报的核心要素

作者	国家	安全战略	发展战略	战争全局	战略全局	制定战略规划	战略决策	指导、依据、保障
张晓军	√	√			√	√	√	√
闫晋中				√				√
卢克旺	√	√				√		√
秦荣斌					√			√
刘宗和	√	√			√	√		√
黄政基	√	√	√					√
肯特	√	√					√	√
克劳瑟	√						√	√

为了深刻挖掘战略情报来源、分析等方面的特征，通过对以上文献再辅以更多的文献进行细节分析，本书总结归纳了战略情报与战术情报的主要差异，（见表 3－11），从这个表中我们可以明确看出战略情报的基本性质。

表 3－11　战略情报与战术情报的差异

情报分类　差异	战略情报	战术情报
基本任务	某一主题的结构、属性和目标	特定问题
	服务于管理者	服务于执行者
	以环境的复杂变化为基础	以紧急变化的操作环境为基础
情报搜集	某一现象的所有情报	特定目标的情报
	以假设来确定情报搜集范围	直接针对特定问题的需求搜集情报
情报分析	定性分析较多	定量分析较多
	重视创造性思维	重视经验性
效果评估	效果衡量是一个长期的过程	效果在短期内可见
核心工作	情报分析	情报搜集

美国前国家情报委员会主席托马斯·芬加将情报分析界定为：通过为用户提供信息和见解，减少对正在发生的事情、可能发生的事情以及可以采取的措施来确保或阻止特定发展的不确定性①。从国家层面上看，战略情报分析的任务主要包括三个方面：一是对于他国（对方）已形成的决策，能迅速提供正确的研究判断（评估）；二是针对某种决策问题，能列举对方所可能采取的各种不同反应，并指出哪一种概率最高；三是能指出对方的某种步骤已经开始，并密切监视其发展，尽可能及早地发现其决定的时刻②。可见，战略情报分析重点在于通过数据收集和分析并加以情报的解读、判断来解释某一现象，并对对方未来的发展模式以及面临的威胁与风险进行推测性考虑，特别是，能够在宏观层面上创造性地思考问题，这与战略决策制定的要求不谋而合。

本书是为服务于战略决策制定而提供情报服务，研究对象是战略情报，因此，后续所创建的情报流程也着眼于战略情报流程，这是本书与现有情报流程的显著差异。

二、情报分析与决策的关系

从情报对于决策的支持作用上看，洛克菲勒委员会曾对情报价值总结道：情报是为政策制定者们搜集的信息，为他们阐明解释可选择范围，以使他们进行判断。精准的情报未必导致英明的决策选择，但是，如果没有过硬的情报，国家政策的决策与行动绝不可能有效地应对现实情况和体现国家利益，也不可能充分有效地保护国家安全③。可见，支持决策是情报的核心功能④，情报的典型目标是将精确、可靠和有效的推断（假设、估计、预测）用于战略决策⑤。服务于重大决策需要情报工作的假设、估计、预测⑥，拥有准确、及时和充分的情报，有助于实现国家发展目标⑦，决策离不开情报⑧，情报能够排除决策的不确定性⑨。一言以概

① Fingar Thomas. Reducing Uncertainty：Intelligence Analysis and National Security［M］. Stanford：Stanford University Press，2011：35.

② George B D，Washington P. Strategic intelligence production［J］. Military Affairs，1959，22(4)：223.

③ 杰弗瑞·理查尔森.美国情报界（上）［M］.石莉，译.北京：金城出版社，2018：15.

④ 徐峰，张旭.面向决策的情报研究与服务探析［J］.情报学报，2012，31(11)：1124-1130.

⑤ Robert M Clark. Intelligence Analysis：A Target-Centric Approach ［M］. Washington DC：Congressional Quarterly Press，2012：30.

⑥ 梁战平.情报学和情报工作的历史性贡献［J］.情报理论与实践，2004(04)：341-342.

⑦ Timothy Walton. Challenges in Intelligence Analysis：Lessons from 1300 BC to the Present［M］. Cambridge：Cambridge University Press，2010：88.

⑧ 沈固朝.两种情报观：Information 还是 Intelligence?——在情报学和情报工作中引入 Intelligence 的思考［J］.情报学报，2005(3)：259-267.

⑨ 池建文.论情报的两个基本问题［J］.情报学报，2006(S1)：1.

之:这种功能主要体现在推断和排除决策的不确定性上。台湾学者钮先钟认为,情报可以为决策者提供智慧和灵感[①]。笔者认为,这种智慧和灵感是建立在对决策环境的分析与判断基础上的(图3-9是在钮先钟先生关于情报在决策中的基本功能的分析进行的部分改变),其中决策环境扫描与判断是起点,满足决策者需求是情报功能设计的路径依赖,影响决策者是目标。

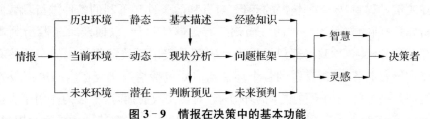

图3-9　情报在决策中的基本功能

情报学者缪其浩将情报学分为文献情报学(Documentations and Information Science)和决策情报学(Intelligence for Decisions-Making)。前者源自文献管理,与图书馆科学关系密切。后者的情报对应于 Intelligence,其特征在于:情报是围绕和针对某一明确具体的决策主体;它重视情报的收集和深度加工(涉及内容重组,不仅是序化);情报载体除文献外还包括广泛的多面载体和活的情报源;其实践来源是管理领域中商业情报和国家决策层次上的政治及军事情报;其理论基础是组织理论和管理决策论[②],本书强调的是决策情报学。

因使用目标不同,各类情报具有不同的特质,例如预警情报是通过对情报综合分析得出的一种假设性推理判断,从某种意义上说,就是对未来的一种预测,是防止遭受突然袭击或重大损失的一种警示信号。情报是人脑作出的有价值的判断[③]。支持决策的情报是通过对情报综合分析得出的前瞻性情景化判断(如,未来竞争优势的占有、冲突环境中的方向指引与危险破除等),其核心目标是为了确定信息含义[④],对不确定的、矛盾和不完整的资料进行解释[⑤],然后提供有效判断,以此来消除不确定性、发现所需、使用所知、预判未知、创造可能,从而着眼现在、面向未来、预防意外。通过进攻性和防御性行动,决策

① 钮先钟.战略研究[M].桂林:广西师范大学出版社,2003:305.

② 缪其浩.探索者言:缪其浩情报著作自选集[M].上海:上海科学技术文献出版社,2008:46.

③ 吴晨生,张惠娜,刘如,李辉,刘彦君,付宏,侯元元.追本溯源:情报3.0时代对情报定义的思考[J].情报学报,2017,36(01):1-4.

④ Mangio C A, Wilinson B J. Intelligence analysis: Once Again[EB/OL].[2018-08-28]. https://www.education.psu.edu/drupal6/files/sgam/Intel_Once_Again.pdf.

⑤ Patterson E S, Roth E M, Woods D. Predicting vulnerabilities in computer supported inferential analysis under data overload cognition[J]. Technology & Work,2001(3):224-237.

情报工作依靠外部获得的有用信息以及内部的信息保护能力来为决策者提供最优决策的补充要素①。也即是说，支持决策的情报不是给决策者提供"唯一"的答案，也不是决策代理，而是提出尽可能多的问题，并评估其可行性，由决策者做出最后判断。

从决策过程来看，情报是决策过程的组成部分，周恩来总理曾特别强调，在决策过程中，要掌握情况的变化，对有利的条件和不利的条件进行具体的分析，对顺利的方面和困难的方面都要有足够的估计，以便及时地做出决定②。郑彦宁等认为，为政府部门提供决策服务是我国科技情报机构的一项核心功能和核心业务，在决策链的各个环节均需要包括情报研究在内的决策服务③，情报是决策过程中不可缺少的环节④。对美国政府而言，情报的作用是直接帮助决策者确定对美国影响敏感的事务，帮助决策者实现美国的外交政策目标，情报工作的最终目标是优化决策⑤。总而言之，情报存在于决策链的各个环节，特别是它构成了决策过程的先导，也是决策的知识基础和决策所需要的智慧。在情报工作实践中，情报服务固然由情报机构和情报人员提供，但决策者应该很大程度上参与情报生产的整个过程。在面对如何整合使情报流程与军事行动决策过程相契合这一问题时，美军认为，应将以收集为重点的情报体系过渡为受用户驱动的体系⑥，决策者甚至是更重要的情报分析者，他们的政策取向、预设的立场、对情报的态度，决定了情报分析的方向，影响了情报分析的结果。因此，需要把决策者纳入情报流程来进行考虑⑦。美国陆军情报流程的最大特色是强调作战流程和情报流程的相互依赖，作战流程和情报流程犹如两个相互结合的齿轮共同运转。美国中央情报局出版的《情报白皮书》指出，决策部门在情报活动的整个过程中要不断地提供指导建议和评估反馈，使情报部门能够"量体裁衣"⑧。

从信息链与决策的关系上来看，信息链即 DIKW（Data，Information，Knowledge，Wise），它最早由艾可夫在1989年提出⑨。决策模型对"数据""信

① 缪其浩.国家的经济技术情报：中国和法国的实践和比较[M].上海：上海人民出版社,2011:6.
② 中共中央文献研究室.周恩来经济文选[M].北京：中央文献出版社,1993:285-286.
③ 郑彦宁,赵筱媛,陈峰.我国科技情报机构政府决策服务的最佳实践特征研究[J].情报学报,2012.31(1):4-8.
④ 宫宏光,许儒红.开展决策情报服务理论研究的思考[J].情报理论与实践,2011,34(2):1-4.
⑤ 高金虎.美国战略情报与决策体制研究[M].西安：陕西师范大学出版社,2004:207-211.
⑥ 高庆德.非战争军事行动情报支援[M].北京：国防工业出版社,2014:58.
⑦ 高金虎.军事情报学[M].南京：江苏人民出版社,2016:58-59.
⑧ 张晓军.美国军事情报理论研究[M].北京：军事科学出版社,2007:74-75.
⑨ R L Ackoff. From data to wisdom[J]. Journal of Applied Systems Analysis, 1989, 16:3-9.

息”和“知识”的强调越来越突出①,DIKW 构成了决策模型中信息活动的基础。在实践中,越来越多的企业意识到数据和信息的重要性,纷纷考虑如何以最有利的方式管理、丰富和分析数据。因特萨尔基于扎根理论分析表明,管理决策是决策者(人)、决策情况(问题)以及期望的响应如何发展和落实(过程)三个复杂因素动态交互作用的结果②,因特萨尔进一步研究表明,决策的这三个方面可以得到采用 DIKW 方法的知识管理系统的充分支持,有效的管理决策依赖 DIKW 金字塔的所有四层,而不仅仅是其中的一层或两层③。为了解释DIKW 与决策之间的关系,因特萨尔提出了一种解释 DIKW 与管理决策关系的理论,即综合决策理论(The Integral Decision-Making Theory,IDM)。该理论认为,有效的管理决策是通过以下方式实现的:“多角度考虑”(包括考虑不同的数据和信息来源)、“自我和周围环境意识”(包括对自己知道和不知道的东西的认识)以及应用理性和非理性决策技术(根据可用数据和信息做出决策,和/或根据自己的知识和经验做出决策)④,这不仅描述了决策对 DIKW 各要素的依赖,也体现了 DIKW 各要素之间的转化,即由数据与信息转化为人的智慧的过程。信息链与决策的关系对于建立支持决策的情报系统具有重要的基础性作用,支持决策的情报系统结构从底到顶可包括:业务处理系统(Data)、管理信息系统(Information)、决策支持系统(Knowledge)和专家系统(Wisdom)⑤。

　　笔者认为,决策过程包括三个关键要素:决策环境、情报和决策者,情报在决策中的作用是通过决策环境转化成情报这一路径,将环境信号转化为情报,并对决策环境的解释判断而形成相应的决策情报产品,进而在匹配决策者需求的基础上影响决策者的判断(如图 3 - 10 所示),因此,情报在决策中的功能或者作为决策过程的组成部分,是决策环境及根植于此的决策者需求双重驱动的结果。

　　① Dina Sidani,May Sayegh. Big Data at the service of universities:Towards a change in the organizational structure and the decision-making processes[M]. Cham,Switzerland:Springer Nature Switzerland AG,2019:299 - 312.

　　② Intezari A. Wisdom and decision making:Grounding theory in management practice[D]. Massey University,2014.

　　③ Intezari A,Pauleen D J. Management wisdom in perspective:Are you virtuous enough to succeed in volatile times? [J]. Journal of Business Ethics,2014,120(3):393 - 404.

　　④ Ali Intezari,David J Pauleen,Nazim Taskin. The DIKW hierarchy and management decision-making[C]. 2016 49th Hawaii International Conference on System Sciences,4193 - 4202.

　　⑤ Rowley J. The wisdom hierarchy:representations of the DIKW hierarchy[J]. Journal of Information Science,2007,33(2):163 - 180.

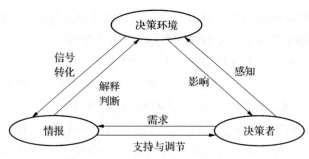

图 3-10　情报与决策的关系模型

三、情报介入战略决策制定

战略决策制定对战略情报的需求已经形成共识,问题是,再有效的情报唯有被决策者接受才能发挥其效用,兰塞姆早在 50 年前就认识到了这个问题,他直言,"尽管掌握情报难能可贵,但证明其可靠实用并让人接受才是首要问题"①。另外,决策者(特别是国家政策制定者)通常有智囊团的支持,甚至有些决策者本身就做着情报分析工作。这就涉及了情报如何介入到战略决策这个问题。以肯特为代表的众多学者研究了情报与决策之间的关系,得到的比较认可的结论是,情报既不能与决策走得太近,也不能距离太远,应该保持一个适当的距离,否则情报就不能发挥其应有的作用,或者不能被决策者所认可。甚至有部分研究成果表明,情报对于美国的政策制定没有任何影响②。从这个意义上说,情报介入战略决策制定并非是自然而然的过程,而需要一定的策略和技巧,特别是对于国家层面的战略决策表现更为突出。对于企业而言,它们追求的往往是利益最大化,目标十分明确和具体,为此,以情报的支持来取得竞争优势应该是必然所需;对于国家层面的战略而言,由于决策者的认知倾向、决策问题的模糊性以及专家智囊团的影响,决策者对于情报价值的认知并不清晰、客观,因此,在战略决策制定中对情报的需求并不是那么强烈。

客观上,情报与决策之间的关系是有目共睹的,它们之间具有很强的互动关系,战略情报的先驱前美国战略情报局局长多诺万曾指出,没有情报作依据的战略是无用的战略,没有战略作指导的情报是无用的情报③。台湾学者钮先钟指

---

① Harry Howe Ransom. Central intelligence and national security[M]. Cambridge：Harvard University Press，1965：162.

② Stephen Marrin. Why strategic intelligence analysis has limited influence on American foreign policy[J]. Intelligence and National Security，2017，32(6)：725-742.

③ 托马斯·特罗伊. 历史的回顾：美国中央情报局的由来和发展[M]. 北京：群众出版社,1987：68.

出,情报的价值在于为战略服务,也就是为战略计划提供必要的知识基础。要想使此种服务能尽善尽美,情报工作必须有高度的效率;更重要的是,需要在战略与情报之间建立密切的思想沟通机制。双方都需要充分了解对方的工作,方能合作无间。决策者必须明了情报工作的性质和限制,研究改进情报工作的途径①。为使战略情报能够在战略决策制定中发挥重要作用,美国在情报体制方面做了大量工作,并取得了有益成果。其中,国家安全委员会在其中发挥了重要作用,美国的国家安全委员会是情报介入决策的平台,是沟通情报与决策之间关系的桥梁,是情报机构的实际领导者,其具体相关成果是连续出版的《国家情报评估》。

美国的情报管理体制提示我们,为了使战略情报能够被决策者所接受,我们需要在决策过程与情报分析之间建立一个接口,因为就目前而言,从职能上看,情报机构与战略决策制定者之间的交互关系还很弱,不能将情报产品直接传递给决策者,决策者的情报需求也不会直接传递给情报机构。为使这个接口能够真正发挥效用,我们需要以“实体”组织作为接口。这一接口的主要作用在于,在决策过程中指导情报分析,并使情报分析介入决策过程中,从而起到中介和桥梁的作用(见图3-11)。

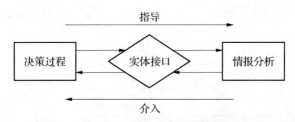

图3-11　决策过程与情报分析之间的互动

就目前的实际情况而言,我们可以效仿美国的情报管理体制,将国家安全委员会作为情报机构的最高管理者,设立国家情报主任,直接负责国家层面的情报工作。同时,为使情报分析人员能够与决策者建立友好关系,深入了解决策者在决策制定过程中的情报需求,我们可以在国家相关部门支持下,建立情报分析人员进入国家决策部门挂职工作的机制,以加强情报分析人员与决策者之间的交流,使情报分析人员能够更贴切地从决策者的角度去考虑决策问题。

需要说明的是,本书研究的核心是情报流程,重点在于将情报流程融入战略决策过程中,分析情报流程的基本模式,确定情报流程的环节及其结构关系,因此,本书研究过程中对于决策过程与情报流程之间的接口问题暂予以忽

---

① 钮先钟. 战略研究[M].桂林：广西师范大学出版社,2003：190.

略,但将从情报流程相关环节设置角度来强化情报与决策之间的连接。

四、面向决策过程的情报分析与应用框架

兰德公司的卓越决策流程可概括为:框架(问题的骨架)—收集情报(已知事实+未知预估)—下结论(系统的方式思考)—从回馈中学习。兰德公司认为,决策过程的发展不是一个接一个的连续动作,例如,在情报收集阶段所发现的信息通常能鼓舞你再走回头,重新架构决策,而且一个复杂的问题可能要做一系列较小的决策,而其中的每一个决策又将牵涉数个决策的框架、数次情报收集工作与数个下结论的步骤①。西蒙将决策的一般过程划分为“情报活动—设计活动—抉择活动—审查活动”四个主要阶段②。基于以上决策过程的分析,本书将决策过程归纳为“决策环境扫描—问题界定与识别—决策目标形成—决策方案设计与选择—决策审查”,并提出面向决策过程的情报分析基本框架(如图 3 - 12 所示)。

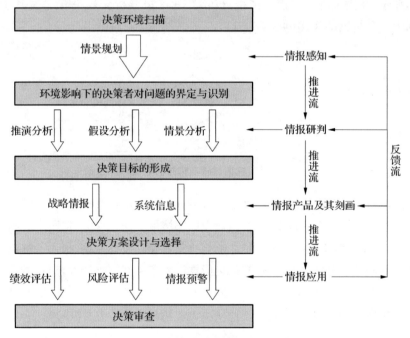

图 3 - 12　面向决策过程的情报分析与应用框架

①　乔迪.兰德决策[M].成都:天地出版社,1998:308 - 309.
②　西蒙.管理决策新科学[M].李柱流,汤俊澄,译.北京:中国社会科学出版社,1982:34.

框架中,除存在"情报感知—情报研判—情报产品及其刻画—情报应用"这一顺序推进的情报流外,还存在两种反馈流:一是因决策环境变化和决策者认知变化导致的需求变化而形成的需求反馈,二是避免情报失察和失误的面向情报活动验证和情报空白点弥补而形成的基于批判性思维的反馈。依据"战略决策是面向未来的行动所做的决定"这一内涵,笔者认为情报分析中需着重关注以下五个研究命题:

命题 1:为了界定和识别决策所面临的问题,情报活动需要扫描历史和现状环境,预判未来环境变化,以此来识别竞争与冲突、预测危机与风险、研判趋势与后果。环境扫描与预判尤其要重视影响环境变化的各方力量及其之间的比较分析与发展趋势预测,包括它们对影响环境变化的可能后果。同时,情报活动还需采用 SWOT 分析、PEST 分析等方法评估组织内部的能力,将其与外部环境进行适应能力和竞争能力的评估。

命题 2:为了支持决策目标的实现,情报活动必须善于使用面向未来趋势识别的方法与技术进行情报研判,情报研判需结合数据驱动和假设驱动两种方法。一方面需要借助大数据优势,采用大数据分析技术与方法进行环境要素的关联性挖掘分析,此部分主要是基于数据驱动的情报分析;另一方面要采用定性分析方法,通过归纳演绎、竞争性假设、情景分析和专家调查等方法,进行因果发现与推测,此部分主要是基于假设驱动的情报分析。

命题 3:为了支持决策方案的设计和选择,情报产品必须契合决策目标,并为不同的决策目标提供适应性支持。根据组织管理目标和生存发展环境的影响,决策可分为确定型决策、不确定型决策、风险型决策、对抗型决策和竞争型决策。其中,确定型决策基本是决策者以往经验基础的延伸再辅以少量的情报支持便可实现的。而另外四种决策必须高度依靠情报产品的支持。这四种类型的决策很多时候是交织在一起的,如有不确定就会有风险,有对抗就会有竞争。因此,情报产品应该深刻理解决策环境和组织管理目标而形成综合性的研究成果,既包括面向发展的竞争情报、商业情报、社会情报等,也包括面向安全的反情报、安全情报、情报保护等,还包括两者交融的战略性情报。

命题 4:为了提高情报应用的有效性,情报活动应介入决策实践过程中。由于上文所述决策的复杂性,将决策方案应用于实践还需要相应的审查和评估机制,以此来对决策方案进行风险评估和危机预警,提前做好因决策不当而造成的不良后果,并做好情报干预预案。此外,情报产品能否被决策者接纳,接纳的程度如何,存在着不小的变量,情报应用研究中应预测和把握这种变量。

命题 5:为推动情报持续增值,需给情报反馈建立通道。情报反馈贯穿于情报支持决策的整个过程中，不论是因需求变化而形成的反馈，还是因空白情报点弥补和情报验证而形成的反馈，在整个决策过程中都起着十分重要的修正甚至推倒重来的作用。情报工作需要建立相应的资源共享和反馈通道，为情报反馈提供保障。此外，能够被对方获取的情报将大大降低情报的价值。情报流程中涉及的"人"的因素较多，管理较为复杂，容易造成情报泄密，因此我们需要从管理机制和技术方法角度建立相应的保密措施。

五、从战略情报分析到战略情报行动的转化

1. 行动情报是情报分析的结果

情报分析是情报工作的一个环节和过程，通常涵盖针对搜集到和掌握的信息展开的所有活动，包括提出假说、确定信息的相关性和有效性，以及对信息进行整理和分类等①。美国中央情报局资深专家戴维斯认为，情报分析的主要职能是生产情报评估，以协助官员更好地理解与处理现实和未来的国家安全问题，包括影响美国利益的机会和威胁，对手、盟国及其他各方的动机、目标、实力和弱点，以此来改进决策过程②。战略情报分析是对战略情报进行研究的过程，它是科学与艺术的综合。在战略情报分析发展的早期阶段，它主要表现为艺术性或称技艺型。第一次世界大战前，由于大多数情报活动都是由战争中的指挥官、决策者和顾问、智囊团执行，并且科学研究方法也尚未形成，那个时候的情报分析更多地被视为一种艺术，主要依靠分析人员的直觉判断和个人经验。第一次世界大战后，专业情报机构逐渐兴起，各领域学科专家进入情报分析领域，现代学术研究方法被应用到情报分析领域，情报分析获得了成熟的方法、研究范式和理论依据。特别是二战中的情报分析工作，使人们认识到，情报分析不仅是一门技艺，更是一门学术。以色列学者本-伊斯雷尔在其发表的《情报哲学与方法论——情报评估过程的逻辑》一文中，提出情报分析与科学研究存在类比关系，遵循同样的逻辑：建立假说——收集信息——证伪理论——得出结论。然而，必须认清的是，情报分析面对的是十分丰富和复杂的变量，变量之间存在着十分复杂的关系，特别是情报分析对象不仅在于客观的数据与信息，还要大量地涉及人的思维模式、文化与价值取向等难以利用科学研究方法进行分析的对象，例如对方决策者隐藏于脑海中的战略意图，而且很

---

① 高金虎，张魁.情报分析方法论[M].北京：金城出版社，2017：7.
② Jack Davis. A compendium of analytic trade craft notes[M]. Washington DC: Center for the Study of Intelligence, Central Intelligence Agency, 1997：2.

多时候,这些意图可能被刻意地隐瞒或以欺骗的方式进行错误的诱导,这使得情报分析不可避免地要涉及假设、猜测和判断。因此,情报分析并非是一门纯粹的科学,正如美国前中央情报主任杜勒斯所言,情报评估不仅涉及已经有所迹象但不明显的事情,还要针对一些未知的事情。用人的行为分析去预见人的行为不可能全部交由机器处理①。

综上,科学视角的情报分析侧重于基于科学研究逻辑形成相应的结论,技艺视角的情报分析则侧重于主观判断,虽然形成过程不同,但最终都定位于情报的研究活动。这种研究活动的主体可以是决策主体,也可以是情报工作者,它的目标是辅助决策主体进行决策,因此,可以称之为"行动情报",即支持决策行动用的情报。然而,从流程角度上看,行动情报是由决策主体主导的,情报研究成果以迎合决策主体的需求为主,情报本身的主观能动性作用明显被弱化,这在某种程度上背离了情报价值的初衷,因此,行动情报产生的流程不是情报本身的流程,而是决策过程的附属品。从这个意义上说,情报更容易成为决策主体证明自身认知的工具,进而更容易强化决策过程中的直觉、政治化行为,因此行动情报很容易失去中立性和客观性。产生行动情报并非是情报流程的完整任务,它只能是情报流程任务的一个组成部分。

2. 情报行动是情报流程运行的结果

现代情报理论先驱者肯特将情报视为三个组成部分:知识、组织和行动②,在此基础上,台湾学者钮先钟先生将情报定义为:情报是某种"组织"为追求特定"知识"而采取的"行动"③。可见,行动是情报工作的重要组成部分,甚至是终极目标。笔者曾发文强调,在服务于总体国家安全观中,情报工作不仅要重视情报分析的相关工作,更要重视情报分析结果在实践中的应用,将情报经分析转化为行动,切切实实发挥情报行动对于总体国家安全的保护与管理价值④。与行动情报不同的是,情报行动强调了情报工作者的主体性和情报本身的主观能动性作用。情报行动一方面履行决策过程中行动情报研究的职能,另一方面也致力于将行动情报通过情报主体与决策主体的交互作用转化为具体的决策行动。而后者强调情报与决策之间的关系,重视提升情报传递的有

① Allen W Dulles. The craft of intelligence[M]. New York: Harper & Row, 1965:155.
② Sherman Kent. Strategic Intelligence for American World Policy [M]. Princeton, NJ: Princeton University Press, 1949:Ⅻ-Ⅺ.
③ 钮先钟.战略研究入门[M].台湾:麦田出版股份有限公司, 1998:195-196.
④ 杨国立,李品.总体国家安全观背景下情报工作的深化[J].情报杂志,2018,37(05):52-58, 122.

效性和评估情报在决策过程中应用的有效性。

从结构上看,情报分析(行动情报)及其成果传递给决策主体并在决策过程中发挥相应的价值,构成了情报流程的完整结构。从这个意义上说,情报流程的任务就是进行情报行动,这里的情报行动包括情报分析和情报传递两个过程。因此,进行情报流程构建,不仅要重视情报分析,还要重视情报分析结果被决策应用的有效性;而后者涉及情报产品传递、情报产品设计、情报产品评估等问题。正如前文所述,以目标为中心的情报流程实际上是一种情报分析流程,情报应用及其评估问题没有在模型中充分体现出来。

3. 战略情报流程的任务是进行战略情报行动

战略情报是情报的一种类型,相应地,战略情报流程也是情报流程的类型之一,战略情报流程在遵循一般情报流程的基本结构和思想的同时,还应具有与"战略性"问题相关的要素和实现这些要素功能的结构。战略情报流程的任务是进行战略情报行动,战略情报行动的目的是优化战略决策制定过程,因此,战略情报流程应与战略决策制定过程高度匹配,为了尽可能优化战略决策,战略情报流程要发挥主观能动性。

具体而言,战略情报流程需要关注以下七个问题:第一,战略情报流程必须匹配战略决策过程的基本特征,战略决策是一个系统化的动态循环过程,整个过程是一个与环境不确定性和目标统筹并进的有机的动态系统过程,也就是说,战略决策过程具有多目标性,以及多个决策的交互影响、平行交融等特征。第二,战略情报流程的信息搜集与分析环节应该强调信息来源范围的广泛性、信息分析的系统性思维、信息相关性的定性化主观判断等,特别是要避免陷入对细节信息的过度关注中。第三,战略情报流程应以更宏观的要素作为中心,而不是以目标作为中心,决策制定过程与情报运转过程通过这一具有宏观性质的要素联系在一起,这个宏观要素是战略决策和战略情报均不可或缺的,属于两者共同关注的。第四,鉴于战略决策的系统动态性,战略情报流程应该是迭代运行的,但同时要有一个迭代终止的机制,这一机制应该由情报评估作为依据。第五,战略情报流程应该具有优化决策主体有限理性、直觉、认知偏差和政治化行为的环节,虽然不能够通过情报来完全避免决策主体表现出来的个性化倾向与认知局限,但至少通过情报流程某些特定环节的运转可以达到优化。第六,战略情报流程需要强调情报产品传递、情报产品有效性评估,这是进行知识积累和学习的基础,以此来不断优化流程的运行。第七,鉴于战略决策具有显著的层级性,即战略决策制定由高层管理者主导，而战略决策的执行由管理层下面的执行者来具体运作，从高层决策制定到准确将这一决策传达给执行者，再到执行者执行这一决策，这一过程中可能会存在偏差、误解和个人倾向性的影响，并且具体的执行效果和操作性情报的需求主要由执行者反馈，因此，我们需要加强执行中信息流的知识管理。

第六节　本章小结

通过对战略决策制定模式、过程和影响因素的分析，以及对战略决策与战略情报之间关系的探究，本书形成了如下五点认识：

第一，情报活动在战略决策制定中的重要地位获得认可。以西蒙、德鲁克和波特为代表的战略管理学者，普遍将情报活动作为战略决策制定过程的重要组成部分，充分肯定了情报活动在战略决策制定中的重要功能。

第二，战略决策应该强调过程性。从已掌握的资料来看，相对于结果论而言，将战略决策作为一个过程，更符合战略决策的实际情况，更有利于采取相应的策略提高决策质量。为了有效针对战略决策制定，情报活动应该在战略决策制定过程中的某些环节发挥作用。

第三，战略决策的特征要求"战略情报"与之相匹配。总体而言，战略决策具有长期性、前瞻性、竞争性等特征，它所面对的是系统性的和非结构化的问题，而战略决策制定是非程序化的过程。匹配这些特征的情报应该是战略情报，这就明确将服务于战略决策制定的情报流程定位为战略情报流程，要求情报流程中各情报活动具有战略情报的特征。

第四，优化战略决策中主观因素的消极影响应反映在情报流程的环节设置上。决策者的主观因素主要包括有限理性、直觉和政治化行为，这些因素可以通过情报活动中的知识管理和为决策者创建学习渠道来进行优化，情报流程构建中应体现出这样的环节。

第五，情报流程本质上提供的是情报行动的路径。行动情报是情报分析的结果，它的有效性取决于决策者的接受程度和应用情况。情报流程应该构建行动情报到决策者的连接，从而提高行动情报应用的有效性。完整的情报行动由"行动情报"和"情报与决策连接"两部分构成，情报流程应致力于为情报行动提供路径支持。

第四章 以服务战略决策制定为任务的情报流程模型

通过前两章对情报流程缺陷和战略决策特征等方面的分析,本书从要素功能和要素关系等角度,明确服务于战略决策制定的情报流程的具体要求。本章通过相关经典理论分析,探究这些理论在流程结构、信息流控制和要素功能等方面的具体应用价值。通过对流程构建的背景、指导思想和流程中各要素应具备的属性等方面的分析,进一步明确流程的宏观结构,揭示各要素的功能和关系。在此基础上,本章提出以"情景规划"这一环节为中心的服务于战略决策制定的情报流程模型,并对模型的结构、各要素功能以及模型能够解决的问题和适用范围等进行分析。

第一节 情报流程构建的理论指导及应用

本节的任务不是为情报流程构建寻找理论依据,而是从经典理论中提炼方法论为情报流程构建提供理论指导,换句话说,是先有经典理论指导,后有情报流程构建,而不是相反。情报流程运行管理,涉及哲学相关理论、管理学相关理论,以及信息科学相关理论等,同时也要有针对性地寻求横断性学科的理论指导,这些经典理论从指导思想、宏观框架、基本思路等方面为情报流程的构建提供了重要的方法论指导。在哲学、管理学和信息科学理论中,西蒙决策理论、波特价值链理论、安索夫和波特等人的战略管理理论、霍顿等人的信息生命周期理论以及贝塔朗菲和钱学森等人的系统论堪称经典。这些经典理论不仅提供了哲学层面的思想框架,也是对管理决策活动实际工作的提炼,情报流程的构建可从其中获得重要的方法论指导。在此基础上,进一步结合前面章节中对以往情报流程的考察分析(例如情报流程的缺陷、情报流程的形成机理、情报流程与决策过程的关系等),我们可推演出情报流程结构和要素关系,并为后面章节构建情报流程整体模型提供依据。(见表4－1)。

表 4 - 1　经典理论及其应用价值

序号	经典理论	代表人物	应用价值
1	系统论	贝塔朗菲、钱学森等	情报流程的宏观框架
2	决策过程理论	西蒙	情报流程的逻辑结构
3	价值链理论	波特	情报流程的布局结构
4	信息生命周期理论	霍顿等	情报流程的信息流迭代循环
5	战略管理理论	安索夫、波特等	情报流程的驱动机制

一、基于系统论搭建宏观框架

系统论提供了一种整体性和联系性的思维和方法,此理论一方面可指导简化的情报流程模型的构建,为情报流程结构提供基本"骨架";另一方面可为考察情报流程在决策科学和情报学中的功能定位提供依据,由此可为情报流程功能提供依据。

(一) 系统论要义

钱学森院士认为,系统是具有特定功能的有机整体,它由相互作用、相互依赖的若干组成部分结合而成,同时这个有机整体又是它从属的更大系统的组成部分①。钱老的定义强调的是系统的功能,具有特定功能是系统的本质特性。贝塔朗菲认为,系统是处于一定的相互关系中并与环境发生关系的各组成部分(要素)的总体②。贝塔朗菲的定义强调的是元素之间的相互作用以及系统对元素的综合作用,系统具有整体性特性③。总结起来,系统主要具有三个特性:多元性(即系统是由多个元素所构成)、关联性(即元素之间按一定方式相互联系、相互作用)、整体性(即多个元素相互关联形成结构、功能上的整体)。一言以概之,系统论就是整体论④,这是贝塔朗菲所提出的经典系统论的根本要义。在考察整体性时,应将整个系统置于其与子系统、层次、结构、功能和环境的相互关系中去分析⑤,即以整体性和联系性思维去观察事物、解决问题,这是现代系统论的根本要义。

---

① 钱学森.论系统工程[M].长沙:湖南科学技术出版社,1988:20.
② 贝塔朗菲.普通系统论的历史和现状[M].北京:科学出版社,1981:315.
③ 苗东升.系统科学精要[M].北京:中国人民大学出版社,2016:9.
④ 孙凯飞."序"在系统论中的含义——兼谈系统整体协同运动规律与辩证法原有规律的关系[J].哲学研究,1994(04):38-43.
⑤ 常绍舜.从经典系统论到现代系统论[J].系统科学学报,2011,19(03):1-4.

（二）情报流程的宏观框架

系统论揭示了分析问题需要重点围绕以下六个方面展开：第一，要素构成。系统论的要义是任何事物都是由多个要素的构成。情报流程亦是由多个具有不同职能的要素所构成，同时，情报流程也是情报服务、情报学研究和决策支持等更宏观的系统中的一个组成要素，这就要求在构建情报流程过程中我们不仅要全面梳理内在要素，还要对情报流程在更宏观的系统中进行准确定位。第二层，次结构。系统中包括多个子系统，这些子系统本身具有一定的层次结构。情报流程应是由具有递进关系的多个子系统构成的，这些子系统应包括需求管理系统、情报搜集与分析子系统、情报产品生产子系统和情报产品传递子系统，它们是顺序递进的关系，不能出现越级和跳跃。第三，功能结构。系统具有整体性功能和目标，各子系统的分功能和分目标应服务于整体性的功能和目标。情报流程的核心功能在于提高情报支持决策的有效性，各个子系统均应围绕这一总体功能进行情报活动，情报流程的各个环节实际上是综合作用的结果而不是孤立的。第四，开放性。系统内部各要素之间以及系统与外部环境之间不断进行着信息流动。情报流程的开放性要求情报流程各环节不断进行信息流的推进和反馈；同时，情报流程运行要吸纳相关利益主体的参与，为实现情报流程的总体目标，情报流程中不仅要包括情报研究与工作者，还要吸纳决策者、领域专家等。第五，动态性。正是因为系统具有开放性，持续的信息流动必然导致系统的动态演化。情报流程运行中，决策者认知、决策环境和情报空白点等不断发生着变化，这些变化将会不断更新原有的决策需求，这就要求情报流程要考虑决策需求变化这一环节。第六，整体协同运动。系统的整体性特征反映出系统各要素之间具有很强的协同关系。在情报流程中，情报搜集、处理等各子系统同样具有这样的协同关系，强化这种协同关系需要情报流程各环节进行不断反馈。

在系统论指导下，本书构建出一个简化的情报流程模型框架（见图4-1），这个模型展现了情报流程的宏观指导框架。

钱学森院士对现代科学技术体系进行了梳理，将其分成12大门类，钱老断言这12大门类都具有工程技术、技术科学和基础科学三个层次。其中，工程技术最接近社会实践，技术科学为工程技术提供理论指导，基础科学又为技术科学提供基础理论支撑，基础科学通过"桥梁学科"与哲学联系起来（这里的桥梁学科通常指的是哲学的分论，例如情报哲学、决策哲学

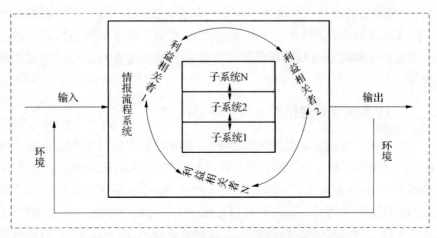

图 4-1　系统观视角下简化的情报流程模型

等),这就是著名的现代科学技术体系——钱学森框架[①]。依据这一框架,可以明确情报流程在战略管理学和情报科学中的定位(见图 4-2)。情报流程的定位反映了它在两个学科中理论与实践相结合过程中的纽带作用,特别是在战略管理学中,情报流程充当着决策者(组织)与外部环境的媒介。因此,我们在情报流程构建中既要寻求学科理论指导,也要面向具体实践领域,这也是以往情报流程(周期)过于理想化而脱离实际情报工作和实际决策活动的原因之一。

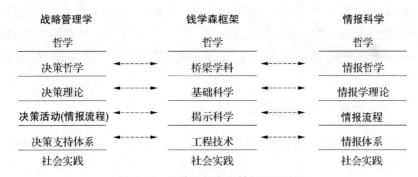

图 4-2　系统观视角下情报流程定位

二、基于西蒙决策理论架构逻辑结构

西蒙的决策者有限理性和决策过程理论将情报活动置于十分重要的地

---

① 苗东升.系统科学大学讲稿[M].北京:中国人民大学出版社,2007:5-6.

位,并明确了情报活动在决策过程中的定位。据此,一方面可明确决策活动实际工作的基本机理;另一方面可从功能、要素关系等方面为情报活动融入决策过程中的考察分析提供依据。由此可为情报流程的逻辑结构提供理论指导。

(一) 西蒙决策理论要义

西蒙决策理论主要包括两大部分,一部分是有限理性和满意解,即现实生活中的决策判断取决于有限理性。在这种条件下,人们需求的是满意解,而非最优解[①]。理性就是根据评价行为结果的某些价值系统来选择偏好的行动方案[②],有限理性是考虑限制决策者信息处理能力的约束理论。另一部分是决策过程理论,西蒙将组织内部的活动分为经常性活动(程序化决策)和非经常性活动(非程序化决策),并将决策过程分为三个阶段:第一阶段,搜索环境中需要决策的条件,即情报活动;第二阶段,开发和分析可能的行动过程,即设计活动;第三阶段,从现有的活动中选择一个特定的行动方案,即选择活动。西蒙认为,情报活动先于设计活动,设计活动先于选择活动。他指出,实际决策过程中,每个阶段本身都是一个复杂的决策过程,例如,设计阶段可能需要新的情报活动,任何给定层面的问题都会生成子问题,这些子问题依次具有情报活动、设计和选择阶段等[③]。

此外,西蒙认为,使用手段—目的分析结构对理性行为进行分析时要小心谨慎,他建议使用备选的行为方案和方案的实施结果的术语来表述。基于此,决策的任务应包括三步:第一步,列举所有备选策略;第二步,确定执行每个备选策略所产生的所有结果;第三步,对多个结果序列进行比较分析[④]。

(二) 情报流程的逻辑结构

根据西蒙决策理论,决策活动始于情报活动,即对决策环境的扫描分析,澄清决策环境可以将决策力量更加聚焦,这在战略研究学者中也获得了共识,例如,以迈克尔·波特为代表的战略管理学者将研究的重心放在了竞争环境

---

① 赫伯特·西蒙.管理行为[M].詹正茂,译.北京:机械工业出版社,2013:53 - 88.
② 赫伯特·西蒙.管理行为[M].詹正茂,译.北京:机械工业出版社,2013:81.
③ Herbert A Simon. The new science of management decision[M]. New York: Happer & Brothers Publishers, 1960: 2 - 3.
④ 赫伯特·西蒙.管理行为[M].詹正茂,译.北京:机械工业出版社,2013:73 - 75.

对企业外部机会与威胁的分析上[1];安索夫认为,企业的战略行为是其对环境的感知与交互过程,以及由此引起的组织结构变化的过程[2]。从这个意义上说,决策环境分析应该是情报流程的逻辑起点,而且情报产品也需应用到决策环境中进行评估和检视,因此,决策环境既是情报流程的逻辑起点也是情报流程的中心。决策环境在情报分析的作用下会转变为环境情报,并作为决策者的输入内容,决策者据此完善自身认知并输出情报需求,推进情报活动。由此不难发现,从决策活动角度看,决策者实际上成为情报流程逻辑过程中的一个要素。在情报活动的不断推进和深入下,基于决策的情报需求,决策者将会产生决策的备选方案。在此过程中,情报活动的主要任务是备选方案结果的预测和比较分析、备选方案优先顺序分析等,总之,备选方案分析构成了情报流程的逻辑终点。在这一过程中,决策环境会随着时空变化不断拓展,决策的情报需求会不断发生变化,情报空白点也会不断增加,驱动着情报流程的持续运转。从决策活动角度上看,决策环境、决策者和备选方案在决策过程中具有逻辑推进和迭代升级关系,情报流程需要与决策过程相融合,由此构成了情报流程的逻辑结构(见图4-3)。

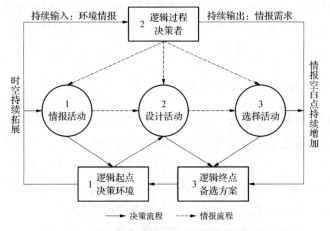

图 4-3 基于西蒙决策理论的情报流程逻辑结构

三、基于价值链理论布局整体结构

价值链理论以系统的方法从价值角度为管理决策活动的分类、价值增值

---

[1]　Porter M E. Competitive Strategy[M]. New York：The Free Press，1980：308-310.
[2]　Ansoff H I. Corporate Strategy[M]. New York：Penguin Books，1965：290-300.

提供分析框架。价值链理论中的基本价值活动、总体价值实现和价值增值过程的基本思路,可以为情报流程的各环节定位和总体布局提供指导。

(一) 价值链理论要义

1985年,美国著名的战略家、哈佛大学商学院迈克尔·波特教授在《竞争优势》一书中首次提到价值链理论。这一理论是在服务于企业竞争优势背景下提出的,后来被拓展到管理学、经济学等学科中的多个领域,学者根据这一理论提出了知识价值链、创新价值链等。在这些应用中,不同领域价值链的表现形式与波特最初提出的价值链有些许差别,但核心思想始终紧扣波特的价值链理论。波特在《竞争优势》中指出,任何企业的价值链都由一系列相互联系而又相互分离的创造价值的作业(包括产品的设计、生产、营销和分销等)构成,一定水平的价值链是企业在一个特定产业内的各种活动的组合①。价值链提供了一种系统的方法将企业划分成一些相互分离的活动,它可以用来研究企业中这些活动是什么和如何被分组的②。价值链中的各活动运作实际上是价值有序增值的过程。在波特的价值链理论中,企业的活动可视为价值活动,主要包括基本活动、辅助活动和总价值三个部分。基本活动是实现价值逐渐增值的有序活动,具有内在的逻辑推进过程;辅助活动是支撑基本活动的外部条件,实现总价值持续提升是价值链的最终目标。这些活动并非孤立存在,它们具有非线性的交互关系。

(二) 情报流程的布局结构

从本质上说,情报流程就是事实、数据及信息转化、增值为情报并应用于支持决策的过程,这一过程的各项活动都是价值活动。基于价值链理论,我们可以将情报流程中的各项活动进行分类,并规定各类活动在价值提升过程中的逻辑次序。情报流程的最终价值可以概括为具有逻辑递进关系的两个方面:

价值一:持续提高环境感知能力和决策理性程度。

价值二:持续提高决策者的决策能力和决策的满意度。

价值一是价值二的基础,价值二为价值一的实现提供了保障。价值一的基本活动包括顺序推进的需求分析、情报感知和情报分析三个逐渐深入的过程;价值二的基本活动包括情报产品生产、情报产品传递和决策行动三个逐渐深入的过程。由于决策环境和决策者认知的不断变化,加之决策活动是不断

---

① 迈克尔·波特.竞争优势[M].陈小悦,译.北京:华夏出版社,2004:3.
② 迈克尔·波特.竞争优势[M].陈小悦,译.北京:华夏出版社,2004:58.

追求满意解的过程,决策者与情报工作者对决策问题的共同理解会不断地深入和拓展,这样的一系列活动不断进行着迭代升级。各活动的分类及其操作顺序从时空维度上规定了它们在情报流程中的结构与功能定位,从而构成了情报流程的总体布局结构(见图 4-4)。

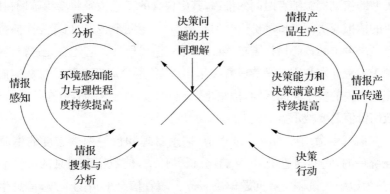

图 4-4　价值链理论视角下情报流程布局结构

四、基于信息生命周期理论建立信息流的循环模式

基于信息生命周期理论建立的信息流的循环模式将生命周期理论的管理维度和价值维度整合,充分彰显了自觉和人工作用双重模式下的信息新陈代谢规律。将其融入情报流程中,可充分展现情报流程运转过程中信息流的迭代循环过程。

(一) 信息生命周期理论要义

信息生命周期通常从两个方面来考察:首先,从管理角度看,信息生命周期管理是一种信息管理模型,对信息进行贯穿整个生命周期的管理,从创建、使用、归档到处理信息,它是一种针对信息主动管理的过程策略,其宗旨在于保证信息传播的连续性[①],在信息生命周期管理中,最为经典的模型是霍顿提出的六阶段模型:即创建、采集、组织、开发、利用和清理[②];其次,从信息价值角度看,信息生命周期包括三个阶段:第一阶段——"有效的",在这一阶段,信息是组织日常活动所必需的,具有基本价值,它根据组织的需求来决定创造或获取。第二阶

①　Christine Taylor Chudnow. Information lifecycle management and the government[J]. Computer Technology Review, 2004, 24(8): 144-159.

②　D A Marchand, F W Horton. Infotrends: Profiting from your information resources[M]. New York: John Wiley & Sons, 1986:312-315.

段——"半有效的",这时信息不作为日常所用,而是以立法、行政或财政管理等为目的来予以保存。第三阶段——"失效的",到了这个阶段,信息的使用价值丧失,或者因其具有历史或科研的二次价值而予以保留①②。可见,随着时间的推移和环境的变化,信息价值将逐渐降低。正如严怡民教授指出,科技文献以及其他类型的信息资源随着时间的推移,其中包含的信息内容将变得陈旧过时,能够提供的情报或决策支持等价值会不断减小,甚至完全丧失③。第一个阶段中所述信息是决策中的核心情报需求,第二和第三阶段所述信息主要是进行情报存储,以利于二次开发利用。马费成教授指出,信息生命周期是指信息从生成到其价值完全失去的整个时间区间,信息生命周期是一个迭代循环,在信息价值中,信息效用价值需要被重点关注④。

在信息生命周期的活动过程中,信息管理和价值两个维度的生命周期是相互统一的,它们通过组织、存储、分析等环节,使数据和信息的价值被逐步提升,并为组织决策制定和问题解决服务。随着信息增值的继续,信息生命周期会持续循环⑤。信息生命周期研究的奠基人之一泰勒(R. S. Taylor)提出了包含数据、信息、告知的知识(Informing Knowledge)、生产性知识(Productive Knowledge)和实际行动等5个阶段的信息生命周期过程。信息由低级阶段向高级阶段的每一次跨越,都离不开人类的价值创造活动——通过信息的组织、分析、判断以及运用信息做出决策,这些活动为信息注入了新的价值⑥。

(二)情报流程中的信息流迭代循环

实际上,信息生命周期理论揭示了信息运动的一个重要特征:信息一直经历着自觉的和人工干预的新陈代谢,在此过程中人类的价值创造活动不断提升信息价值,信息价值的提升是在人的创造性活动参与下的信息流迭代循环的过程中实现的。此外,信息价值的体现还需要完成"最后一公里"——信息使用价值的实现。从这个意义上看,情报流程实际上是信息生命周期中管理

① P Bergeron. Information resources management[R]. Annual Review of Information Science and Technology, 1996, 31:263-300.
② 马费成. IRM-KM范式与情报学发展研究[M].武汉:武汉大学出版社,2008:300-301.
③ 严怡民,刘晓敏,丰成君,等.现代情报学理论[M].武汉:武汉大学出版社,1996:110-112.
④ 马费成,望俊成.信息生命周期研究述评(I)——价值视角[J].情报学报,2010,29(5):939-947.
⑤ F W Horton. Information resources management: Harnessing information assets for productivity gains in the office, factory, and laboratory[M]. Englewood Cliffs, NJ: Prentice Hall, 1985:20-21, 239-243.
⑥ Taylor R S. Value-Added processes in the information life cycle[J]. Journal of the American Society for Information Science, 1982(5):341.

维度和价值维度相整合的一种重要途径。为支持决策,情报流程始于决策环境向情报问题的转化,并由此影响和刺激决策者,在决策者和情报工作者共识的基础上,对情报进行组织、分析和研判,实现信息增值。增值的信息转化为情报产品,为使情报产品发挥使用价值,需要将其进行传递,即在决策环境中进行验证和反馈给决策者进行评估。随着对环境认知深度的改变,以及决策者认知与直觉的变化,情报流程进行新一轮的"信息产生信息增值——信息效用价值实现",这样的信息流迭代循环便构成了情报流程中持续的信息推进与反馈流(见图4-5)。

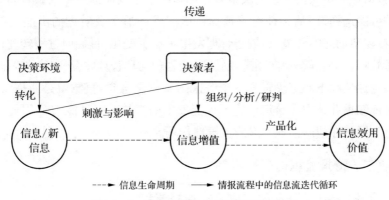

图4-5 情报流程中的信息流迭代循环

五、基于战略管理理论构建驱动机制

有限理性主义战略管理理论对战略环境的重视以及对战略涌现形成机制的分析,充分体现了决策环境和决策者在战略制定中的重要性。决策环境和决策者认知与直觉等发生的变化,是驱动情报流程运转的重要力量。

(一)战略管理理论要义

在有限理性主义的战略管理流派看来,企业外部环境的变化是难以预测的,企业战略决策者的理性是有限的,企业战略不可能也没有必要事前预定企业所有的战略行动[1]。行为决策理论模型接受了有限理性的说法,并建议人们只是根据他们对给定环境的感知来进行行动[2]。因此,正如明茨伯格所指出,

---

[1] 蓝海林.企业战略管理:"静态模式"与"动态模式"[J].南开管理评论,2007,10(5):31-35,60.

[2] Herbert A Simon. The new science of management decision[M]. New York: Harper & Row, 1960:20-25.

在有些情况下,尤其是在不确定和复杂多变的环境下,战略往往不是主观设计的结果,而是一个涌现的结果①。这就要求战略管理一方面要"向后看",即根据以往经验和模式应对不确定性环境,然而在复杂、变化的决策环境中,以往经验适应新环境的能力显然十分有限,因此另一方面要"向前看",这就要求决策者要不断提高创造性认知的能力,由此来把握机遇、识别机会、规避风险。正因为外部环境会创造机遇和威胁,机遇和威胁会影响公司的战略行动②③,战略才形成涌现。正如米勒认为,对战略的理解,最好是通过时间加以追踪,看行为而不是条件,研究"对哪些事情做出响应后会发生什么"④。高金虎教授认为,情报分析人员要帮助决策者考虑影响事态发展的主要因素,勾勒事态发展的可能选择,评估各种对策选择可能引发的后果及对方的可能反应⑤。因此,在复杂动态的环境下,战略管理发生了显著变化:目标向过程转变、线性观向情景观转变、静态观向动态观转变、线管理向环管理转变⑥。此外,在风险和不确定性情况下制定决策的一个关键因素就是直觉,直觉就是使你快速而有准备地知道并认识在给定环境下可能发生的事情的一种能力⑦,因此,决策者的直觉同样在战略涌现中起着关键性作用。

(二)情报流程的驱动机制

情报支持决策任务的完成是在情报流程的运行过程中实现的,为了更有效地支持决策,情报流程的运行需要发挥决策相关要素的影响作用,由此便产生了情报流程运行的两种模式:以决策者需求为中心的情报流程和以科学决策为中心的情报流程。如图4-6所示,以决策者需求为中心的情报流程运行机制呈现不同特征。在这一情报流程中,情报流程是事先存在的,决策者参与的机制主要表现在:通过决策者的经验知识共享、需求知识共享和追求价值的渗透等方式,去影响情报流程原有的各个环节及其关系,这一

---

① Mintzberg H, Waters J. Of strategies, deliberate and emergent[J]. Strategic Journal of Management, 1985, 6: 257-272.

② P Berrone, L R Gomez-Mejia. Environment performance and executive compensation: An integrated agency-institutional perspective[J]. Academy of Management Journal, 2009, 52: 103-126.

③ P Chatopadhyay, W H Glick, G P Huber. Organizational actions in response to threats and opportunities[J]. Academy of Management Journal, 2001, 44: 937-955.

④ Miller D, Frieen P H. Innovation in conservative and entrepreneurial firms: two models of strategic momentum[J]. Strategic Management Journal, 1982, 3(1): 1-25.

⑤ 高金虎.论国家安全决策中情报的功能[J].情报理论与实践,2019,42(10):1-8.

⑥ 张利国,杨子皎.战略管理:从目标管理迈向过程管理[J].企业管理,2014(11):24-25.

⑦ Weston H. Agor, intuition in organizations[M]. Newbury Park, CA: Sage Publications, 1989:280-286.

情报流程通过不断的情报评估和反馈来持续改善"某一特定任务"的决策效果。但在决策者实际参与的过程中,情报流程原有的环节及结构关系并没有发生本质性的变化。虽然,通过不断的情报反馈,决策者的认知和所追求的价值也会发生变化(价值可以被看作是采用概念框架或思维方式来解释不同情况的决定因素①),但情报流程相应环节的任务是服务于这种变化,而不是对这种变化加以验证。情报流程虽然也会对环境进行扫描分析,但所进行的情报采集、加工处理、分析等均是为了支撑最初的决策任务,所以这些环节的运行会围绕已经规划好的决策任务而推进。这一情报流程的驱动力量来自面向特定决策任务和目标的情报工作者对情报空白点的填补,其目标是履行情报职能、完善情报治理。决策者并没有在连续运转的情报流程环节中起到承上启下的作用,他本质上仍游离于情报流程之外,没有构成情报流程的一个环节。

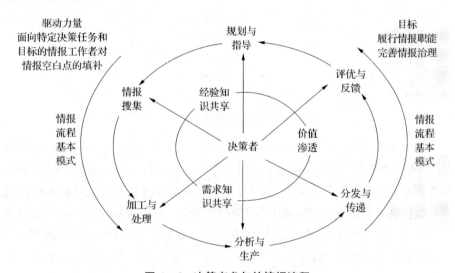

图 4‑6　决策者参与的情报流程

从有限理性主义的战略管理理论角度看,决策过程需要不断地分析、预测环境,决策方案的产生并非决策者(决策组织)预先设计好的,而是在对环境不断感知和研判基础上的战略涌现。这一过程涉及决策环境的动态变化,以及决策者认知、追求的价值和直觉变化,从而导致决策任务和目标发生变化,随之,情报目标也会不断变化,由此进一步引发情报研究的跟进、情报产品生产和应用的持续

① Woodrow Kuhns. Intelligence Failures: Forecasting and the Lessons of Epistemology [M]. London: Frank Cass, 2003:94 - 95.

进行,进而持续发生战略涌现,再重新进入下一个循环。从这个过程不难看出,这种情报流程是在决策环境、决策者、决策任务和目标等多个因素综合作用下产生的,并随着他们的变化而进行持续的推进和循环,由此确保了决策的科学化。鉴于此,本书提出应以"科学决策"为中心来构建情报流程,如图4-7所示。

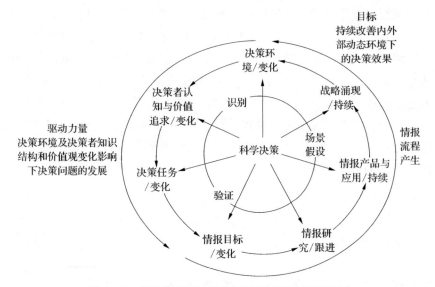

图4-7 战略管理理论视角下情报流程的驱动机制

决策相关要素交互作用的驱动,使得以"科学决策"为中心的情报流程相较于以"决策者"为中心的情报流程存在明显的差异:其一,这样的情报流程并非事先存在(或者说,传统的情报流程不能够适应决策任务和目标的变化及其对情报需求的变化),而是在决策环境、决策者、决策任务和目标等多个因素综合作用下从无到有,并随着决策要素的变化而发生着变化。其二,情报流程各环节具有综合性功能,这是出于处理分析持续变化的信息流的需要;此外,情报流程各环节应该体现的概念或价值是动态发展的(如情报感知),而不是僵化的(如情报加工处理)。其三,对决策环境及其变化进行持续不断地识别,对决策者的预期和认知进行持续不断地验证,从而持续不断地为未来场景假设提供依据来构成情报流程运行的不竭动力。其四,情报流程需要不断反馈来持续改善内部(决策者知识结构和追求的价值)和外部(决策环境)动态环境下的决策效果,最初的决策任务和目标在决策者知识结构和所追求的价值以及决策环境时空变化中将发生很大变化,对不断变化的决策任务和目标的分解及其向情报问题的转化给情报流程运行提供了强大的动力。决策环境和决策者已嵌入情报流程中,成为情报流程中的重要环节。

第二节　情报流程构建的需求分析

一、降低情报失误

情报失误研究始于珍珠港事件,多年来,情报学者特别希望找到一把衡量情报失误的尺子。在过去的数十年里,美国学者借助于情报周期和情报流程来阐释各种情报现象并据此评判情报活动的成功与否[①]。维尔茨指出,情报周期这一概念的本义在于解释美国情报部门为何在越南战争中屡屡出错[②]。从情报流程角度看,情报失误是由于情报流程各个环节的缺陷造成的,洛文塔尔认为,情报失误是由于对国家利益具有重大影响的事件或者问题在一个或多个情报流程中(收集、评估、分析、生产、分发)未作出及时、准确的情报;特纳指出,减少情报失误,必须从最基本的环节入手研究[③]。

实际上,情报失误的原因可能在于情报流程中的各个环节,正如,贝尔科维塔在《服务于美国国家安全的战略情报》一书中指出,情报失误并不仅仅在评估内容出错时才会发生,成功的情报需要情报周期的各个部分都能顺利完成,任何一环的缺失都意味着整个情报生产的失败[④]。这也是学者不断探索合理情报流程的重要原因。合理的情报流程既包括各环节的合理性,也包括各环节之间能够进行有效协同。情报失误原因的最初焦点集中于情报搜集环节,研究者认为情报失误是由于信息不充分造成的。罗伯塔·沃尔斯泰认为情报失误主要源于三方面原因:信噪比、分析人员的预期、能否识别并正确分析信号的有利和不利因素。由此,他提出了"三重噪音理论",将情报失误由情报搜集转向情报分析。此后,休尔提出了"直觉错误"理论,同样将矛头指向分析不足。后来,贝茨提出,情报失误主要出现在情报使用阶段,将情报失误的原因进一步拓展到情报与决策的关系上。据此,我们可以以情报流程为线索,将情报失误的原因归结为两大部分:一部分是情报活动本身的失误,另一部分是情报产品向决策者传递以及决策者使用

① 张晓军.美国军事情报理论研究[M].北京:军事科学出版社,2007:149.
② James J Wirtz. The tet offensive: intelligence in war[M]. Fiction Ithaca, NY: Cornell university press, 1991:4.
③ 罗卫萍.二战期间日本情报失误研究及思考[M].北京:时事出版社,2014:12.
④ 张晓军. 美国军事情报理论著作评价(第二辑)[M].北京:时事出版社,2010:266.

过程中的失误(在以往情报失误认识上,决策者和情报人员有时各执一词,双方均把责任推卸给对方)。在笔者看来,一个完整的情报流程,不仅仅要关注情报增值过程,即情报产品生产过程,还要注重情报的使用价值,即情报产品向决策者传递以及决策应用情况。因此,决策者和情报人员均应参与整个情报流程,在这一过程中,无论是情报生产环节还是情报分发、使用环节,均有可能导致情报失误。

为了能够从情报失误原因中获得启示以期为情报流程构建提供借鉴,笔者调研了部分具有代表性的观点,据此将情报失误的原因归纳为以下四个方面:其一,在情报搜集环节,信息数量不足、情报提供不及时等。但这并不意味着信息越多越好,从某种意义上看,情报就是从噪音中识别信号,信息越多表示噪音也就越多。其二,在情报分析环节,情报分析人员的思维和认知存在局限,例如,团体思考导致的强化组织认同,压制个人意见,"狼来了"综合征导致的情报分析的自我质疑和决策者对情报准确性的怀疑,先入为主导致的认识偏见,思维定式导致的锚点牵制和镜像思维,镜像思维导致的思维惯性等①②③。其三,在情报分发环节,对决策者不了解,情报产品传递途径和情报产品设计存在缺陷等。其四,决策者利用情报环节,决策者对信息不能够正确认识④和有效使用⑤,这源于决策的层级问题和职业分歧问题。其中,决策层级问题表现在,决策人员不仅指处于决策高层的管理人员,还包括处于基层的执行人员,情报工作若把服务目标局限于决策高层的人员,就会忽视处于基层的执行人员的情报应用与反馈;职业分歧问题指的是,在决策者看来,眼前的情报工作胜于长期预测,原始数据胜于推理判断,短篇报告胜于长篇报告。从情报人员角度看,情报工作是一种准学术研究,需要冷静、客观地予以判断,并对所有有效信息做全面的分析⑥。其实,在情报流程中,最容易引起争议的是情报使用环节,它不属于纯粹的情报界本身的活动,但在情报流程中却承担着无可替代的角色。贝茨建议,为减少决策者的判断失误,情报机构应肩负起更大的责

① Abram N Shulsy, Gary J Schmitt. Slient Warfare:Understanding the World of Intelligence[M]. 2nd edition. Washington DC:Potomac Books,2002:63-64.
② 高金虎,张魁.情报分析方法论[M].北京:金城出版社,2017:140-161.
③ 舒尔斯基.无声的战争:认识情报世界[M].3版.北京:金城出版社,2010:108-112.
④ Abram N Shulsky, Gary J Schmitt. Silent Warfare:Understanding the World of Intelligence[M]. 2nd edition. Washington DC:Potomac Books,2002:63-64.
⑤ Roger Zane George, Robert Jervis. Why Intelligence Fails:Lessons from the Iranian Revolution and the Iraq War[J]. Intelligence and National Security.2013(28):761-765.
⑥ 约书亚·瑞夫纳.锁定真相:美国国家安全与情报战略[M].张旸,译.北京:金城出版社,2015:29.

任,更积极地参与决策的过程中①。

上述情报失误原因适用于战略和战术两类情报流程,在战略情报中,情报失误还表现为情报零散而不系统。随着保密技术、欺骗战术的提高,情报机构在大多数情况下获取的情报都是零散的、片面的和不完整的。例如,珍珠港事件爆发前的几个月时间内,美国情报机构收到过堆积如山的有关日本军方动态的情报,其中不乏关于珍珠港的,但大多是零碎的,不完整的,甚至是互相矛盾的。当时美国的情报机构没有对其进行综合整理和分析,因而没有做出正确的战略判断。杜鲁门总统解散了战略情报局后,不久就认识到这种做法是错误的,杜鲁门曾深有感触地说:"我有二百个不同渠道给我送来的情报,就是没有人为我作归纳提炼。"这一问题并没有因信息技术的发展而缓和,"9·11"事件发生前,即 2001 年 1 月 20 日至 9 月 10 日,美国总统每日简报上至少有 40 篇与本·拉登有关的情报文章,但"9·11"恐怖袭击还是发生了。事后调查过程中,美国总统布什和国家安全顾问赖斯都认为,尽管当时有关情报数量庞大,但大都是不确定的,几乎没有关于时间、地点、方式或目标等细节方面的内容②。

情报失误意味着对方情报工作的成功,可能会带来灾难性的后果,因此,情报失误领域研究已经成为以美国为代表的情报发达国家的显学。为避免情报失误,在情报流程中,应在环节和信息流中重视以下几个方面的问题:合理圈定信息搜集范围、重视系统化信息,采用适当的方法(如竞争性假设分析方法等)避免思维与认知局限,注重加强情报与决策的互动关系,根据决策者偏好和决策内容合理设计情报产品呈现的方式和情报产品传递的途径,将决策执行者和管理者一并纳入情报需求分析环节中。

二、匹配战略决策的复杂化态势

国际环境的复杂变化使全球各类风险叠加共振,整体风险逐步上升③。特朗普对华对抗性的战略昭然若揭④。在安全领域,美国最新出台的《国家安全战略报告》和《国防战略报告》中将中国定位为主要战略竞争对手和威胁⑤。

---

① Betts Richard K. Surprise Attack: Lessons for Defense Planning [J]. Political Science Quarterly, 1984, 98(3):510.
② 孙守鹏.情报与决策:到底是谁的失误? [J].情报探索,2005(02):3-5.
③ 余林."2018:国际形势前瞻"学术研讨会综述[J]. 现代国际关系,2018(2):63-65.
④ 袁鹏. 把握新阶段中美关系的特点和规律[J]. 现代国际关系,2018(6):1-3.
⑤ 郑永年,张弛. 特朗普政府《美国国家安全战略报告》对华影响及对策[J].当代世界,2018(2):22-25.

2017 年版《美国国家安全战略》的牵头起草人娜迪亚·沙德洛撰文强调,战略竞争的时代已经到来,应当将竞争文化引入美国外交政策来应对中国的挑战。在经贸领域,美国贸易委员会主席彼得·纳瓦罗、贸易代表罗伯特·莱特希泽等主张以强硬手段处理对华经贸关系[①],特朗普将中美间经贸分歧直接转化为具有执行性,甚至是惩罚性的争端,"进攻性"的对华经贸政策暴露无遗。在科技领域,新科技革命正在孕育兴起,这是重塑国家科技竞争力的重要战略机遇期,随之而来的是国家之间的科技竞争会异常激烈,科技发展的赶超式、对抗性态势日益白热化。

　　战略决策就是处在这样的环境中,具体而言,战略决策的复杂性主要表现在三个方面:一是战略决策面临着复杂的问题。战略决策问题不是简单的类比推理和演绎归纳,也不完全是以有限指导无限、以过去指导未来、以静态指导动态。因此,战略决策过程具有显著的非程序化特征,以往的经验模式在战略决策中的适用性有限。二是战略决策制定过程中会受到复杂的环境影响。正是由于战略决策具有长期性,而发展环境在这种长期性的累积过程中不断发生着变化,同时各种力量的驱使使发展环境的变化具有非线性以及典型的复杂系统特征。三是战略决策制定过程受决策主体主观因素的影响,正如前面章节所述,战略决策受决策主体有限理性、直觉、政治化行为等影响。更为重要的是,上述三个方面在发展过程中会交织、融合在一起,不断增强战略决策的复杂性,使战略决策复杂化态势持续发展。

　　支持决策是情报的重要价值体现,这获得了广泛的共识。为了能够有效支持决策,我们应重视支持路径的建设,而情报流程本身就是一种重要的路径支持,因此,情报流程成为情报学界一个十分重要的理论研究。笔者调研了国外数十本情报学专著,情报流程无不成为这些专著的一个重要组成部分。尽管情报流程在情报支持决策中的应用已被强调,但专门针对战略决策特征而建立的情报流程并不多见,而目前的情报流程不能完全匹配战略决策任务。笔者认为,为了匹配战略决策的过程特征,我们需要对现有情报流程进行适应性变革,重点围绕以下几个方面:一是为了匹配战略决策问题的复杂性,在情报流程设计中要强调情报流程各环节的综合性功能,要强化情报活动与决策主体的广泛互动等,战略决策需要依此获得系统性信息支持和有针对性的情报满足。二是为了匹配战略决策受复杂环境影响这一问题,情报流程中的情报搜集、分析等环节要重视对环境信息的扫描、监测、预测及评估。这里的环

---

① 吴其胜. 特朗普贸易新政:理念、议程与制约因素[J]. 国际问题研究,2018(1):124-138.

境信息不仅指组织外部环境信息,还包括组织内部环境信息,以及组织内外环境信息的比较,战略决策需要依此进行战略分析。三是为了匹配战略决策受决策主体的主观影响,在情报流程中应突出知识管理和思维性方法的引入等,战略决策需要依此优化主观偏见和认知等对决策过程的影响。

三、满足科学决策的客观性要求

十七大报告中明确提出,要推进决策科学化。科学决策至少需将以下两大基础作为保障:一是要着眼大局,特别是对于战略决策而言,需要注重分析所面临问题的长远动态发展性,需要决策主体具有远见和洞见能力。着眼大局并非"拍脑袋"行为所能实现的,需要在组织内外部发展环境及其比较分析中,进行论证与预测。完成这一任务需要决策主体具有逻辑思维和形象思维。著名科学家钱学森院士提出的宏观决策方法论概括为一句话就是:从定性到定量的综合集成方法,以形象思维为主的经验判断入手,继而进入以逻辑思维为主的精密论证过程。形象思维是在实证和调查基础上因大脑处理而形成的思维飞跃,最终会形成猜想或假设,逻辑思维是为了验证这些猜想或假设。从这个意义上说,进行广泛的调查分析是形象思维的基础,也是猜想或假设的基本手段。二是要重视民主决策,钱学森先生曾在全国软科学工作座谈会上指出,决策民主化和科学化是政治体制改革的重要课题,强调了民主决策在科学决策中的重要性[1]。民主决策强调决策过程的开放性,重视外部专家对于决策过程的支持作用,而不是决策主体的"一言堂"。民主决策体现了决策过程中的开放性,正是因为开放,使决策主体能够充分吸收外界的决策支持,也使外界的决策支持能够发挥自身的优势,从而有助于优化决策。

情报在优化决策中具有不可替代的作用,沈固朝教授曾指出,情报工作应干预重大决策的出台或潜在危机的处理[2],这里的干预应该是多阶段和多方面的,在决策过程的不同阶段中发挥不同的作用。例如,通过决策前的战略差距分析,为制定决策目标和识别决策问题提供帮助;通过决策制定过程中的情报监测、预测和评估等,为优化决策目标和洞见决策问题提供帮助;通过施策后决策绩效评估的情报方案建立,为决策执行和实施提供批判性思考和确定改进方向提供帮助。本质上,情报应致力于服务决策而不是决策主体,这一点对

---

　　① 　汪应洛,李怀祖.钱学森开创的系统工程引导我国管理教育蓬勃发展[J].西安交通大学学报(社会科学版),2011(6):1-5.
　　② 　沈固朝.情报失察——西方情报研究的重要课题及其对我们的启示[J].图书情报工作,2009,53(2):34-37.

于情报流程的构建具有特殊意义,它要求情报流程需要将分析决策者纳入流程中。也就是说,情报流程除了为决策过程提供客观的数据分析支撑外,还有责任刺激和影响决策者的价值体系,不断完善决策者的信息处理能力,以期尽可能避免有限理性,减少决策的主观成分。

第三节　情报流程构建的指导思想的创新研究

一、以共享思想建立利益相关者的关联

任何一种情报流程能够运转起来的先决条件都是要具有明确的情报任务。在面向战略决策服务的情报流程中,情报任务自然来自战略决策的需求。战略决策需求向情报流程传递需要一定的机制加以保障,从而将决策过程关联起来,在克拉克以目标为中心的情报流程中,笔者将这种机制概括为共享机制,决策与情报共享一个目标图景,这个目标对于决策而言就是决策目标,对于情报流程而言就是情报任务,这为本书情报流程的建立提供了重要启示。

基于共享思想,本书的情报流程需要确定一个二者可以共享的环节,这一环节需要具备这样五个条件:一是对于决策而言,这一环节应该是可以共享的,不会因保密性要求而不能共享或不能充分共享。笔者认为,满足这个条件的环节应该具有宏观性,避免共享具体的决策过程环节,因为某一具体的决策环节可能会涉及泄密的风险(例如,组织的目标、意图等),使得组织很有可能不愿意进行共享;二是这一环节应该在决策过程和情报流程中均具有不可替代的重要作用,是决策过程和情报流程必须经历的环节,不可跳跃更不可缺席;三是这一环节应该具有广泛的开放性,从决策的角度看,这种开放性会易于践行决策的民主化。从情报流程的角度看,这种开放性更能展现情报功能的独特优势;四是针对战略决策,这一环节应该彰显战略决策的显著特征,使面向战略决策的情报流程相异于其他类型的情报流程;五是这一环节应具有稳定性,这种稳定性并非意味着此环节本身的静止不动,而是要求情报活动能够跟上决策变换的步伐,甚至对决策具有建构性的意义。也正是这种相对稳定性和情报意义建构空间的存在,使决策和情报之间实现了连接强度的不断深化和合作空间的不断拓展。

具备了上述五个条件的环节经论证和选定后,我们需要在情报流程中进行物理结构和功能结构的定位。定位的原则应注重以下三个方面:一是这一

环节一定是决策过程和情报流程两者运转中相互渗透的枢纽;二是这一环节应该具有显著的独立性,对于决策过程而言,独立性表现在它与其他环节的弱交叉性,这保证了情报活动的明确性和边界性(如,目标和意图具有很强的交叉性,这样的交叉影响了情报任务的专指性)。对于情报流程而言,独立性表现在它是情报活动的一个综合性、完整性价值的最终体现,而不是实现价值的中间环节(例如,情报分析仅仅是实现情报支持决策这一功能的中间环节),这保证了情报目标的清晰性;三是这一环节应该具有预测未来、理解未来和沟通未来的功能,这是战略决策的必然要求,也是情报的真正价值所在,这一功能应该统领着决策过程和情报流程中其他环节的功能定位和结构安排。

　　基于上述思考,本书将决策过程与情报流程共享的环节确定为"情景规划"。情景规划被以壳牌公司为代表的 50% 的 500 强企业广泛应用于战略决策制定中。在情景规划过程中,组织所面对的是一系列可能的未来情景,对这种未来情景的描述、解释、预测和预见是战略决策制定过程中特别需要的。情景规划本质上并不是一种预测方法,而是用于加强感知和增进理解的技术,为实现情景规划,情报流程应贯彻情报感知理念,重视情报感知方法与技术的应用。

二、以增量式迭代思想指导情报流程运转

　　增量式迭代是一种来自软件工程学的思想。在支持战略决策制定过程中,情报分析及其应用是一个不断优化的过程:新的情报需求不断更新,新信息不断进入来更新信息内容,前一次的分析结果因新信息的进入而不断进行重新累积和评估等。这一过程中,情报分析的精确性不断增强,情报应用的有效性不断得到优化。整个增量式迭代过程,是一个不断填补情报空白、持续提供行动情报和持续进行情报行动的过程(见图 4-8)。

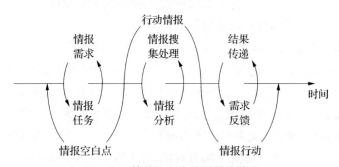

图 4-8　情报流程中的增量式迭代

在增量式迭代思想的指导下,面向战略决策的情报流程运转应注意以下四个问题:一是在情报分析中,新信息的进入需要重新进行关联分析,以此进行行动情报的重新评估,在这一过程中,情报人员需要警惕习惯性思维和镜像思维的局限,充分利用批判性思维重新认识情报,而不是简单地将新信息作为以往情报认知的证实性证据。二是每一次迭代要设置一个终止机制,这个机制应基于战略决策的满意解而不是最优解思想来建立,依据决策目标的期望值来对情报绩效进行评估,决策目标的期望值来源于决策主体的认知和决策的实际效果评估。三是加强情报流程运转过程中各参与主体的交互性,重视与决策主体建立良好的信任关系,重视情报的时效性,根据决策需求和决策主体偏好合理设计情报产品的呈现方式,准确把握情报产品提交时机。在向决策主体传递情报产品时,不仅要确保决策主体能够理解情报产品,而且要让他们清楚情报产品是如何生产的,并阐明和表述情报判断中的不确定性和可信度。这有助于决策主体意识到情报分析中的潜在盲点,驱动重新启动情报搜集过程去发现新的信息源。四是触发情报流程重新启动的要素不仅取决于决策需求的变化,很大程度上还取决于信息的变化。特别是当收到相异于前一个情报分析结果的信息时,情报人员可能会需要重新启动情报流程,而不是将新信息在情报流程的某一特定环节中进行简单的叠加或只针对这一环节重新分析。

在情报流程结构设计中,增量式迭代具体表现在情报流程的反复反馈与开放性上,通过反复反馈来不断评估情报绩效,进而优化情报提供与决策需求之间的关系,持续深入挖掘情报空白,借助批判性思维对行动情报进行反思。成功的情报流程并不是提供了最初决策需要的情报产品之后便终结,因为情报产品传递给决策主体后会产生新一轮的情报问题,而将情报提供的方案应用到决策行动中时也需要更多的情报支持。开放性则体现在情报流程运转过程中,情报人员要不断进行组织内外部环境扫描以及战略分析,从而持续吸收新的信息,用于证伪性行动情报评估。

值得一提的是,在软件工程学中的增量是一种数量的增加,而在情报分析中,增量首先表现在信息数量的增加,而信息数量的增加给情报分析带来的不单纯是情报在量上的丰富,更多的是情报发生的质的变化,这点在情报流程运转中具有重要意义。它要求情报流程在不断反馈和信息吸纳的过程中,重新进行情报评估,特别是要借助批判性思维和竞争性分析进行证伪性的评估,而不是证实性的评估。因为信息环境是不断变化的,对手的意图和目标也在发生改变,新的信息可能反映了以往没有反映出的问题,或者显示以往问题新的变化方向,此时证实性思维的评估会产生显著局限:一方面会使情报分析人员依据以往分析结果和惯性思维而有选择性地获取和利用信息,另一方面也因对原有情报的肯定而忽略新出现的情况,从而导致情报失误。与此同时,与软件工程学中增量迭代不同的是,整个情报流程,还涉及情报人员的培养,情报技术与方法的积累等,这些问题虽没有体现在增量迭代中,但是对于情报分析而言至关重要。

三、以布鲁克斯知识方程理论指导情报流程功能结构

英国情报学家布鲁克斯从波普尔的哲学观点出发,为情报学理论基础研究,特别是情报学定量化研究作出了巨大贡献。在波普尔的哲学思想指导下,布鲁克斯将情报与知识的增长联系起来,于 1974 年提出情报与知识的关系方程式:

$$K[S]+\Delta I \rightarrow K[S+\Delta S]$$

布鲁克斯认为,情报是改变人的知识结构的那部分知识。他指出,"理论情报学"研究世界Ⅱ与世界Ⅲ的相互作用,"应用情报学"研究世界Ⅲ的组织和处理[①]。

在"决策世界"里,同样存在如波普尔"三个世界理论"揭示的那样的层次结构和相互作用关系,由此我们可以十分清晰地将"决策世界"进行结构划分,并厘清各结构之间的关系。决策过程中的"三个世界"依次为决策环境、决策者意识与认知、决策知识与方案库,而决策活动就是"决策者意识与认知"(第二世界)作用于"决策环境"(第一世界),形成"决策知识与方案库"(第三世界),并改造"决策环境"。进一步地,从克服三个世界理论中唯心成分看,决策中的"第一世界"首先应是反作用于决策中的"第二世界",从而不断充实与丰富"第二世界",进而不断完善"第三世界"。决策中的三个世界在相互作用过程中无不体现着情报活动,例如,决策者与决策环境在相互作用过程中,需要情报感知与刻画;决策者与决策知识和方案库在相互作用过程中,需要情报研判;决策环境与决策知识和方案库在相互作用过程中,需要情报组织与处理。此外,在这一过程中,由于情报活动作用的结果,决策者的知识结构和决策知识与方案库不断发生着变化,这就是布鲁克斯知识方程理论在决策活动中的具体映射。

布鲁克斯知识方程理论内涵映射到具体的决策活动中,可充分体现出情报流程的功能:扫描环境、增强决策的科学性以及进行情报存储与传递。这三种功能在情报流程中是依次体现的,并进行不断的迭代升级,从而为情报的社

---

① 　华勋基.情报科学导论[M].广州:中山大学出版社,1990:75-76.

会功能发挥提供基本实现路径。这样的功能结构为情报流程的层次划分、各环节的科学定位提供了基本依据(见图4-9)。

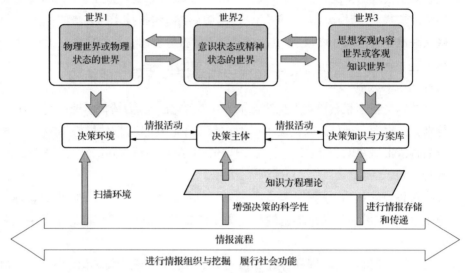

图4-9　布鲁克斯知识方程理论视角下的情报流程功能结构

第四节　情报流程各环节应具备的条件分析

一、各环节功能的综合性

战略决策应以战略情报作为支持,战略情报的需求通常是模糊的,这意味着情报分析的过程应该是探索性的,探索性的情报分析要求各环节应该在时空上具有无缝连接的性质,能够实现无缝连接的最好举措莫过于通过情报流程相应环节自身的综合性功能加以实现。以往的情报流程,将情报分析分为情报任务规划、搜集和处理等多个环节的做法在满足战略情报需求中无疑具有局限性,正是战略情报需求的模糊性,使得情报任务具有不确定性,通常情况下,情报任务是在情报搜集、处理等多个环节过程中,通过情报分析来不断明确的。从这个意义上说,情报任务规划不应作为一个独立的环节,而应该是情报分析中的一个具体行为,将情报任务规划独立出去容易造成它与后面环节的脱节,甚至因模糊的情报任务造成后面各环节的功能失效,从而导致情报失误。

　　基于前述的系统论理论,情报流程被视为一个系统,情报流程系统包括若干子系统,根据战略决策及其所依赖的战略情报,情报流程系统应包括需求管理系统、搜集与分析系统、产品生产系统和产品传递系统,各系统围绕一个共同的情报任务各司其职并相互连接。需求管理系统的任务是获取战略决策的情报需求,并将这一需求传递给情报搜集与分析系统。情报搜集与分析系统的任务是根据情报需求,进行情报搜集处理、情报感知和情报研判等相应的情报研究,并将情报研究结果传递给情报产品生产系统。情报产品生产系统的任务是根据情报研究成果的特征和决策主体需求偏好,进行情报产品设计,并将设计好的情报产品传递给情报产品传递系统。情报产品传递系统的任务是根据情报产品的特征、决策主体偏好以及战略决策本身的特征,选择适当的时机和途径将情报产品传递给决策主体,供其进行战略决策制定时使用。因此,这四个具有综合性功能的系统整体上构成了一个闭环的情报流程系统(见图4-10)。

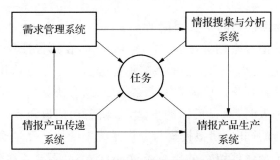

图4-10　情报流程系统逻辑结构

　　情报支持战略决策过程,将情报功能依次划分成需求分析、情报研究、情报产品生产和情报产品传递四个功能,这四个功能之间存在着边界和各自的特定任务,如,需求分析功能注重与决策主体之间的互动,这需要面向决策本身和决策主体的情报交流和知识管理技能;情报研究功能注重情报分析的科学方法和技能,这需要情报搜集、处理、研判等面向情报价值挖掘的方法;情报产品生产功能注重产品设计技巧,这需要知识组织技能;情报产品传递功能注重传递途径的开发,这需要平台开发技能。从完成情报任务角度看,这四个功能是一个逻辑递进的整体;从情报活动本身角度看,它们之间既具有承接关系,相互之间又存在边界。正因如此,情报失误可以有据可查。此外,这样的划分也为情报组织管理和情报教育等提供了十分清晰的框架,使情报组织内部部门的分工更加明确,情报教育课程设计更加具有层次性。

二、各环节之间关系的协同性

在情报流程实际运行中,每一个环节都进行着不间断的信息流动,情报人员除了进行上述逻辑上的推进流外,还需反馈流来进行情报评估和绩效控制,通过反馈来驱动情报流程各环节的过程性评估(见图4-11)。

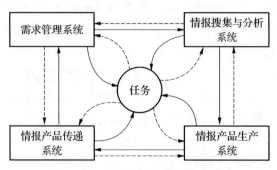

图4-11 情报流程系统协同结构

过程性反馈评估的主要目的有二:一是通过下一个环节的运行来发现上一环节中的情报空白并填补这一空白。如,在情报搜集与分析系统运行中,情报人员会对需求系统中的战略形势分析产生新的认识,情报搜集与分析系统需将这种新认识反馈到需求系统中,结合决策过程进行重新评估;二是当新信息进入时,通过反馈的方式,重新启动情报流程。如,在情报产品生产系统运行的同时,情报搜集与分析系统中的搜集活动会产生新的信息,这一新信息不会仅停留在分析系统这一环节,也不会直接传递给情报产品生产系统来单纯地支撑情报产品生产,而反馈到需求系统中,重新进行情报评估,并启动新一轮的情报流程。各环节就是通过推进与反馈的双重作用达到协同的目的。

要求情报流程各环节具有协同性,目的在于践行共享思想和增量式迭代思想。通过协同使情报流程各环节能够共享情报、共享问题,从而避免情报活动过程中形成"情报烟囱"。也正是通过协同效应,使各环节在面临新信息、新问题时触发其上下环节联动,从而重新启动情报流程,实现情报活动的迭代。

三、各环节内部的微循环

整体上看,各环节的综合性功能和各环节之间的协同性是对整个情报流程系统的信息流管理和绩效控制,在各环节内部同样需要这种管理和控制,并由微循环来完成这一任务。例如,情报搜集与分析系统内部,需要情报任务感

知、结构化情报分析方法、情报累积与评估等环节的不断推进和反馈，来保证
情报分析的有效性(见图 4 - 12)。

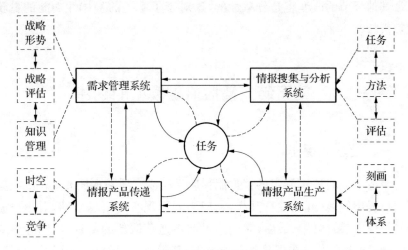

图 4‑12　情报流程各子系统内部微循环

有些环节之所以作为某一特定环节内部的微循环环节，是为了避免本来
具有同质性功能的情报环节产生割裂，如果将服务于情报搜集与分析这一功
能的微循环环节，如情报任务感知作为与情报产品生产、传递等同一个层次的
环节来处理的话，那么很容易导致情报搜集、处理和感知等功能之间关系的割
裂，这种割裂将大大降低情报共享的效率，从而降低情报搜集与分析的有效
性。将这些具有同质性或目标一致性的微循环环节放在一个系统中进行运
行，从情报管理上就避免了它们之间的割裂。正如在一个情报组织内，将具有
情报搜集、处理和感知等功能的节点放在情报搜集与分析部门，显然有利于具
有不同工作性质但在同一部门的情报人员为实现情报搜集与分析这一任务，
进行有效的知识共享。

此外，情报流程系统中的各不同子系统内部微循环环节之间不进行信息
交流，有利于情报活动的整体性绩效提升。例如，子系统通过情报搜集获得了
新信息，重新累积了情报，由此进一步修正了情报累积与评估，这一微循环环
节不会直接与产品系统中的微循环环节情报刻画产生信息流动，而是修正后
的情报累积与评估进入情报搜集与分析系统中，此时情报分析结果便产生了
总体上的变化，这种变化的情报分析成果作为一个整体与情报产品生产系统
进行信息交流，从而从整体上更新情报产品的生产信息。从这个意义上说，微
循环环节本身的变化实际上导致的是它所在子系统的变化，而不是单纯的微

循环环节的变化,而需要子系统重新进行迭代循环。如果不设置微循环环节,只是遵循以往情报流程的子系统循环的话,那么子系统每一个环节的变化所导致其他环节的改变将是分散性的,这对于子系统的整体性功能的更新将会大打折扣。

第五节　情报流程模型的构建

一、模型的提出

服务于战略决策制定的情报流程应当完成三项基本任务:首先,它应当便于用户提出问题(开放性);其次,它应当利用现有的信息基础,对用户需求立即做出反应(敏捷性);最后,它应当设法迅速获取新的信息,以回答尚未回答的问题(智慧性)[①]。在相关理论指导下,基于背景、指导思想以及各环节应具备的条件分析,本书提出了一个专门针对战略决策制定的情报流程的宏观模型(见图 4-13)。

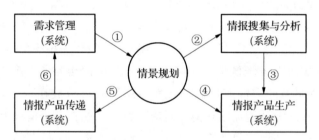

图 4-13　服务于战略决策制定的情报流程宏观模型

这个宏观模型是以"情景规划"为中心,由"需求管理(系统)""情报搜集与分析(系统)""情报产品生产(系统)"和"情报产品传递(系统)"四个环节组成。首先,为了服务于战略决策,组织需要进行战略形势分析,此时提出情景规划需求(即图中的步骤①),并以情景规划作为战略评估的工具,情报流程为情景规划提供情报解决方案。这一方案表现为:首先,情报搜集与分析系统从情景规划中获得情报任务,情报搜集与分析系统围绕这一情报任务进行情报研究活动(即图中的步骤②),情报研究的成果提供给情报产品生产系统,经过评估

---

① 罗伯特·克拉克.情报分析:以目标为中心的方法[M].马忠元,译.北京:金城出版社,2013:1.

和形式设计等形成情报产品(这里需要特别强调构建生产情报产品的情报体系)(即图中的步骤③)。然后,情报产品用于支持情景规划,并进行绩效评估(即图中的步骤④),经过上面各环节的反复运行后,情报产品达到了情景规划要求,进而进入到情报产品传递系统(即图中的步骤⑤)。最后,在时机和途径的分析下,情报产品传递给决策主体(即图中的步骤⑥),并通过对决策主体的接受程度的分析基础上,重新进入到下一个情报循环中(即重新运行步骤①到步骤⑥),来改进情报活动及其成果。

　　在实际运行过程中,各系统内部存在一个微循环,以实现本系统的功能。例如,在需求管理内部,对战略形势的认知和战略评估,以及面向决策制定者和执行者的知识管理等需要形成了战略决策对情报的需求;情报搜集与分析系统内部,存在情报任务感知、结构化分析、情报累积与评估的循环,通过这一微循环完成情报研判功能;在情报产品生产系统内部,需要进行情报刻画和产品形式设计等微循环环节,以此进行情报产品生产,很多时候情报产品生产中的微循环统一于情报体系建设中;在情报产品传递系统内部,一方面通过情报产品传递的时机和途径的相互匹配,构建情报产品传递系统,使情报产品传递既能匹配情报产品特征,又能满足决策主体需求;另一方面,鉴于网络环境下决策者的信息获取渠道十分丰富,情报产品必须构建自身的优势,参与到信息市场竞争中来(见图 4-14)。

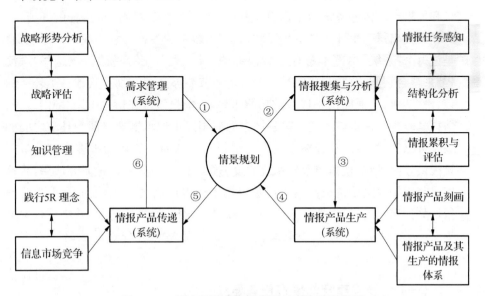

图 4-14　服务于战略决策制定的情报流程模型

二、模型的结构

模型结构描述的是模型中各要素及其之间的关系,模型结构分析可以明确模型各要素的定位和它们之间是如何相互作用的。将上述情报流程模型进行分解,解构后的情报流程模型如图 4 - 15 所示,图中只显示了模型的宏观要素。

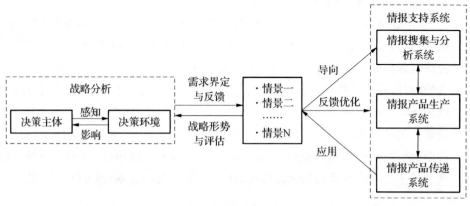

图 4 - 15　模型结构

总体上,模型包括需求管理系统、情报搜集与分析系统、情报产品生产系统和情报产品传递系统四个部分。我们用"系统"来界定情报流程的环节,目的在于突出每一个环节是由相互联系、相互影响的多种要素构成的体系,也就是说每个"系统"内部本身存在着内部的"微流程",用"系统"统领这些"微流程"来整合它们的功能,并使某一个特定环节能够具有有别于其他一个环节的综合性功能,从而明确各环节的功能边界,为情报流程在情报组织/部门管理、情报学教育和情报体系建设等领域中的应用提供逻辑框架。四个环节之间的关系可以描述为:需求管理系统产生情报需求从而为启动情报搜集与分析系统提供导向,情报搜集与分析系统通过一系列的情报研究产生研究成果,将这些研究成果提交给情报产品生产系统用于情报产品生产,情报成品提交给情报产品传递系统,经由情报传递将情报产品应用于情景构建中,并将系列情景提交给决策者,从而将情景转化为战略进行战略形势分析与战略决策方案评估。

（一）情景构建及其情报任务要点

战略决策制定的目的是高效履行战略实施,战略的实施是为了实现战略目标,战略目标需要情景规划来演绎。研究表明,规范的规划系统有助于管理层做出更好的战略决策①,若想使战略规划起到应有的效果,管理层不能局限于当前的发展环境,应试图构建赢得未来的竞争优势。为了做出这样的预测,管理层需要运用情景规划方法对未来的各种可能性及其影响力量进行综合分析,正因如此,情景规划法被广泛应用于战略决策中。该方法可以帮助管理层理解环境的动态复杂性,通过对所面临的问题进行战略性思考,形成针对不同情境下的战略选择。

本质上,情景指的是对某一事物或系统各种可能状况的深入探究,而不只是简单的预测②。情景规划并不是一种预测方法,而是一种用于加强感知、增进理解的技术。在实际战略决策制定过程中,预测是一件难度和风险较大的事情,而有些事件或目标是不可预测的。如果我们不能预测未来,我们至少可以构想出一些可能的替代方案。换个角度看待战略决策,我们会发现,战略决策实际上介于可预测与不可预测之间,因为如果战略制定中的每个因素或事件都是清晰可见或者可以进行准确预测的,那么就不需要战略了。同样,如果战略制定中的每件事情都是完全不能预测的,那么也就失去了战略制定的意义。情景规划位于可预测与不可预测之间,它为我们提供了未来战略的各种替代方案。图4-16展示了情景在预测和设想之间作为平衡地带的定位③。

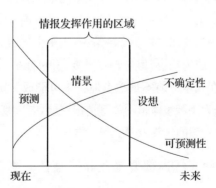

图4-16　可预测性与不确定性的平衡

如图4-16所示,与未来的距离越远,可预测性越低,相应地,不确定性也会随之升高;与未来的距离越近,可预测性越高,不确定性也就越低。因此,在较长

①　C C Miller, L B Cardinal. Strategic planning and firm performance: A synthesis of more than two decades of research[J]. Academy of Management Journal, 1994, 37: 1649-1665.
②　凯斯·万·德·黑伊登.情景规划[M].邱昭良,译.北京:中国人民大学出版社,2007:3.
③　凯斯·万·德·黑伊登.情景规划[M].邱昭良,译.北京:中国人民大学出版社,2007:103.

的时期内,很多事情变得无法预测,我们的战略决策绩效也会不尽如人意。在可预测性较高和离我们较远距离的设想之间,就是情景规划法使用的领域,这一区域既具有可预测性,也存在不确定性。组织在进行战略决策时,需要准确定位战略规划的领域,在预测区进行战略规划会导致规划的前瞻性不足,在设想区进行战略规划会因不确定性水平过高而导致规划过度。总结起来,情景规划是建立在如下假设基础之上的:未来充满着不确定性,但并非未来完全不可预测,有部分内容是可以预测的。决定可预测与否的关键因素是不确定性的特征。我们将不确定性进行分解,可将其分为本质上的不确定性以及因缺乏信息,或缺乏对影响因素的了解而产生的可控不确定性。本质上的不确定性无法预测,信息和影响因素认知缺乏导致的可控不确定性可以通过采用科学的方法将可预测的东西与不确定性的东西区分开来。我们通过对影响因素的分析和了解便可大幅度降低不确定性,从而能够预测未来的某些发展。情报的作用就是增加我们对未来各种情景影响因素发展规律的洞察,把可预测的东西与不确定的东西分离出来,从而构想某种可能发展的未来。

具体而言,情报流程的核心任务并不是给决策主体提供确定的答案,而是向决策主体解释组织发展过程中可能面临的各种事件及其影响因素,从而实现优化战略决策的目的。为此,情报人员要对可能发生的未来事件具有研判能力,通过情景构建为决策主体提供未来发展可能性的见解,并结合内外部环境分析,为战略决策提供一个早期的预警和评估。在实际决策中,决策主体更关注动态情报,而长远情报虽然可能不会马上成为焦点,但它却很重要,并可能成为前沿问题①,因此,情报的重要作用还体现在确定目前不是重点但将来可能成为重点的问题。同时,通过情景构建,情报可以为决策主体指明关键情报课题,向决策主体阐明最需要监控的领域,从而确定战略决策的优先顺序。

(二)需求管理系统内部要素及其情报任务要点

1. 决策主体

西蒙认为,由于世界太大、太复杂,而人类大脑处理信息的能力又非常有限,因此人类的决策在很多情况下不可能是理性的②。正是由于人的有限理性,决策者收集信息存在偏向性,他们大多只能收集和分析其中很小的一部分信息,这些

---

① 马克·洛文塔尔.情报:从秘密到政策[M].杜效,译.北京:金城出版社,2014:77-85.
② Simon H A. Modes of Man: Social and Rational[M]. New York: John Wiley and Sons, Inc., 1957: 245-246.

信息通常具有易于引发关注,易于记忆识别或易于引起感官刺激等特征,比如醒目的新闻标题、重复报道的信息、不同寻常的事件①,即行为经济学中所称的"显著性效应"和"方便性效应"②,而且由于心理、情感和判断能力的差异,他们在理解信息时往往也存在一定的偏差。信息搜集的偏向和信息理解的偏差直接影响了决策判断的准确性和全面性。弱化决策者的有限理性带来的负面影响,是情报支持决策的关键任务,实现这一任务必须启动相应的情报搜集流程。

2. 决策环境

决策环境是影响决策者作出判断和选择决策方案的外部角色和力量,环境扫描是决策过程的重要一环。贾殷总结了环境扫描给组织管理带来的好处:帮助管理者利用刚出现的机会、发现刚出现的问题,使组织对环境变化更为敏感并作出及时回应等③。对环境扫描的目的是跟踪正在出现的非连续性的变化,识别因环境变化而导致的关键发展趋势。变化不会无缘无故出现,趋势也不会无缘无故发生,这些变化和趋势是受到某些力量的驱使。要预测某种趋势,情报工作必须了解支持或者推动环境变化的各种力量④,特别是对这些力量的成因、后果进行深入判断,对影响决策环境的力量变化及其产生的前因后果进行感知、刻画、研判,进而得出某种客观发展趋势,是情报支持决策的又一关键任务,实现这一任务必须启动相应的情报搜集与分析流程。

3. 战略决策内容

在本书第三章中已经指出,战略决策主要包括机会决策、问题决策和危机决策三种类型,这三种类型的决策具有相互转化的关系,在战略决策过程中,三者可能并存,有些看似战术类型的决策,实际上构成了战略决策的重要组成部分,特别是由于时间的积累和环境的发展,这类战术性的决策很容易转化为战略决策或者对战略决策构成重要影响。总体上,战略决策具有动态性、过程性和长期性,由于环境的变化和不确定性以及决策者能力水平和思维观念的变化,决策过程处于不断的反馈和优化中。在情报支持决策的过程中,情报人员必须关注这些动态变化,从而不断完善和发展情报工作,这需要情报工作者

①　Rogers P. The Cognitive Psychology of Lottery Gambling: A Theoretical Review[J]. Journal of Gambling Studies, 1998, 14(2):111.

②　Gilovich T R. Seeing the Past in the Present: the Effect of Associations to familiar events on judgments and decisions[J]. Journal of Personality & Social Psychology, 1981(40):797-808.

③　Jain S. Environment scanning in US[J]. Long Range Planning, 1984, 17(2):117-128.

④　曾忠禄.21世纪商业情报分析——理论、方法与案例[M].北京:中国经济出版社,2018:223.

在情报搜集与分析过程中"思考自己的思考,反馈决策的反馈",开启情报工作的反馈流程。

4. 战略分析

战略分析的核心是洞察战略差距,战略差距主要依据组织内外环境分析和组织能力分析来明确组织面向未来的发展过程中可能存在的环境适应性不强以及组织能力的不足。在战略分析中,情报的主要任务是采用适当的情报方法(特别是结构化方法)扫描、监测和评估组织发展所处的环境,持续跟踪、分析和评估竞争对手的目标、意图和能力变化等,最终目标是将影响组织发展战略的各种力量进行综合分析,并映射到情景构建中,提出情景构建中的情报需求。

(三) 情报搜集与分析系统内部要素及其情报任务要点

1. 情报需求分析

识别情报需求是情报流程的起点,满足情报需求是情报流程的归宿。对情报需求认知不全、不深、不透必然导致后面情报活动的偏差。情报需求阶段的分析对象是决策者和决策环境,对决策者的情报需求识别,需要与决策者进行频繁深入的互动交流,以此了解决策者是谁?不是谁?决策者对决策存在什么样的看法?决策者尚欠缺什么?需要什么?不需要什么?对决策环境的决策需求分析,是对影响决策目标的各种环境变量进行客观分析,所采用的方法包括环境扫描法、数据挖掘技术等。最终,将一系列有关决策者和决策环境的需求信息一并纳入情景构建中,对影响决策制定的力量进行综合分析。

2. 情报搜集与处理

情报搜集的任务是根据上一阶段情报需求内容,围绕情景规划中的情报需求进行各类信息的获取,情报搜集的信息来源既包括网络信息源,也包括人际情报源;既包括组织外部的信息,也包括组织内部的信息。特别是在大数据环境下,情报搜集活动要重视碎片化信息的搜集和弱信号信息的识别,要重视信息的关联性(如将产生这一信息的社会、经济、政治等影响因素相关信息进行关联)。此外,情报搜集要重视关键信息源的持续动态跟踪。情报处理是将搜集来的信息通过语义关联技术与方法进行分类与聚合,其目的是将信息资源由以认知和解释为使用目标的文献资源、知识资源,转变为以判断和预测为使用目标的情报资源。

3. 情报任务感知

情报感知的目的是对情报需求、决策者、决策环境以及情报任务的组织与规划进行系统性的判读和表达,主要方法包括态势理解、网络分析和模式分析等①。

4. 情报研判

情报研判是前一步情报感知反馈给决策环境并进行调整后所开展的情报分析工作,它是情报产品生产前的核心环节,也是最应警惕情报失误、失察的环节。情报研判的主要任务是:环境发生了什么变化——对本组织意味着什么——我们应该怎么应对,通过这一系列问题的解释判断,来完成与组织管理相关的潜在冲突和风险识别,对自身的适应能力和与其他组织的能力差距进行评估,对未来的发展趋势和可能产生的后果进行预测,对当前组织管理存在的危机进行预警等。为此,情报工作者可采用的方法包括 SWOT 分析法、征兆分析法、竞争性假设分析法、基于案例的推理技术、信息融合技术、片段情报分析法、环境扫描法、趋势外推法、仿真模拟法、情景分析法和德尔菲法等。情报研判要求情报人员要避免镜像思维,善于利用批判性思维,能够使用多种方法对研判结果进行反复求证,特别是将情报分析技术方法、情报人员的自身经验与领域专家的知识进行整合,提高研判结果的精确性和深入度。

(四) 情报产品生产系统内部要素及其情报任务要点

1. 情报刻画

情报刻画的目的是理解和描绘不同类型的情报用户、需求、任务的特点和雏形,使情报服务的对象和决策支持的范围更加聚焦②。情报刻画所采用的方法主要包括大数据分析技术、系统分析法、环境扫描法等。情报感知和情报刻画是建立在情报搜集和情报组织基础上的,描述的是历史与现实情况,其重点内容是瞄准决策中的关键课题、理清决策情报需求的先后次序。

2. 情报产品生产

情报产品是情报分析师提供给决策者进行分析、判断和决策的依据,使决策者能够更好地理解情报分析师针对情报主题所得出的结论③。生产高质量的情报产品是情报流程的基本目标。根据不同的使用目的,情报产品具有不

---

① 　US Army. lntelligence Analysis[EB/0L].[2019 - 12 - 29]. https://info. publicintelligence. net /USArmy-IntelAnalysis.pdf.

② 　赵柯然,王延飞.情报感知的方法探析[J].情报理论与实践,2018,41(08):11 - 16.

③ 　Barclay S, Randall L S. Interactive decision analysis aids for intelligence analysts[R]. DTIC Document, No. DT/TR75 - 4. Decisions And Designs Inc Mclean Va, 1976:131.

同的类型。在决策中,无论什么表现形式的情报产品,其核心均是为决策提供预判性功能,例如,为决策者勾画组织生存发展环境的整体图景和可能出现的种种可能;为决策者提供面向组织未来发展战略的多种情景供决策者选择;为决策者识别未来可能遇到的风险与危机并提出相应的预警方案。最终的情报产品以动态跟踪报告、分析评价报告和决策参考报告等为主要形式。情报产品生产一般由专注于此的情报体系来完成,因此,通常情况下,情报产品生产系统这一环节隐含着情报体系建设这一活动。

3. 情报存储

情报存储是通过元数据设计将情报流程知识、方法知识、情报研究成果和用户知识进行结构化的组织,为揭示"可能存在的事实"的归纳和揭示"应该存在的事实"的演绎提供情报资源。同时,情报资源库可以为组织和情报人员提供知识和教育功能。将情报存储作为情报产品生产系统中的一部分,一方面是由信息碎片化、动态变化决定的;另一方面也因决策目标可能会有所变化,以及决策的战略性和长期性特征,也都需要不断更新和累积新的情报。情报存储强调了情报积累对支持决策和情报工作发展的重要意义。

(五)情报产品传递系统内部要素及其情报任务要点

情报应用是决策情报的最终目的,情报应用阶段的主要任务是跟踪决策者情报应用情况。情报产品决定了情报应用的效率水平,情报产品需以决策者所喜好的形式,采用个性化推荐、协同推荐、决策支持系统等技术,迅速、完整地报送给情报用户。同时,由于决策者可获得的信息渠道存在竞争,情报产品传递系统需要重视情报产品在信息市场中的竞争优势构建。

第六节　情报流程各要素及其运行

一、情景规划

情景与预测、设想有别,情景是一种对可能的、合理的未来的期望,它明确阐明未来发展的风险,是一种定性和定量相结合并以定性为主的情节描述;预测是对可能的未来的展望,并不一定具有合理性,它关注于发展而隐藏风险,通常以定量的方式对过去的事件进行拟合和推演而得;设想是基于主观价值基础上的期望的未来,潜藏着风险,通常是定性的,充满着活力和变化。情景规划简单地说是一种应付未来不确定性的计划,关注的是关键驱动力量、关键影响因素等,它是连接未来研究与战略之间的重要工具,在整个情报流程中处于中心位置。情景规划产生于组织战略决策需求,同时它又是组织战略评估的重要工具。情景规划的切实需求为情报活动提供了情报任务范围,情报任务驱动了情报活动的有序开展。

(一) 情景规划步骤

情景规划的核心功能就是帮助组织对未来的某些事件做足准备,并采取积极的行动,将消极因素最小化、积极因素最大化,从而保证组织按期望的方向发展。目前关于情景规划的步骤有多种表述,如图 4-17 所示。

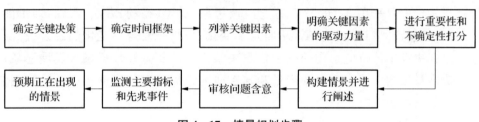

图 4-17　情景规划步骤

图 4-17 的情景规划步骤可以概括为五个主要环节:明确项目主题、分析关键影响因素及其驱动力量、确定重要性和不确定性均较高的影响因素、形成情景框架、指导战略决策。

1. 明确项目主题

主要是确定要分析什么问题,例如,企业战略决策可能会分析与竞争环境、商业环境和市场环境有关的问题,国家层面的战略决策可能会分析与国际政治、经济、地缘等有关的安全与发展问题。与此同时,情报人员要根据问题的性质和要求框定好时间窗口,时间窗口的选择主要取决于影响因素的稳定性和可预测性,影响因素的稳定性和可预测性越强,前瞻的周期越长。

2. 分析关键影响因素及其驱动力量

通常的做法是将影响因素分为内部影响因素和外部影响因素。内部影响因素是根据项目特征进行有针对性的分析,外部因素通常包括政治、经济、社会、文化、技术和生态。一般情况下,外部影响因素可分为强势因素和描述因素,前者是指按确定方向发展的趋势,发展路径是固定的。后者可能会有多种发展路径,并且这些因素之间会存在多种不同的相互影响关系。在分析影响因素时,情报人员通常是沿着这样的思路进行:存在哪些影响因素? 这些影响因素将会如何发展? 有哪些交叉影响? 有什么样的因果关系? 等等。

3. 形成情景框架

结合德尔菲法等相关分析方法,对各影响因素按重要性和不确定性进行打分,重要性和不确定性分数都高的影响因素之间的不同组合便构成了情景框架,如果有 n 个这样的因素的话,理论上可以形成 2^n 个情景维度[①]。在实践过程中,这些情景维度并不都是合理的,一般通过简单的对比和论证便可去除明显不合理的情景。通常情况下,一个项目可以形成 3～4 个情景。所形成的情景一般包括趋势情景和极端情景(极好和极坏),情报工作者在趋势情景分析中要特别注意研究什么样的事件可以改变这种趋势。情景构建中可采用 TAIDA(跟踪、分析、想象、决定、行动)方法:跟踪,即不间断地进行环境扫描和监测,从而发现变化;分析是对这种变化的理解;想象是在决策主体价值建构基础上依靠决策主体的直觉和设想融入发展愿景;决定是根据上述一系列的定量和定性研究结果确定情景框架;行动即是将情景与组织战略相融合。

4. 指导战略决策

不同的情景表达了组织发展所面临的不同环境,组织需根据自身的能力和愿景,深入分析自身的优势和威胁,发现未来发展的机遇,控制可能存在的风险,并分别构建相应的预警系统。

为了更具象化地理解情景规划过程,以戴姆勒公司关于汽车驾驶室需求的情景分析为例进行简要说明[②]。为了探求汽车驾驶室对多媒体的需求,戴姆勒公司的社会与技术研究部做了一个汽车驾驶室功能需求项目的情景分析,确定了这个项目的时间窗口是未来 5～7 年,影响驾驶室功能需求的因素主要包括四个,即用户的需求、司机的需求、人机界面与 ICT 的应用以及市场和更宏观的外部环境趋势等。最终得出的基本结论是:社会的老化导致司机的驾龄越来越长,司机十分重视驾驶室的舒适性,未来驾驶室,需要将生活方式这一因素作为重点考虑对象,这意味着汽车驾驶室中需要大量使用各种方便的

---

① 王知津,周鹏,韩正彪.基于情景分析法的技术预测研究[J].图书情报知识,2013(05):115 - 122.

② 曾忠禄.21 世纪商业情报分析:理论、方法与案例[M].北京:中国经济出版社,2018:196 - 197.

应用设施。

（二）情景规划过程中的情报任务

因使用目标不同,各类情报具有不同的特质,例如,预警情报是通过对情报综合分析得出的一种假设性推理判断,从某种意义上说,它是对未来的一种预测,防止遭受突然袭击或重大损失的一种警示信号。支持决策的情报是通过对情报综合分析得出的前瞻性情景化判断(如,未来竞争优势的占有、冲突环境中的方向指引与危险破除等)。其核心目标是为了确定信息含义[1],对不确定的、矛盾和不完整的资料进行解释[2],然后提供有效判断,以此来消除不确定性,发现所需、使用所知、预判未知、创造可能,从而着于眼现在、面向未来、预防意外。通过进攻性和防御性行动,决策情报工作依靠外部获得的有用信息以及内部的信息保护能力来为决策者提供最优决策的补充要素。也即是说,支持决策的情报不是给决策者提供"唯一"的答案,也不是决策代理,而是提出尽可能多的问题,并评估其可行性,由决策者做出最后判断。

在情景规划过程中,情报的主要任务是找出围绕核心问题或核心决策的关键要素及其驱动力量,模拟可能情景,并按情景出现的可能性进行高低排序,通过监测主要指标和先兆事件逐步缩小情景范围[3]。概括起来,这一情报任务主要包括两个部分,即构建情景和情景评估。前者通过情报研究方法(特别是结构化分析方法)对组织发展的外部环境进行扫描、监测和评估,对组织内部的发展环境和发展能力进行分析,并进行内外部环境的比较分析,从而对组织发展中某一特定项目的影响因素及它们之间的因果关系、驱动力量等进行系统分析。情景规划的最终目标是根据关键影响因素,构建这一特定项目发展的各种情景,以此帮助决策主体理解未来、沟通未来。情景评估是对构建的情景进行系统、实时的评估,主要是对情景成立的参考指标进行监测,建立相对应的预警系统,一旦出现可能驱动情景成为事实的指标,便启动预警系统,以此帮助决策主体提前做好应对各种问题的准备。通过情景分析,情报在战略决策中将实现先导性功能。

---

①　Mangio C A, Wilinson B J. Intelligence Analysis: Once Again[EB/OL]. [2019 - 12 - 28]. hops://www.education.psu.edu/drupal6/files/sgam/Intel_Once_Again.pdf.

②　Patterson E S, Roth E M, Woods D. Predicting vulnerabilities in computer supported inferential analysis under data overload cognition[J]. Technology &·Work,2001(3):224 - 237.

③　曾忠禄,张冬梅.不确定环境下解读未来的方法:情景分析法[J].情报杂志,2005(05):14 - 16.

　　曾忠禄教授对美国解密的 24 份关于布什总统期间对苏联国内形势和发展趋势的国家情报评估报告中的情景分析法应用进行了介绍,可以一定程度上说明情报在情景分析中的任务。在 24 份国家情报评估中,至少有 14 份报告使用了情景分析法(有部分关于军事情报分析的报告没有完全解密,无法断定是否使用了情景分析方法),这 14 分报告中,1991 年 6 月发布的关于"苏联未来的含义分析"项目的报告是最为详细地使用了情景分析法的一个报告(见表 4 - 2)。

表 4 - 2 "苏联未来的含义分析"情景分析

情景	基本内容	参考指标
长期危机	·持续存在的形势。 ·现有体制不崩溃、也不会在解决国家问题上有所改进。 ·权力继续下放,但中央不能控制 ·政治僵局。 ·经济艰难前行,处于崩溃边缘。 ·该情景不可能在未来 5 年都持续。	·经济继续恶化,但计划经济并没有崩溃。 ·中央/各共和国对稳定经济或经济改革计划的讨论议而不决,中央追求的是无效的、混乱的政策;各共和国试图执行各自的经济计划。 ·中央政府仍保持活力,但权力稳步下降。 ·中央和共和国不能解决有关中央和共和国的权力分配的关键分歧。
体制变革	·相对较少暴力下体制变革。 ·斯拉夫语共和国和中亚的核心共和国:比苏联更小,军事力量更弱,更多元化。 ·波罗的海国家、格鲁吉亚、亚美尼亚和摩尔多瓦独立。 ·经济遇到麻烦,向市场经济发展。 ·政府日益反映大众的意愿,但挺不过经济混乱问题。	·中央和共和国签署联盟条约和新宪法并开始执行,权力大量向各共和国转移。 ·各共和国掌控了它们自己的经济和政治生活;采取重大步骤推行市场改革。 ·大规模的公众抗议、工人骚乱和各共和国的压力导致中央政府崩溃。 ·改革派/各共和国放弃了同中央通过谈判解决分析的希望,彼此达成多边或双边协议,把大多数权力留给自己,仅为中央保留有限的权力。
倒退	·军队、安全部门和苏联共产党的强硬派实行军事管制式的统治。 ·民主改革和共和国独立的推动力终止。 ·更强的民族主义和改革派的压力依然存在。 ·经济的下行进一步加速。 ·该情景不可能长期持续。	·戈尔巴乔夫或其继承者使用各种必要的武力来保留联盟。 传统派占上风,开始实施政治和经济计划。 ·政权审查媒体,压制个人自由,逮捕或骚扰反对派。 ·政权重新实行中央对经济的控制。

情景	基本内容	参考指标
分裂	• 该体制在暴力、混乱下崩溃。 • 各共和国独立。 • 一些政府反映大众的意愿，另一些更加独裁。 • 许多共和国之间或内部发生战争。 • 经济状况持续恶化，物物交换成为经济交换的主要形式，饥荒流行。	• 中央和大多数共和国的合作停止；各共和国无视中央的指示。 • 中央和各共和国政府越来越无力控制民众对日益恶化的经济、政治状况的暴力抗议，但反对派武力联合起来。 • 各共和国之间的联系急剧萎缩；彼此向对方提出政治、经济和领土要求。 • 计划经济崩溃，各共和国和地方建立新的经济体系的努力失败；经济条件急剧恶化。 • 对军队的控制开始瓦解。 • 种族和劳工的动乱迅速蔓延。

表格来源于相关文献的分析与整理：曾忠禄.21 世纪商业情报分析：理论、方法与案例［M］.北京：中国经济出版社，2018：208-211.

表 4-2 是由美国多个情报部门构建的四种情景，体现了情报在"苏联未来的含义分析"这一项目情景构建中所取得的成果，这是情报部门采用多种情报方法研究的结果。情景仅是未来可能的发展趋势，还没有构成事实，为了持续关注苏联发展的走向，情报部门还应通过监测四种情景的参考指标，来提前预知将成为事实的情景，从而为政府提供早期预警。

（三）案例研究：科技安全维护的情景规划

根据情景规划的基本步骤，本书借鉴王知津教授的相关研究论文所采用的方法[①]，演示一个有关科技安全维护情景规划的简单示例。

第一步：明确项目主题。维护科技安全是科技强国战略实施的基础性工作，科技安全也是总体国家安全观的重要组成部分。与其他领域安全不同，科技安全不仅仅表现在威胁与破坏，还广泛地存在于竞争、合作、突围、创新等多个领域。因此，这一项目所涵盖的影响因素既包括科技内部的问题，也包括科技发展的外部问题。

第二步：分析关键影响因素及其驱动力量。情景分析的实施需要定量和定性相结合的方法。定性方法重点通过专家调查法，借助专家来识别关键影响因素及各因素的重要性，为各因素赋予相应的权重。这其中，专家结构的合理性十分重要，通常认为，如果只调查熟悉的专家，专家数量控制在 21～25

---

① 王知津，周鹏，韩正彪.基于情景分析法的技术预测研究［J］.图书情报知识，2013(05)：115-122.

位;如果不区分熟悉专家和一般专家,则专家数量要控制在 100 人左右①。通过专家调查,首先确定了对于科技安全重要影响的因素,本书依据吕宏玉、杨建林的研究成果,以六个常见的影响因素为例,如表4-3所示。

表4-3　科技安全关键影响因素

科技安全关键影响因素	二级指标（驱动因素）	科技安全关键影响因素	二级指标（驱动因素）
科技基础安全(F1)	·技术研发安全 ·科技成果安全 ·科技投入安全	科技活动安全(F4)	·科技交流安全 ·科技合作安全
科技体制安全(F2)	·科技战略安全	智力资源安全(F5)	·科技人才安全
科技环境安全(F3)	·科技机构安全 ·国际关系安全	科技领域安全(F6)	·网络安全 ·信息安全

这六个影响因素的二级指标实际上又包括若干具体细节内容,这在具体情景分析中均要予以揭示。本书试举一例加以说明:科技基础安全中的技术研发安全包括核心技术攻关安全、高新技术研究安全、人工智能技术安全等;科技成果安全包括科技成果转化安全、专利代理制度安全、知识产权保护安全、高科技出口安全等;科技投入安全包括共享基础设施开放安全、科研经费管理安全、科技项目评审安全等。

第三步:形成情景框架。上述的六个影响因素,理论上应该有 $2^6 = 64$ 个情景,通过专家打分的方法可以去掉一些不太重要或不合理的情景。表4-4给出了专家打分方法模板示例。

表4-4　专家打分方法

项目 评价	科技基础 安全	科技体制 安全	科技环境 安全	科技活动 安全	智力资源 安全	科技领域 安全
高						
较高						
中						
较低						
低						

---

① 程家瑜.技术预测中咨询专家人数、权重和评价意见的讨论[J].中国科技论坛,2007(5):24-26.

该框架通过专家打分来判断某一因素在科技安全维护中的积极反应情况，按积极反应程度分别用高、较高、中、较低、低等定性评判的方式给出答案。例如，某位专家对科技基础安全打了"高"，说明这位专家认为我国科技基础安全总体是向好的，有利于科技安全；如果打了"低"，说明这位专家认为我国科技基础安全性差，不利于维护科技总体安全。情景要求每一位专家对全部因素进行打分判断，情报的任务是对专家的评判进行汇总分析[①]，确定发生概率较大的情景，例如：

$$S_1 = (Y \quad Y \quad Y \quad Y \quad Y \quad Y) \quad P_1$$
$$S_2 = (N \quad Y \quad Y \quad Y \quad N \quad Y) \quad P_2$$
$$S_3 = (Y \quad N \quad N \quad Y \quad N \quad Y) \quad P_3$$
$$S_4 = (Y \quad N \quad Y \quad N \quad Y \quad Y) \quad P_4$$
$$S_5 = (Y \quad Y \quad N \quad Y \quad Y \quad N) \quad P_5$$
$$S_6 = (N \quad Y \quad Y \quad N \quad Y \quad Y) \quad P_6$$

其中 $S_i(i=1,2,3,4,5,6)$ 为可能发生的六种情景，"Y"和"N"分别代表该因素在科技安全中具有积极反应和消极反应，$P_j(j=1,2,3,4,5,6)$ 代表这一情景出现的概率。第一种情景中，专家的评判结果是：六个影响因素均具有较好的安全表现，有助于维护科技安全，这一情景发生的概率为 P_1。

此外，我们还需要对影响因素之间的相互影响进行分析。同样需要采用专家调查法的方式，我们可构建影响因素之间相互影响的矩阵，如表 4-5 所示。专家打分同样采用定性判断的方式，例如"大""中""小""无"等。

表 4-5　影响矩阵

	F1	F2	F3	F4	F5	F6
F1	—	大	…	…	…	…
F2	…	—	…	…	…	…
F3	…	…	—	小	…	…
F4	…	中	…	—	无	…
F5	…	…	…	…	—	…
F6	…	…	…	…	…	—

在上述基础上，特别是根据情景发生概率的大小，我们可构建科技安全发展的情景，如表 4-6 所示，可构建三种发展情景。

---

① 王知津，周鹏，韩正彪. 基于情景分析法的企业危机发展预测[J]. 图书馆论坛，2010(6)：299-302.

表 4 - 6　情景框架

情景框架	形成的条件
情景一:科技安全 形势良好	(1) 科技基础安全水平高。关键技术、核心技术、新兴技术等均进行了技术研发布局,科技成果转化和管理等均具有较高安全水平,科研经费和科研项目管理等均具有较高的安全水平。(2) 科技体制安全水平高。科技强国战略、科技兴贸和创新驱动发展等均具有较高的安全水平。(3) 科技环境安全。科研机构、高等院校、高新技术产业园区等建设与管理维持在较高的安全水平,全球科技资源管理、国际科技话语权等安全水平高。(4) 科技活动安全。科技人员交流、科技合作等方面安全性高。(5) 智力资源安全。科技人才培养与引进管理、智库建设等安全性高。(6) 科技领域安全。网络安全和信息安全水平高。
情景二:科技安全 形势一般	上述六个因素的安全态势全部或大部分维持在一般水平。
情景三:科技安全 形势差	上述六个因素的安全态势全部或大部分维持在较差水平。

第四步:指导战略决策。对于情景一,科技安全形势良好的情景中,各因素均呈积极信号,为了维护科技安全,国家应进一步加大力度继续促进六大影响因素向积极方面发展,在这一情景中最重要的是进行竞争情报系统建设和反情报系统建设。对于情景二,我们要深入挖掘各因素可发展的空间和潜力,除了创造有利条件推进外,还要深入分析各因素之间的影响关系,试图通过优化并强化这种影响关系,来提升各因素的积极性反应水平,在这一情景中要重点建设竞争情报系统和情报预警系统。对于情景三,各因素积极性反应水平较差,可以说科技安全处于高风险或危机状态,国家应从顶层设计角度加强法律、体制、机制等方面的建设,这一情景的主要任务是将科技安全风险水平尽量降为最低,也即是将主要精力放在科技安全上,暂时不去考虑科技发展问题,采取的是防御型策略。在这一情景中将集中精力建设科技安全预警系统。

本书以科技安全为例对情景规划步骤进行了简要演示,需要说明的是,本案例只是进行了简单的分析,目的是展示情景规划的过程和步骤,因此,案例中涉及的分析内容和结果是笔者主观构想而不是客观实践的产物。

二、情报需求管理

图 4 - 18 具体描述展现了情报运行过程中需求管理的总体结构。

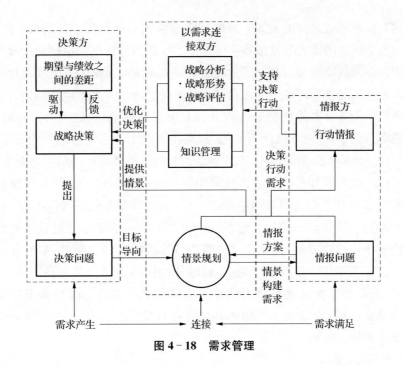

图 4 - 18　需求管理

(一) 决策与情报连接的两个关键需求环节

1. 战略分析

战略决策是组织与其环境之间相互作用的反应,展示的是高层管理者对组织与环境之间关系的一种主动管理,建立在组织对环境发展的理解和预测基础之上。战略分析揭示了导致环境变化的因素[①],识别了潜在因素并研究它们的影响[②],战略决策根据内部和外部环境的分析结果,来指导组织制定战略,进而推进组织实现战略目标[③],因此,战略分析在战略决策中发挥着举足轻重的作用。通过战略分析,我们不仅要寻找未来的具体特征,更重要的是要发现导致环境变化的因素。因此,战略分析的作用主要集中于审查导致环境变化的关键因素及其影响,从而能够预测环境的变化。战略分析的基础不仅是区分过去、现在和未来的能力,更重要的是区分各因素权重的能力。战略差距评估是战略分析中的核心内容,在规范的战略决策模型中,收集信息的主要目的就是

---

① David F R. Strategic management：Concepts and cases[M]. Harlow, UK：Pearson, 2013：456 - 458.

② Sternberg R J. Cognitive psychology (6th ed.) [M]. Belmont, CA：Wadsworth Publishing, 2011：326 - 328.

③ David F R. Strategic management：Concepts and cases[M]. Harlow, UK：Pearson, 2013：489 - 492.

确定目标和绩效之间的差距。战略差距是组织与外部环境之间关系的缩影，它侧重于组织的能力与其最重要的外部实体之间的匹配。战略差距反映了本组织目前的战略地位与其期望的战略地位之间的不平衡[①]，它是通过比较组织的内在能力与外部环境中的机会和威胁来确定的[②]，如果本组织的能力充分致力于利用所有可察觉的机会并避开所有可察觉的威胁，就不会有战略差距。但现实情况中，这种可能性不大[③]。战略决策的本质是攻防之间的妥协，是在充分认识战略差距的基础上，在内部资源和外部条件巧妙利用中寻求平衡[④]。

对环境的感知是决策者在决策中首先关注的问题。正如商业情报是企业有关竞争对手和竞争环境的情报一样，决策情报是组织关于其他组织、个人和生存发展环境的情报。组织战略决策的第一步就是通过信息的掌握和判断来评估战略差距，由此驱动战略决策过程的运转。因此，战略分析对情报的需求主要集中于环境信息上，通过环境扫描、监测、预测和评估，为组织认识、理解和掌控发展环境提供支持。这是组织在进行战略决策中不可逾越的重要过程，情报活动可利用其自身在环境情报分析上的优势与战略决策建立连接。

2. 知识管理

外部环境在战略决策制定中固然十分重要，但组织内部情境同样在战略决策中发挥着不可替代的作用。组织内部情境一方面来自决策主体，如决策者的有限理性、直觉和政治化因素等；另一方面来自组织管理，如组织结构和组织文化等。我们没有办法代替决策者做出决策，我们甚至有时在干预决策者思想上都显得力不从心（如决策者的政治化倾向、决策者无法避免的有限理性等），但是，为了提高决策的科学性，我们需要着眼于服务决策而不是服务决策者来尽量降低决策过程中的主观性偏差。这个时候我们需要做的是进行知识管理，通过知识管理来为决策者思想的建构和组织内部的知识共享提供帮助，从而优化战略决策。

此外，战略决策是一项涉及范围广、持续时间长的工作，而组织发展环境却是高度动态变化的。这就意味着一项战略决策付诸行动之前，战略决策

① Harrison E F. Policy, Strategy, and Managerial Action[M]. Boston, MA: Houghton Mifflin, 1986:383.

② Hofer C W, Schendel D. Strategy Formulation: Analytical Concepts[M]. Saint Paul, MN: West Publishing, 1978: 47.

③ Harrison E F. The concept of strategic gap[J]. Journal of General Management, 1989, 15(2): 57-72.

④ Leontiades M. Policy, Strategy and Plans[M]. Boston, MA: Little Brown, 1982:123.

制定的条件可能就已经发生改变,或者在战略决策制定的过程中,环境也在实时地发生着变化。从这个意义上说,组织在制定战略决策过程中,不可能完全按部就班地按照决策过程既定的环节顺序开展。这要求战略决策制定应该采用动态循环的方法,涉及不同层级、不同内容的决策之间的统筹、平行和交融。图4-19从问题和时间维度展示了战略决策制定过程中,决策之间的三种联系方式:先前联系、后续联系和横向联系。

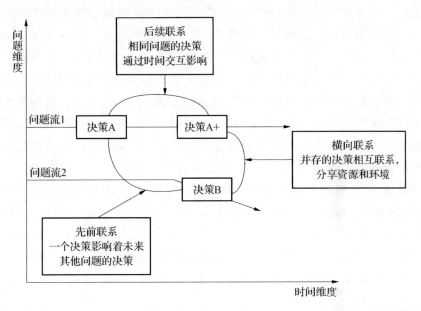

图4-19 决策之间的联系

图片来源:Ann Langley, Henry Mintzberg, Patricia Pitcher, et al. Opening up decision making: The view from the black stool[J]. Organization Science, 1995.

先前联系描述的是不同时间的不同问题,并且,在同一组织内一个问题的决策影响着后续其他问题的决策;后续联系描述的是同一问题在不同时间的延续和变化;横向联系描述的是同一时间的不同问题具有相同的发展背景。因此,一项战略决策实际上是问题和时间维度保持连续的多个决策的综合体。而这样的综合体必须通过知识管理的方法进行统筹和交融,为最终的战略决策制定提供依据和学习平台。

(二) 决策问题向情报活动的转化

情报流程的运转从根本上讲需要建立在两次转化基础上:第一次转化是决策问题转化为情报需求问题;第二次转化是情报需求转化为情报实现

问题(即情报活动),其中第一次转化以情景规划为中介,第二次转化的绩效控制也是通过情景规划来完成的(见图4-20)。这两次转化的动力来源于决策情景构建需求的驱动作用,这可以从三方面理解:一是不同的决策问题催生了不同的决策情景,构建不同的决策情景产生了不同的情报需求,而不同的情报需求需要不同的情报活动来实现;二是同一决策问题的情况下,因决策主体主观认知变化和环境变化,会导致决策情景的变化,决策情景的变化促使情报需求的变化,情报需求的变化也会导致情报活动的变化。影响决策问题的要素包括决策主体特征、决策环境和决策本身的特征。决策主体特征主要在于决策主体对信息认知的有限理性,他(们)对情报的需求主要是通过尽可能多地获取情报来弱化有限理性带来的负面影响,决策主体在决策过程中的有限理性是不断增加的过程,因此也带动了情报获取需求及其实现的变化;情报在决策环境中的作用主要是通过情报感知和刻画使决策主体对决策环境有个深刻而全面的认知,决策环境的发展变化也会带来情报感知和刻画的变化;决策的多阶段性和复杂性使情报需求产生多变性特征,变化的依据需从情报活动作用于情景后,在决策的反馈中获得。三是情报活动的产生是以决策需求为导向的,这种导向性在决策主体特征、决策环境和决策本身特征三者作用下,具有特定时空特征的情景性指向,这种具有情景性特征的导向即是需求驱动的作用,情报人员根据这种基于情景性的需求付诸情报行动。

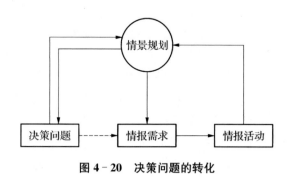

图4-20　决策问题的转化

(三)情报需求管理的操作性建议

为了使决策问题能够有效转化为情报问题进而主导情报活动,情报工作者应重点考虑以下三点操作性建议。

1. 精确定义情报问题

一位资深的政策用户对有关的情报失误做出了这样的评论："有时候,情报官认为是重要的却并不重要,而他们认为不重要的却十分重要"[①]。详细了解用户向情报分析人员提出的问题是情报流程最开始也是最重要的一步,识别情报需求的最终目的也是为了定义真正的情报问题。了解情报问题并不能够完全依赖用户所提出来的表面的描述,更为重要的是确定用户开展情报分析的原因或目的是什么,所产生的分析结果将支持什么样的决策,这有助于情报人员从深层次把握用户所不能够表达出来或没有意识到的问题。在情报活动开始实施前,要花较多的时间创建解决问题的思维模型,要善于利用批判性思维。通常而言,对情报问题进行定义,可以从回答以下五个问题开始[②]:何时需要得出结果(保证情报服务的时效性),用户是谁(了解用户的真正需求及其背后的更深层次的需求,以及形成的原因、背景等),用途是什么(情报产品用于支持什么样的决策),用户需要什么形式的情报输出或产品,真正的问题是什么(了解问题背后的问题、原因、影响因素、形成背景等)。诺贝尔奖获得者恩利克·费米提出一种问题定义的方法,即处理一个看起来十分棘手的问题时,将其分解为一系列可处理的子问题(即从战略到任务)[③]。这样的问题定义也改变了信息搜索的方向,有助于改善解决某一问题时信息缺乏的状况。此外,精确定义一个情报问题需要多种信息、多种影响力量的输入,这不仅要情报工作者注意它们的融合,还要分析不同信息渠道获得的同一信息内容的相互补充和佐证,以此揭示情报问题的真实面貌。

另外,情报人员需要树立这样的意识:识别情报需求是用户和情报人员共同的责任,而不是任何单方的行为。进行情报需求管理时需要特别注意以下两个问题:一是要鉴别用户需要的是情报还是信息,如果他们需要的信息在相应专业部门可以获得,那么就推荐给他们相应的信息源(例如,统计信息可通过统计部门获得等)。从信息角度看,情报工作提供的信息或其他部门所无法直接提供的,或"可行性信息"可以支持用户进行具体的决策行动。二是很多时候用户并不能清晰界定其情报需求,或者不能清楚表达面对未来决策和行

① Stew Magnuson. Statellite data distribution lagged, improved in Afghanistam[J]. Space News, 2002(9):6.
② 罗伯特·克拉克.情报分析:以目标为中心的方法[M].马忠元,译.北京:金城出版社,2013:37-38.
③ Hans Christian Von Baeyer. The Fermi Solution[M]. Portland:Random House, 1993:98-102.

动所需的情报,甚至对情报需求保持沉默或不知所云。这个时候在识别用户情报需求时的建议是,由情报人员来帮助用户界定情报需求,实现的方法可包括如下两个方面:一是提供给用户一些经典的案例或正在出现的具象态势等,以此来指引用户聚焦关键情报需求;二是尽量迅速给出情报分析的初步结果,以此来提供用户一个直观的认知,进而使其情报需求的认知不断深刻和具体。

2. 识别情报需求的途径

确定战略性情报需求信息既需要国家层面的整体性分析,又需要区域与行业层面的针对性分析;既需要静态观察,又需要动态预测。这不仅需要广泛的专家调查、多类型文献分析、典型案例分析,还需要借助网络爬虫技术、大数据技术以及其他相关学科(统计学、概率论、预测学等)的理论方法。例如,在国家层面的战略决策支持中,情报人员以使用基于语言模型的主题抽取法为基本识别方法,以重要领导讲话的多类型资料(包括文本、音视频)和开放政府数据为基本数据源,对情报需求进行识别与预测。又如,情报人员可以采用典型案例分析法,以“一带一路”、总体国家安全观和创新驱动发展战略为案例,提取情报需求识别的训练语料,来获取面向决策支持的情报需求。

3. 确定情报需求的层次

为了满足情报需求,我们还须紧紧围绕这一核心问题:我们能为用户提供什么情报(信息)? 这涉及的是我们所提供的情报(信息)是否能够匹配用户的需求以及我们的能力问题。实际工作中,即使是战略决策也具有不同层级的情报(信息)需求,情报人员必须根据不同的决策需求层次提供相对应的情报(信息),这一过程,一方面增加了情报价值,另一方面也增加了情报工作对于决策者的影响,从而使决策者更加信任和依赖情报人员(如图4-21所示)。

在决策与情报的现实关系中,情报人员能够获得决策者信任是情报能够发挥作用的基础。战略决策决定了组织的未来发展,在没有取得充分信任之前,决策者很难将这样重要的任务完全放心地交给情报人员。取得决策者信任并非一朝一夕能够实现的,需要长期的业务交流。因此,情报人员要多关注组织多样化、多层次的情报(信息)需求,在满足这样的需求中与决策者建立信任甚至依赖关系。图4-21展示了决策需求的层次以及相对应的情报任务。其中,处于最底层的需求是一种信息需求,这种信息需求具有临时性和碎片化特征,通常存在于组织的日常运作中,是在战略决策制定还没有进入决策流程

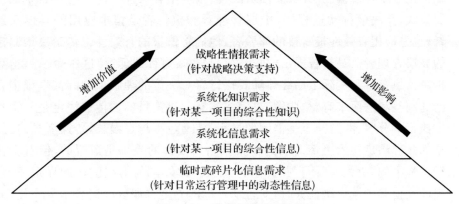

图4‐21　决策需求的层次性

前的一种零散性的信息需求(例如,一些统计数据、环境动态、竞争者个人资料,等等)。情报工作提供信息的方式包括反应式的和主动式的,前者是情报人员被动地接受决策者突然提出的信息需求,后者是情报人员主动将有价值的信息提供给决策者。处于第二层的需求仍然是一种信息需求,但更加系统化,它是组织为了完成某一特定项目而需要的信息。这一层次的信息重点在于提供系统化的环境扫描与监测,为组织针对这一项目的发展提供环境信息支持。第三层的需求上升到了知识维度,此时需要情报工作能够提供针对某一特定项目发展的系统化知识,特别是通过可以自助式服务的知识库建设,为组织学习提供平台。最高层的需求进入了价值最顶端,即战略性的情报需求,主要应用于战略性的决策需求,这也是情报人员需要将大部分时间付诸于此的领域。通过前面的多层次、长期性的与组织沟通交流,决策者与情报人员已建立了一定的友好关系,情报人员被信任的水平也得到了提升,这个时候情报人员就可以与决策者共同就组织未来的战略发展进行情景规划,从而为组织模拟战略决策,并达到优化战略决策的目的。

4.确保组织内部情报需求的协调性和一致性

战略决策是组织层面的活动,需要多个部门的通力合作,它通常由高层管理者制定,然后向不同部门的中层管理者和执行者传达。战略决策的绩效反馈过程则恰好相反。高层管理者的情报需求更为宏观、系统和具有前瞻性,中层管理者和执行者的情报需求更为具体和现实,往往针对某一具体问题深入下去。正因为组织内部对情报需求的侧重点和需要解决问题的差异性,情报工作必须对不同层级和不同部门的情报需求进行统一协调,以保证情报需求在总体上的内部一致性。情报应用有效性反馈是一种自下而上的模式,在决策行动过程中,中层管理者和执行者是情报应用的具体实践者,也是应用有效性最直接的体验者,他们将情报的有效性上传给决策制定的高层管理者。马奇曾提出"执行过程是决策过程的延续"这一命题[①],他意指决策执行过程实际上始终伴随着执行者对决策的理解、解释,甚至根据自己的利益和意愿来有意"曲解"决策的本意。决策目标的传递注定是一个易被执行者分解、曲解甚至是消解的过程,传递过程越是漫长,传递者越多,越是如此。满足初始决策需求的情报供给所发挥的效用是短暂的,但对于执行过程中的"决策者"而言并无多大意义。此外,"与组织使命的界定相似,当涉及公共领域大型任务时,对行动目标的界定也如效率概念本身一样,充满了弹性",这说明决策目标本身并非如白纸黑字般明确,而是一个充满弹性的动态模糊的概念。当一个决策目标转化为具体任务或行动目标时,每一个执行者(决策者)都可能在一定空间范围内改变决策的目标指向。而通常情况下,在情报支持决策的过程中,情报人员将主要精力放在高层管理者身上,他们开展的情报有效性评估的对象也大多局限于高层管理者。不难看出,实际上,情报人员所获得的反馈是"二手信息",并非直接从底层的执行者处获得。因此,为了能够全面而真实地获得情报应用有效性的反馈信息,我们就需要确保中层管理者和执行者的反馈信息能够如实地上传至高层管理者,高层管理者也能够将其从底层执行者获得的反馈如实地传递给情报人员。这两个过程实际上都可能存在着不一致的风险,这是由个人主观认知局限、偏见以及对问题界定模式差异等因素导致的。

为了确保组织内部情报需求的协调性和一致性,情报人员在进行情报需求管理(重点是识别和反馈)时,要将用户范围从高层管理者拓展到中层管理者和执行者。也就是将决策制定过程中的利益相关者均作为情报用户,并在发现他们之间存在不协调、不一致时,能够找出原因所在,通过不断地与他们沟通交流,直至达成一致性和相互协调的情报需求为止。这一过程可以采用问卷调查和访谈法相结合,以决策目标为指引,以决策问题本质为核心,来统一他们的思想和认知。

三、面向感知的情报搜集与分析

面向感知的情报搜集与分析从动力上看,强调的是主动性而不仅是被动

① 汪先明,吴强,严萍.试评二战中英美对德战略轰炸[J].南昌大学学报(哲学社会科学版),2009(2):128-132.

地接受;从过程上看,它强调假设作为逻辑起点,突出综合性研究和分析结果的情节性及其内部的连贯性和一致性;从方法上看,它侧重于人的思维在情报搜集与分析中的重要功能和地位。总体上,面向感知的情报搜集与分析强调的是发现"我们未知的未知情报",而不是仅仅停留在对"已知的已知情报"的分析、"已知的未知情报"探索和"未知的已知情报"激活中。

(一) 情报任务感知

通常而言,情报任务来源于决策中的情报需求,情报需求识别从宏观上看无外乎两种方式:直接识别和间接识别。前者主要通过各种与决策者直接沟通的方式来获得情报需求,如直接针对决策者的问卷调查和访谈法等;后者不会直接接触决策者,而是从与决策者密切相关的信息源中获得情报需求,如决策者的人际网络、决策者日常管理活动与演讲报告活动等。不难看出,无论是直接还是间接的情报需求识别,目标紧紧围绕决策者。而无论决策者采用何种方式表达自身的情报需求(包括刻意的直接表述和无意间的行为流露),基本都是建立在自身对决策及其环境的理解之上。前面提到,决策者在战略决策中具有有限理性、直觉、偏见等很难由自身克服的主观性的认知偏差。不仅如此,决策者在描述自身情报需求的过程中也同样存在着认知不清、描述不明和保持沉默等实际情况。不能客观、全面地识别战略决策制定的情报需求,也就无法明确情报活动的真实任务,从而限制了情报支持决策的效率。

1.情报任务感知的级别

借助于感知的理念,我们在情报流程中的情报搜集与分析这一环节提出了情报任务感知这一情报活动,目的就是能够客观、准确、全面甚至前瞻性地获取战略决策需求,从而更加符合实际地,并具有引导性地规划情报任务。图4-22描述了情报任务感知的级别和基本过程。

情报任务感知包括三级别:第一个级别是理解,这与以往情报周期(流程)的情报任务规划环节并无太大差异,就是被动接受决策过程中传递过来的情报任务,这样的情报任务通常是显性的、直接的。情报搜集与分析是对这些任务进行理解和分解处理等活动,按序进行分析即可。第二个级别是洞悉,洞悉是更深一层次的理解,蕴含着直觉、判断和预测等活动,它主要是从被动接受的显性或直接的任务中,通过直觉和判断"读出"隐含其中的隐性情报任务,并通过预测来挖掘潜在的情报任务。完成这样的情报感知任务,不仅需要情报人员具有较强的专业功底,还需要他们与决策人员进行广

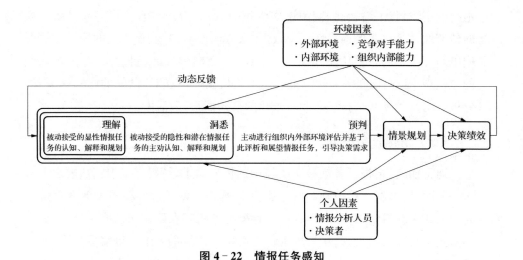

图 4 - 22　情报任务感知

泛的沟通以及对决策人员密切关注的领域和环境等进行深入的分析。第三
个级别是预判,这是情报任务感知的最高境界,也是发掘具有引导性情报任
务的关键活动。这一级别的情报感知已经不满足于以直接的方式为核心的
情报任务获取,情报人员主动进行组织内外部环境的扫描分析,以及竞争对
手和组织能力的对比分析等,来前瞻性地预判情报任务应该是什么。他们
不仅仅关注现实的情报任务,而力求使前瞻性的情报任务实现对组织战略
决策的引导。

　　这三个级别的情报任务经由情报流程的情报搜集与分析、情报产品生产
和情报产品传递等环节,在情景规划中得到映射,并作用于战略决策中,对战
略决策形成绩效影响。情报人员通过对这种影响的评估,动态反馈给新一轮
的情报任务,从而不断地更新和完善情报感知任务。

　　2. 情报任务感知的影响因素

　　影响情报任务感知的因素主要包括环境因素和个人因素。全面准确的情
报任务感知必须重视战略决策环境的感知,这也是将情报任务从识别或界定
这一层次上升到感知这种高阶层次的核心旨意。也就是说,为了能够获得比
较完善而又具有引导性的情报任务,情报工作必须注重环境感知,而不仅满足
于决策者直接或间接传达的情报任务,这是客观地完善组织战略决策中的情
报需求,也是战略决策复杂化和科学化的必然要求;就个人因素而言,鉴于战
略决策制定和情报分析过程中广泛存在的决策者和情报人员的有限理性、直
觉和认知偏见等主观因素,克服决策制定过程和情报分析中的个人主观缺陷

本身就是情报任务感知的一项主要内容。它将建构相关人员的知识体系,更新他们的初始认知等活动作为一项情报任务,一并纳入情报流程的运转过程中。

3. 情报任务感知对于情报分析的意义

感知既是一种行为,也是一种理念。作为一种行为,感知界定了情报分析的方法论。感知是"人"的行为,机器固然可以实现感知,但机器没有"感觉",也不能"情感化地知道",机器的行为无非是通过大量的数据分析和语料训练来模拟人的感知,而数据分析的范围和语料库的设计归根到底还是由人来完成的,从这个意义上说,机器所做的感知无非是人要求它成为的样子。正因如此,基于情报任务感知的情报分析需要的是结构化的分析方法,这一方法体现了人的主观能动性,使之与战略决策特征相匹配。作为一种理念,情报任务感知统领了情报分析过程中的各个具体环节,要求情报分析中的情报搜集和处理环节等都要围绕感知这一理念开展。对于情报搜集而言,一方面我们要对现有数据进行推理、归纳,试图发现其中蕴含的更深层次的价值,或以前没有利用到的价值,实现现有数据资源的翻新使用,这个过程可以很好地发挥数据技术和人工智能技术的优势;另一方面要感知情报源,敏锐地捕捉那些与决策需求密切相关的情报线索和素材,甚至是微弱信号,来见微知著地判断情报源更深层次的价值(例如,一片小小的芯片就可能代表着这个国家的整个工业技术体系水准)。

(二) 结构化情报分析

1. 结构化情报分析过程

情报分析既是一门科学,也是一门艺术。2003 年,《纽约时报》专栏作家兼政策评论员布鲁克斯认为,中情局严谨的社会科学方法论并不是满足决策者信息需求的最有效方法,因为它没有考虑到人类行为的无形方面,这些无形方面的根源不是理性决策,而是文化规范或独特的个性[①]。本书认为,结构化情报分析展现了情报分析作为科学与艺术的统一。结构化的情报分析过程力图将本来隐性的思维过程显性化、具体化,使其他人能够共享和评判这一过程,整个结构化分析过程贯穿着批判性思维,它为避免情报失误和失察提供了保障。本质上,情报分析是一种专家行为,与新手相比,专家的优势在于:能够透

---

① David Brooks. The Elephantiasis of Reason[J]. The Atlantic Monthly, 2003, 29(1):34 - 35.

过信息的表面认识到信息背后的含义,能够更深刻地揭示问题,能够对有意义的模式更具敏感性,能够预防性地发现线索而不是被动地等待,能够确定什么是重要的、什么是没有那么重要的……结构化的情报分析过程是训练情报人员向专家型分析人员发展的一种重要途径。从情报分析的角度看,信息具有两大特性——时空性和非独立性。信息的时空性要求,在进行情报分析时要将信息与其环境属性相结合,而不能脱离其所在的环境。信息的非独立性表明,信息需要人的主观诠释和意义建构,具体表现在三个方面:同一用户所面对的同一信息,在不同环境中应具有不同的意义;同一环境中的同一信息,不同用户对其具有不同的理解;信息用户所理解的信息含义不完全等同于信息提供者生产信息的本意①。信息的两大特性要求,在进行情报分析时对信息进行有效分类,并对分类的信息进行组合,形成一个连贯性和一致性的情节。结构化的情报分析充分认识到了信息的这两大特性,试图利用人的主观能动性来赋能信息,使信息更具建构性意义。此外,情报分析的任务绝非是现象和事实的简单罗列,而是回答或者主动提供与决策密切相关的问题,如存在什么问题? 这个问题以前是什么状态? 现在是什么状态? 为什么会发生如此变化?未来将向什么方向发展? 主要竞争对手将要或正在采取什么行动? 己方应该采取什么行动来应对? 等等。这些分析均需要建立在情报人员的思维模型基础之上,结构化的情报分析充分重视和体现了人的思维模型在情报分析中的重要作用。

从过程角度看,情报分析分为数据驱动的情报分析和假设驱动的情报分析。结构化的情报分析属于假设驱动的情报分析范畴,图 4-23 描述了结构化情报分析的基本过程。

(1)重视建立情报假设模型

军事情报家卢瓦亚斯断言:成为一个军事天才的秘密就在于在任何情况下都可以做出合理的假设②。他在《兵法概论》一书中共讲了 7 个问题,其中所做的假设就有 200 多个③。卢瓦亚斯将假设法用于军事智慧,产生出一种未来之事先知的功能。实际情报分析中,我们会面临各种复杂环境和力量的交织影响,这对情报分析过程和结果造成了很高的不确定性,在这种情况下,影响情报工作成功

---

① 乔欢,周舟.意义建构理论要义评析[J].图书馆杂志,2007(05):8-10.

② Jay Luvaas. Napoleon's use of intelligence:the Jena Campaign of 1805[J]. Intelligence and national security,1988,3(3):40-54.

③ 高金虎.军事情报学[M]. 南京:江苏人民出版社,2017:24.

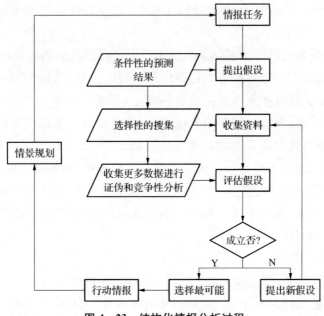

图 4-23　结构化情报分析过程

的重要因素之一是情报工作人员的假设(包括思维模式、观念、看法等)[1]，如果没有假设做指导，任何人都无法把"噪音"从"信号"中挑选出来[2]。情报假设是一种推测，这种推测一般建立在已知事实基础之上[3]，推测的结果需要通过相应的证据来加以检验[4]，也就是说，假设有可能是正确的，也有可能是错误的。情报假设不但影响情报工作人员的搜集工作，而且影响他们对情报的理解，决定了情报工作人员能看到什么、看不到什么、看到的是什么、看到的不是什么。假设最容易受到人的潜意识和有限理性的影响，因此，情报工作人员在提出假设后应运用批判性思维提出如下几个问题：导致我定位这一目标或得出这个结论的假设是什么？支持我的假设的客观证据在哪里？这些证据是否可靠？这些证据所产生的对结论的影响力量是变化的还是恒定的？等等。那么，何为证据？如果一份资料包括的信息可以增加或减少一个或多个假设的可能性，那么这份资料就与假设存在相关性，便可称之为证据，证据之间可能相互支持或补充，也可能相互冲

①　曾忠禄. 情报收集与分析中的假设分析：方法与案例[J]. 情报理论与实践，2014,37(09)：1-4.

②　Roberta Wohlstetter. Peal harbor：Warning and decision[M]. Standford：Stanford university press，1962：56.

③　Mcdowell D. Strategic intelligence：a handbook for practitioners，managers and users[M]. Cooma，NSW：Istana Enterprise Pty. Ltd，1998：151-152.

④　Heuer R J. Psychology of intelligence analysis[M]. Washington DC：Center for the Study of Intelligence，Central Intelligence Agency，1999：230-234.

突。通过这一系列的问题我们跳出固有思维和认知的局限,将合理性的假设变成我们的行动目标。

美国著名情报学家霍耶尔提出了建立情报假设的四种方法[①]:一是情势逻辑法,就是根据当前情势的各种信息来判定情势之间的关系,特别是因果关系,从而根据这些关系来提出各种假定(情景);二是理论分析法,通过归纳演绎等方法,发现事物中的关键要素,特别是对大量相同或相似的案例进行辨识分析,其中最重要的是指标—征候分析法;三是历史比较法,通过与历史维度的相关事件进行比较来寻找特征和规律;四是侵入信息法,即不将信息置于任何预设的模式中,避免先入为主地侵入信息之中寻找答案。除了这四种方法,通过不同专业从业者的头脑风暴法来建立假设同样是一种十分有效的方法。

(2) 收集资料

通常情况下,情报搜集人员应该对情报分析的需求做出回应,而不是以独立或机会主义的方式行事。在结构化的情报分析中,情报搜集是建立在假设基础之上的,情报假设规定了情报搜集的范围和方向,从而有选择性地进行情报搜集。在进行信息搜集与处理过程中,情报搜集人员要注意避免陷入细节陷阱,不能过分地关注细节信息,要带着全局性的思维和系统性的观点去处理宏观的信息,而不是关注操作性的和局部性的数据,这是由战略决策本身的特征决定的。避免误入细节陷阱,需要情报人员具有抽象概括的能力(能够对抽象事物进行深刻而系统的思考)、把握全局的能力(能够以全局眼光把握事物)以及洞察力(能够突破不完全信息的限制,甚至能够从相互矛盾的信息中发现价值),此外,情报人员的长远目光(能够着眼于长远利益而不是眼前利益)也很重要。

为了掌握情报的收集,我们务必在一起步时就自问下列三个关键问题:我们真正了解了多少? 我们知识的基础真的有代表性吗? 我们估计的数字与判断稳当吗?[②]

(3) 评估假设

评估假设需要进一步搜集更多的信息来对假设进行验证。重要的是,在评估假设中,要围绕假设的证伪来开展,也就是说我们最终确定的最有可能的假设并不是有很多证据证明它是对的,而是有很少的证据证明它是错的,由此可以避

---

① 理查德·霍耶尔.情报分析心理学[M].张魁,朱里克,译.北京:金城出版社,2014:60-79.
② 乔迪.兰德决策[M].成都:天地出版社,1998:382.

免我们思维的主观性偏向。竞争性假设分析法是假设评估的一个重要方法。

我们在竞争性假设分析中(如图4-24所示)遵循七步流程。第一步,确定可能的假设。重点是要区分尚未证实的假设和已经证伪的假设,前者是具有应用潜力的假设,后者是将被放弃的假设。同时,要合理控制假设的数量,避免假设太多影响分析效率或假设太少忽略某些可能性。第二步,列出支持或反对假设的证据。值得注意的是,首先要列出所有假设的通用证据,这是战略决策的战略性和宏观性决定的。所有的假设均应匹配特定的战略发展环境,这是保证战略决策一致性和协调性的重要举措。其次,根据不同的假设内容提出针对性的证据,要不断地搜集更多的数据来填补证据空白。第三步是最重要的一步,即列出假设与证据矩阵,以评估证据的诊断价值,分析证据对于假设验证的可能性作用的大小,建立假设和证据之间的联系,明确各假设下支持或否定的证据。第四步,在第三步证据矩阵分析基础上,重新思考假设,剔除没有诊断价值的证据,评估是否仍存在没有搜集到的证据。第五步,整体性研究每个假设,对假设进行证伪性分析,最终确定有可能出现的假设。第六步,将假设结果如实提供给决策者,为提交的每项假设提供可能性分析。第七步,不断地监测诊断指标来预测假设的发展,并通过新指标来更新以往假设,建立新假设。

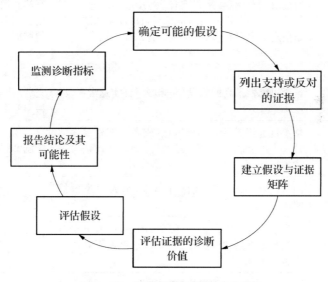

图4-24 竞争性假设分析法步骤

2.情报分析中的思维局限

思维是行动的先导。钱学森先生曾提出,情报是思维的产物;吴晨生研究员也曾认为,情报是人脑做出的有价值的判断。虽然这是对情报的界定,但本质上均体现了情报分析的过程,情报分析本身会受到思维的显著影响。通常而言,情报分析所需要的三种基本思维能力是:信息分类、模式识别和推理。信息分类是情报分析的基础,要求能够根据信息的性质、价值和决策需求进行有效分类,这对情报分析具有启发性作用和类比性效果;模式识别可以让分析员将重要的部分从不太重要甚至毫无意义的部分区分开来,从而使看上去混乱的局面形成有序的概念;推理在于对信息价值的挖掘能够做到由此及彼、由表及里、由有限到无限。这些思维能力的培养固然重要,但最为重要的是避免情报分析中的思维局限。表4-7列出了情报分析中常见的思维局限。

表4-7 情报分析中的思维局限

类型	表现	影响
思维定式	思维过程简化,总是偏好某一种以前的思路,总是习惯于按以前的模式进行思考。	限制创造性思维。
认知相符	当自己清楚发生的事情时,认知就很难被改变,新信息的融入大多是用来证实认知的正确性的。	限制认知能力。
选择性认知	对信息刻意选择,愿意选择生动的、具体的、更容易理解的信息。面对新信息时将以往认知建构在新信息上,使新信息同化于已有认知图景中。	失去新信息本来应具有的发现功能,更多的信息仅仅是一种的量的增加,而没有导致新认知。
满意策略	选择可能性最高的假设,并倾向于证实这个假设。	容易导致假设评估不充分,甚至产生并应用错误假设。
愿望思维	基于自身愿望目标解释信息;或者过度乐观地估计别人可能的行动;或者过度悲观地估计别人可能的行动。	限制客观性思考。
团体迷思	团队存在传统思维或保守思维,个人很难挑战团队。	限制创造性思维。
镜像思维	认为对手也会像自己一样思考问题;所有分析对象的行为都是理性选择的结果;自己做不到的别人也做不到。	对竞争对手的认识不深刻甚至错误。
锚定思维	过度信赖或过度重视他们听到的第一条信息。在后续信息或证据与最早的证据相比较时,分析人员经常会无意识地怀疑新的证据是支持最早的证据,还是反对这一证据,从而使最早的信息成为调查的中心。	限制分析计划调整的幅度和分析中思考空间。

避免思维局限的最有效方式就是将批判性思维贯穿于情报分析的始终。批判性思维是一种对事物的反思和评判,是关于思考的思考。思考的对象通常包括概念、判断、推理和论证,时刻对情报分析中的这些要素进行批判性思考。我们在进行批判性思考时,一是要建立合理的思维模式,所谓的合理重点在于考虑各种可能的思维模式,避免先入为主;二是要多维度多视角思考,包括从竞争对手的立场进行思考;三是要避免急于下结论,结论出来之后要进行反复推敲与验证;四是要强调分析过程的可见性和可回溯性,一旦出现情报分析失误或失察,可通过回顾整个分析过程找出错误点或失察点;五是要结合竞争性假设分析和替代分析等结构化分析方法确保每种可能都被公平对待,而不能只关注事先主观臆定的可能。

此外情报人员还应重视预测性分析和敏感性分析相结合,也就是说,针对某一个项目,我们要形成这样的思考——如果这个项目的某一个重要变量与预测不符,会发生什么情况? 通过这样的思考,跳出我们固有的思维习惯,从其他角度看待我们所分析的对象。

3. 重视预测性分析

预测性是情报决策支持功能的核心要义。谢尔曼·肯特认为,情报包括三类:基本描述类、动态报告类和预测评估类[1],服务于预测评估是前两类情报的主要任务之一。前美国国家安全顾问布伦特·斯考克罗夫特曾指出,情报判断应该提醒决策者有哪些力量在起作用,趋势是什么,以及他必须考虑哪些可能性[2]。美国国家情报总监办公室的著名情报学家罗伯特·克拉克认为,真正的情报分析总是预测性的[3]。可见,对未来发展做出预测是情报最重要的功能之一已在情报界获得共识。作为对未来发展的一种前瞻性判断,预测具有一定的难度。预测所依据的基础大体上包括两类,一类是连续性信息,另一类是非连续性信息。前者是一种延续性的发展趋势预测,是建立在对历史事件的归纳演绎基础上的趋势外推,这种预测相对较为容易,如某几种天文现象总是会引发另一种可预测的现象。而非连续性信息却存在较多变数,变数来源于原有影响力量的复杂变化、未知新力量的加入,以及各力量之间的相互影

① 谢尔曼·肯特.战略情报:为美国世界政策服务[M].刘薇,肖皓元,译.北京:金城出版社,2012:10-53.
② Richard Betts. Paradoxes of Strategic Intelligence: Essays in Honor of Michael I[M]. New York: Routledge, 2003:77.
③ 罗伯特·克拉克.情报分析:以目标为中心的方法[M].马忠元,译.北京:金城出版社,2013:238.

响,如谨慎的敌人会避免重复性活动,防止对手据此来预测其未来行动,或者故意保持某种模式来隐藏另一种行为。有些事件是应急性的或特殊性的,无先例可循,这些对预测造成了极大的困难。采取有效的预测方法是克服这一困难的重要途径,例如,2017年美国国家情报委员会采用情景分析法发布了《全球趋势2035》,对2035年前可能出现的世界性趋势进行综合预测,为总统特朗普及政府提供未来全球战略的评估框架和决策基础[①]。此外,德尔菲法、信号分析法、决策树法、时间序列分析法、博弈论方法等在情报预测中均具有较高的应用价值。

实现预测型情报分析需要重视公开来源信息的情报挖掘。公开信息是情报的重要信息源,从秘密来源(间谍)获得的情报只占情报总量的10%—20%[②]。美国前总统杜鲁门称,美国有95%的秘密情报都在报纸和其他刊物上发表过[③]。但丰富的公共信息本身并不会告诉我们任何情报价值,需要我们做出有效的判断才能够成为情报,也就是要我们挖掘隐藏在信息背后的情报元素。美国建成了世界上最发达的情报搜集系统,可获得大量的公共信息,但情报失误并未减少。显然,先进的情报搜集装备只能看到有形的物质,却看不到隐藏在敌方决策者心里的意图[④]。公开信息的情报挖掘,一方面要注重信息源的质量。首先,信息并不是越多越好,特别是对于预测性情报分析而言,有时拐点处的信息、异常点信息、突变性信息等可以直接用于情报判断;其次,广泛的信息来源是保障其质量的重要手段,它涉及文献型(如研究文献、专利文献、报纸文献等)、人力型(如社交网络交流、口头信息等)、实物型(如产品样品、展览会等)、技术型(如卫星图片、地理信息等)等信息源。另一方面,公开信息的情报挖掘要注重信息之间的关联分析、比较分析,特别是大数据环境下,对关联技术、语义技术等的应用。同时,情报挖掘还要特别注意信息所处的背景与信息之间的关联,不同背景的信息可能会揭示不同的情报内容。

实现预测型情报分析需要长期不断的情报积累。绝大多数危机的爆发都有很深的根源,对手在发起行动之前会有大量的准备工作,而在真正的敌对方行动发起前几周或数日,出现的敌情征兆反而比早些时候要少些[⑤]。例如,日

① 王雪莹.美国国家情报委员会预测未来20年六大领域创新趋势[J].科技导报,2017,35(06):126.
② Arthur S Hulnick. Fixing the spy machine: preparing American intelligence for the twenty-first century[M]. Westport: Greenwood publishing group, Inc, 1999:11.
③ 李耐国.军事情报研究[M].北京:军事科学出版社,2001:91.
④ 高金虎.军事情报学[M].南京:江苏人民出版社,2016:58.
⑤ 高金虎.军事情报学[M].南京:江苏人民出版社,2016:99.

本偷袭珍珠港之前美日关系明显恶化等,这些碎片化的情报都是某些较大规模行动的先兆或信号,它们本身可能不能准确预测未来发展,但情报人员长期不断地对这些碎片化的情报进行积累就会构造出一份完整的对方行动蓝图。因此,在进行预测性分析时要重视情报积累的作用,将历史性的、动向性的碎片化情报通过相应的组织方式加以积累,构建针对某一战略目标的情报数据库,从而为最终的情报任务完成提供系统化的资源支撑。

(三) 情报累积与评估

战略决策是一个长期的过程,发展环境和决策主体需求也在不断发生着变化,情报流程是在整个战略周期内不断运动变化着的,作为情报流程的一个环节,情报搜集与分析(系统)内部的微循环也在持续运行着,不断产生新的情报研判成果,这使得情报搜集与分析不断迭代升级,这些持续积累的情报成果为情报搜集与分析的迭代升级奠定了坚实的保障和基础。与此同时,为了使情报搜集与分析能够更为客观、科学和有效,情报评估也在不断地被启动来降低情报失察、失误的风险。一个符合实际情况的情报流程,需具备合理的反馈机制来对情报加以积累与评估。因为起初搜集的情报可能难以令人满意,会导致决策者改变当前的情报需求;情报处理、利用和分析可能揭示情报空白,引出新的情报搜集需求;决策者本身的认知变化也可能改变情报需求,或者要求得到更多的情报[①]。因此,在情报流程的设计中,任一情报步骤在必要时应该都可返回上一步骤,以此来满足情报积累与评估的需求。

在情报累积与评估中要强调新变量识别和领域专家支持。在决策语境下,环境和决策者需求会不时产生变化,强调新变量识别是警示在情报流程运用中,要注意采用一定的方法识别决定情报需求的各种新力量的加入以及力量之间的此消彼长,这些力量变化会在很大程度上改变情报活动的最初规划。例如,在竞争性决策过程中,新竞争对手的加入会很大程度上改变竞争局面,使决策目标发生转移,这必将重新规划情报活动。换句话说,新变量或新信息的进入要求必须重新启动整个情报流程,而不是将这些新变量或新信息在情报搜集与分析(系统)这一环节内部自行消化。这实际上在以往的情报失误案例中已有所体现,因为这一原因导致的情报失误案例中,情报分析人员在进行情报分析和分析结果撰写时,对于新变量或新信息的处理方式是,将其不加任何分析地融入以往的分析报告,形成所谓的"新分析报告",其实分析结果本质

---

① 马克·洛文塔尔.情报:从秘密到政策[M].杜效坤,译.北京:金城出版社,2014:90-91.

上并没有变化。殊不知,新变量和新信息的出现已经完全更新甚至颠覆了原有的分析结果,而这恰恰提示了用户应该重新思考针对竞争对手或敌方的策略。因此,在情报评估中,当新信息产生时,情报分析人员需要对所有证据进行重新评估,对以往假定重新考虑。如果分析人员撰写报告时,只是回顾一下一年前所写的相关报告,并在此基础上对其进行更新了事,便会在一个变化的态势中埋下错误隐患①。为了避免隐患,分析人员需要对累积的证据进行系统性的思考,对所有证据进行重新思考或许会得出不同的解释。

新增领域专家支持这一要素是强调领域专家在情报研判中的作用,正如洛文塔尔所认为的,如果不能将情报交给作为各领域专家的分析人员,并通过他们将情报变为报告以回应决策者的需求,那么确定情报需求、实施情报搜集、对情报进行处理和利用均无意义②。寻求领域专家的支持正是彰显了情报分析是一种专家行为的客观事实。

四、情报产品生产、刻画及呈现

情报产品指简报、研究报告、咨询报告甚至观点陈述和思想表达等这些包含特定内容并具有具体形态的情报研究成果。情报产品生产系统不仅包括具体的情报产品,还应包括生产情报产品的情报体系。

(一) 生产情报产品的情报体系

情报产品不应该局限于具体的某一形态的产品,特别是面向战略决策这种复杂和长期的决策支持,情报体系可以作为情报产品的广义形式,或者说将生产情报产品的情报体系同样纳入作为系统的情报产品中。目前关于情报体系的界定尚未达成共识,《中国情报学百科全书》(2010版)对情报研究体系的解释为:国家、部门、地区和行业内的情报机构通过纵向或横向联系而形成的情报研究整体③。苏新宁教授认为,情报体系应该是情报在流动过程中所涉及的各类、各级情报组织及其功能的总和④;李纲教授认为,情报体系是围绕情报管理的计算机系统、情报管理机构与人员、组织运行机制等内容及其相互关系

---

① 舒尔斯基.无声的战争:认识情报世界[M].3版.北京:金城出版社,2010:111.
② Lowenthal M M. Intelligence: From Secrets to Policy[M]. Washington DC: Congressional Quarterly Press, 2012:69.
③ 《中国情报学百科全书》编委会.中国情报学百科全书[M].北京:中国大百科全书出版社,2010: 217.
④ 苏新宁,朱晓峰.面向突发事件应急决策的快速响应情报体系构建[J].情报学报,2014(12):53-77.

的综合①。按效用分,目前情报体系研究主要包括反恐情报体系、安全情报体系、应急情报体系、竞争情报体系等。综合已有情报体系界定,笔者认为,情报体系应该是针对特定情报需求,以对口的各类职能部门与专门情报机构融合为主导,以情报研究与服务为手段,为实现特定情报功能而形成的情报技术、情报方法、情报人员和各类机构等各种要素相互协调配合的关系以及管理机制的综合。

　　生产情报产品的情报体系是以问题为导向自上而下的运作模式,即战略决策部门与情报机构在互动中凝练问题,以解决问题为目的牵引情报功能,情报功能的实现需寻求情报服务与情报研究的支持。这样的运作模式要求资源层和服务层建设具有灵活性和针对性,为此,它需要情报机构积累丰富的信息资源,并能够使资源具有敏捷性,即信息资源能够进行粒度缩放(可分解可聚合)和跨界关联。此外,它还需要情报机构加强体制机制建设,以支撑情报服务要素重组和情报服务模式创新。情报体系建设应围绕情报服务能力来开展。情报服务能力是情报机构或情报人员的情报收集、组织、分析和情报活动执行能力的总和,包括规划能力、技术预见能力、情报处理能力、情报分析能力、情报决策支持能力等②,以及情报活动中的动态能力(如感知并抓住机会的能力,重新调配资源的能力③,战略抗逆力④等)。这些能力需要以情报功能为导向,情报资源建设为基础,情报服务路径为实现手段。这一情报体系的主要任务是生产可以支持战略决策制定的竞争情报、反情报、情报监测、情报评估、情报预测与预警等情报产品。特别是,以战略决策制定中情报需求的时间维度特征(即时情报、战略情报、动态情报)、空间维度特征(发展情报、安全情报、国外情报)、层次特征(基础情报、预警情报、反情报、决策支持情报)和阶段性特征(战略分析阶段的情报预测、战略制定阶段的情报支持、战略实施阶段的情报监测、战略评估阶段的情报评估)为基本框架,以定期推送为手段,以研究报告、简报等为产品形式,以情报资源聚合的知识库为载体,设计差异化的情报产品。

---

　　① 李纲,李阳.智慧城市应急决策情报体系构建研究[J].中国图书馆学报,2016,42(03):39-54.

　　② 张家年,马费成.国家科技安全情报体系及建设[J].情报学报,2016(5):483-491.

　　③ Teece D J. Explicating dynamic capabilities: the nature and microfoundations of(sustainable) enterprise performance[J]. Strategic Management Journal,2007,28(13):1319-1350.

　　④ 张家年.国家安全保障视域下安全情报与战略抗逆力的融合与对策[J].情报杂志,2017,36(1):1-8,22.

（二）情报产品刻画

简单地讲,情报产品刻画就是将情报分析结果以一种彰显情报对于决策的意义,并能够吸引用户注意力的方式呈现给用户。王延飞教授指出,那些旨在帮助客户感知情报内容的各种努力,都算是"刻画(导视)"操作[①]。情报刻画是情报分析结果的组织,与情报分析要求具有较高的情报研判能力不同,情报刻画要求情报人员具有较高的情报组织能力,通过情报分析结果的有效组织,将分析结果以决策者感兴趣的方式呈现出来,最重要的是能够抓住决策者的眼球,使其在百忙之中甚至有些不信任或排斥的情况下,迅速从中获得兴趣点。

1. 情报刻画对情报分析结果的描述规则

成功的情报刻画是对既定的情报分析结果按照一定的规则进行描述,在情报刻画中应该以有针对性的呈现方式展现情报分析结果的细节,清晰区分什么数据是事实数据,什么数据是推论的结果。好的情报分析结果对于战略决策而言应该具有的应用价值有以下:它应该使决策者能够重新认识他们未来所处的外部环境,重新认识组织的战略定位,以便利用未来的机会,避免可能的威胁;它应该能使组织在动荡时期茁壮成长,有效地将市场波动转化为竞争优势。因此,情报刻画应该在情报分析结果的基础上,具备以下特质:其一,从组织内部生成。其二,专门为未来的不确定性而设计,并面向未来。其三,允许决策管理层从未来学习,发挥他们的战略创造力,并在当前形成战略判断[②]。

美国国家情报总监办公室 2007 年颁布的第 203 号《情报界指令》设定了情报分析标准,本书基于其中的部分标准,提炼、分析并总结了 8 条有关"情报刻画"的标准和规则,如表 4-8 所示。

表 4-8 基于《情报界指令》的情报刻画

《情报界指令》设定的分析标准	对"情报刻画"的指导意义
基于所有可用的情报源。	在情报刻画中应该向用户说明情报分析过程中的所有情报来源。
展示正确的间谍情报技术分析标准。	充分说明情报分析所采用的标准流程和标准方法等。

---

① 王延飞,杜元清.融汇情报刻画的情报感知研究路径[J].科技情报研究,2020,2(01):1-11.

② Steve Tighe. Rethinking strategy: How to anticipate the future, slow down change and improve decision making[M]. New York: John Wiley & Sons Australia, Ltd, 2019:23.

续　表

《情报界指令》设定的分析标准	对"情报刻画"的指导意义
正确描述基础来源的质量和可靠性。	客观说明情报来源的质量和可靠性,例如从情报来源的权威性、稳定性和客观性等方面进行说明。
正确阐明和表述分析判断中的不确定性或可信度。	韦氏英语词典将判断定义为,判断是在事实仍不清楚的情况下,基于征候和可能性得出的决定或结论。判断是一种被分析人员用以补充他们知识空白的东西,它是在信息不完备的情况下做出的,必须超越已有信息,是应对不确定性的主要方式。在实际情报分析工作中,情报搜集工作不可能获得完整的信息,情报工作的本质决定了其包含着巨大的不确定。通常情况下,情报分析人员应对的都是不完整、模糊,而且经常是相互矛盾的信息,因此,情报分析人员的作用就是运用分析判断来超越不完整信息的限制①。因此,判断具有主观性和风险性,在情报产品刻画中,应该清楚阐明情报分析结果的置信度,供决策者使用情报时进行参考。
正确辨明支撑性真实情报与用于得出结论的假设与判断之间的区别。	客观区分事实性数据、推论性结论等,事实就是事实,推论就是推论,要将两者区分得清清楚楚,明确地向决策者展现这种区别。曾任美国中央情报主任的罗伯特·盖茨强调在情报分析中,分析人员要区别"所知"和"所信",即要弄清楚哪些是"事实"(或者是来源可靠的信息),哪些是分析人员自己的观点(仍然需要令人信服的证据来支持),他还认为要对未来提出各种想定(指的是设想、计划或预期可能发生事件的场景、情景、处境或情况)②。
提供有用的背景知识、警告或时机分析。	说明所匹配的应用场景。
特别是说明所匹配的应用场景。	为了能够让决策者深刻理解情报的含义,需要予以相关的支撑性分析说明。
与以前有关主题的分析相一致,或者如果关键的分析内容已经发生变化的话,要强调变化情况并说明其原因和影响。	如果关键的分析内容已经发生变化的话,要强调变化情况并说明其原因和影响。也即是说,要保持内部一致性和前后的协调性。

　　此外,情报工作者在情报刻画中应该着重注意以下问题③:其一,倡导在情报分析产品中清楚说明判断所依据的假定和推理过程,以及结论中不确定性因素

① 理查兹·霍那尔.情报分析心理学[M].张魁,朱里克,译.北京:金城出版社,2014:61.
② 理查兹·霍那尔.情报分析心理学[M].张魁,朱里克,译.北京:金城出版社,2014:10.
③ 理查兹·霍那尔.情报分析心理学[M].张魁,朱里克,译.北京:金城出版社,2014:41.

的来源与不确定的程度。其二,为了避免在增量分析时犯下错误,应当支持对关键问题进行定期的、自下而上的重新分析,这在情报分析结果刻画中均应予以说明,以此消除决策者对情报分析结果不一致的质疑。其三,重视那些有助于揭示和阐明不同观点的工作流程,不但要向用户说明情报分析的能力,也要说明情报分析的局限。其四,确立一个基于现实的预期之上的标准,以此来评判分析工作的表现。其五,借鉴 7±2 法则(按照美国心理学家米勒的建议,短时记忆容量是 7±2 块(chunks),即一般是 7 块,并在 5~9 块间波动[①]),严格进行数量的控制,在情报刻画中要注意重点突出,而不是罗列所有情报分析结果。

2. 使用条件限定句

情报机构要在评估报告中使用大量条件限定句。即使信息完美无缺,斩钉截铁地预言未来局势仍然是一件危险的事[②],因此,在情报产品描述中,条件限定句的使用一方面可以规定情报产品的应用范围,另一方面可以使决策者清楚情报产品的应用价值本身就具有一定的概率性。所谓条件限定句类似以下描述,"如果 A 采取某行动,我们就⋯⋯(发展)"或者"这个情报结论只有在环境发生某个变化时才是准确的。"当然,大量的条件限定句的使用会降低决策者对情报产品的信任水平,避免信任危机的有效方式就是加强与决策者的沟通,阐明"预测具有不连续性"等类似的客观道理,最好能够给出某一项情报分析结果的置信度,使决策者认识到,虽然不能百分之百保证情报的应用有效性,但至少情报产品对这种应用价值给出了十分确定的可能性。

为了给出一个概率估计,对于情报产品中无法定量化的,描述语言需要进行量化处理,在给决策者撰写情报报告时,情报人员往往需要将那些无法量化的内容进行量化。为此,情报人员需要引入一种以相对方式来描述抽象概念的语言,并给出这些量化背后的具体含义。中情局给出了概率估计词汇,可用于描述确定性和不确定性[③]。这些词汇可用于口头和书面情报报告(见表 4 - 9)。

---

① Miller G. The Magical Number Seven, Plus or Minus Two: Some Limits on Our Capacity for Processing Information[EB/OL].[2020 - 1 - 29].https://www.ncbi.nlm.nih.gov/pubmed/13310704.

② Jonathan Kirshner. Rational explanations for war?[J] Security Studies, 2000, 10(1):143 - 150.

③ 斯科特·罗伯茨,利百加·布朗.情报驱动应急响应[M].李柏松,李燕宏,译.北京:机械工业出版社,2018:148.

表 4－9 概率词汇

概率估计词汇	精确含义
确定	100％可能性
几乎确定	93％可能性(上下浮动 6％)
可能	75％可能性(上下浮动 12％)
一半可能	50％可能性(上下浮动 10％)
大概不是	30％可能性(上下浮动 10％)
几乎肯定不是	7％可能性(上下浮动 5％)
不可能	0％可能性

(三) 情报产品呈现

情报产品需要简明扼要,在不确定对方会不会读的时候,要短小精悍。精心编写并压缩到一页的报告被全文通读,要比 50 页的报告被阅读 10％的可能性更大。每种产品都应该从涵盖核心要点的执行摘要开始,使决策者从一开始就能够对情报产品的实用性价值有个清晰的认识。情报产品是可以纸质的,也可以是电子版的,这要根据决策者的偏好和某一特定时间点内传递的方便性来决定。情报产品的具体形式多样,如简报、研究报告、每日报告等。具体采用何种产品形式需要根据情报分析结果的特征和决策者的喜好进行精心设计。此外,根据战略决策特征,为了提供给决策者长期学习的平台,情报人员可以构建情报产品数据库,提供自助知识查询,满足决策者进行知识获取和长期学习的需要。

五、情报产品的有效传递

(一) 情报产品传递的 5R 理念

有效传递意味着情报产品能够精准地传递到用户手中,并且能够得到用户的认可甚至应用。为实现情报产品的有效传递可贯彻 5R 理念。

第一个 R(Right people),即正确的人,这需要在进行情报产品传递之前,自问这样几个问题:我的客户是谁? 他遇到了什么困惑? 他特别关注什么? 他有什么样的知识结构和经历? 等等。以此更加深刻地理解用户,根据用户特征和用户需求有针对性地设计情报产品传递的方式。

第二个 R(Right time)，即正确的时机,已有研究与实践表明,情报产品提供的时机对情报在决策中的使用具有显著影响,过早或过晚都会对情报使用造成一定的消极影响①。正确的时机取决于战略决策和决策者两者共同需求的时间点。战略决策是一个漫长的过程,情报活动的目标是最终形成一个支持战略决策制定的情报方案,而作为一个过程,战略决策制定并不是坐等最终的情报报告,由于未来的不确定性和环境的动态变化,决策者希望能够实时获得相关的情报来解惑。因此,情报产品的传递要在有重要需求变化和重要环境变化的时候及时向决策者传递相应的初步分析结果,强化与决策者之间的联系,给决策者以信心。这个过程值得注意的是,战略情报的准确性和彻底性要优先于速度,不急于向决策主体提供最终的情报产品。曾任美国国家情报委员会副主席的特伦顿提出,情报的应用价值主要体现在决策的三个阶段中:问题出现阶段、政策选择阶段和决策阶段②。三个阶段对情报的需求各有不同:第一个阶段决策,问题刚刚出现,此时需要情报帮助决策者利用自身的专业优势解读问题,要求情报具有先见之明;第二个阶段,决策问题已经成为事实,此时需要情报帮助决策者预判问题的发展态势及可能形成的后果;第三个阶段,决策问题已经充分显现出来,危机已经形成,此时需要情报帮助决策者进行决策情景构建,分析各种可能的情况,并提出情报解决方案。

第三个 R(Right information)，即正确的情报,向决策者提供的情报产品绝非是简单的信息或知识,而是行动情报,所谓行动情报就是直接能够指导决策行动的情报,它应该具有明确的目标性,较强的可执行性和可操作性,与决策行动强匹配性。例如,"竞争对手正在研发 A 产品",这是一条信息或知识;"竞争对手研发 A 产品的意图是? 我方应如何应对?",这样问题的答案便是一条行动情报。情报人员要像决策者一样去思考问题,站在决策者的角度去看待决策问题,决策者更需要的是行动支持,正如美国国务院针对情报工作不力时曾指出,"我们需要的不是解析数据和罗列问题,我们也知道形势十分严峻,我们需要的是告诉我们怎么对付这帮家伙"③。

第四个 R(Right format)，即正确的形式,形式正确与否取决于能否匹配

① 高金虎.论国家安全决策中情报的功能[J].情报理论与实践,2019,42(10):1-8.
② Treve Rtong G. Reshaping national intelligence for an age of information[M]. Cambridge: Cambridge University Press,2001:183-185.
③ George R Z, Bruce J B. Analyzing intelligence[M]. Washington DC: Georgetown University Press,2014:83.

情报产品的特征,能否符合决策者的偏好。例如,支持战略决策的情报产品应该以研究报告的形式较为适合,报告的篇幅要加以适当控制,它的第一部分应该简明扼要地阐明执行摘要,并对情报的分析过程、情报源选择、情报对于决策的意义等加以详细说明。

第五个 R(Right problem),即正确的问题,实际上,这个问题应该在情报需求和分析环节加以处理,情报传递环节要做的是对这些问题进行重点突出,关注关键的情报问题,使决策者能够第一时间就抓住自己心目中的重点问题。

(二)情报产品的传递模式

情报产品传递需采用线上线下相结合的传递模式。线上传递侧重于为决策方提供知识查询数据库而不是行动情报。行动情报应由线下方式传递,这是因为,通过情报人员和决策方的充分沟通交流,将行动情报对于决策的意义和使用场景、范围等进行充分说明。基于行动情报的情报行动需要在情报分析人员的指导下开展,因为决策者和执行者由于自身的认识偏差和倾向等问题,会对情报产品产生不同的理解和应用深度,正如约翰逊所指出,决策者收到情报后,倾向于在理解过程中加入自己的观念,如果相关事务掺杂了自身利益,情况更是如此[①]。与此同时,环境和应用场景的变化也会影响情报产品的应用范围,情报分析人员要全程、全范围跟踪情报产品的应用过程,并在此过程中,根据应用反馈结果重新启动情报流程,满足当时当下的情报需求,由此来避免在情报使用过程中造成的情报失误和失察。为此,我们要为情报人员参与决策提供平台,努力拓宽情报方与决策方的沟通渠道,建立稳定、高效的情报与决策体制,这一点对于战略决策尤为重要,美国的国家安全委员会便是应这样需求下的产物。

此外,我们要处理好情报与决策之间的关系,特别是情报人员与决策者之间的关系,美国等情报发达国家的历史证明,如果处理不好情报人员与决策者之间的关系,很容易导致情报失效、情报失误甚至将情报作为决策者决策承诺升级或决策失误的一个借口。如果情报与决策的关系过于疏远,则情报产品很难有效传递到决策者手中,从而使情报不能被很好地利用;如果情报与决策的关系过于亲密,则很容易导致情报成为决策者政治化倾向的一个工具。情

---

① Loch K Johnson. Bricks and mortar for a theory of intelligence[J]. Comparative Strategy, 2003, 22 (1): 1-28.

报服务不是个人行为,而是机构行为,在进行支持决策时,决策与情报的关系应该具体体现在决策组织与情报机构之间的关系,而不是情报人员与决策者双方个人的关系,很大程度上可以避免因个人之间的远近亲疏导致的情报产品应用价值的降低和情报产品客观性的偏差。决策组织与情报机构之间的良好关系是情报产品有效传递的基础。

(三) 参与信息市场竞争

美国著名情报学专家罗夫纳指出,情报界在战略决策方面的作用正在逐渐减少,情报与政策关系不断趋冷,其原因之一是,信息与情报的交流平台迅速扩张[①]。决策者的信息渠道趋于多元(传统媒体、广播新闻、互联网和社交网络等),很多信息不再是情报界的专属,决策者对情报界的依赖性在降低。因此,情报人员应该始终怀有这样一种意识,不要把情报团队当作用户的唯一情报来源。很多时候,在实际的决策制定过程中,管理团队会借助外部资源和顾问。为了充分彰显决策中的情报价值以及提高情报产品的竞争优势,情报工作必须要参与到信息市场的竞争中,构建自身的优势。

参与信息市场竞争除了采用相应的竞争情报策略外,还要加强情报产品的营销活动,将决策者作为情报产品的最终用户,参照营销学理论与方法,建立客户关系管理机制,真正将情报视为一种产品,采用产品化的运营模式,如品牌化战略、联盟管理战略等,在充分发挥情报产品独特优势的基础上,不断增强情报产品之于决策者的可信任性和依赖性。

第七节　情报流程解决的问题和适用范围

一、情报流程解决的问题

(一) 实现了增量式迭代和共享思想

增量式迭代和共享思想更加符合情报分析的特征,符合情报流程得以有效应用的实际情况。本流程通过对"新信息的流入驱动整个流程的重新

---

① 约书亚·瑞夫纳.锁定真相:美国国家安全与情报战略[M].张旸,译.北京:金城出版社,2015:260.

运转"这一机制,以及"情景规划"要素的引入,体现了增量式迭代及共享思想。通过增量式迭代思想的引入,借助不断增加的情报使情报研究结果发生质的变化,从而有助于提升情报分析的有效性。共享思想的利用将情报方与决策方紧密连接起来,从而显著缩短情报产品传递的时效,提高情报产品应用的有效性。此外,共享思想还实现了情报环节之间信息的共享,将各环节融为一体,而不是如传统情报流程要素那样孤立存在而导致各环节关系的断裂。

(二) 通过共建情景使决策与情报建立紧密联系

与克拉克提出的以目标为中心的情报流程不同,本书的情报流程以情景规划而不是以目标作为情报流程的中心来连接决策方与情报方。目标具有极大的预测和想象成分,通常是基于过去的事实推导而来的,它倾向于隐藏风险,即在一定程度上忽略了实现目标过程中的风险规避。情景规划是一种对未来的综合理解,勾勒出了未来发展中可以构建的优势、可能存在的风险,以及它们的影响力量。它提供了一个可以获取事实信息和组织发展战略影响力量的平台,这一平台为决策与情报建立起密切的联系。此外,情景规划还提供了这样一个功能:通过从情报视角来构建组织未来发展的各种情景,为决策主体沟通和理解未来提供辅助,从而为决策主体制定最终的解决方案提供支持。

(三) 决策主体广泛参与到情报流程中

在情报工作实践中,情报服务固然由情报机构和情报人员提供,但决策主体应该很大程度上参与情报生产的整个过程。本书的情报流程突出以下两个方面:一是符合决策本身特征和决策主体思维习惯,二是将情报工作融入决策主体和决策环境相互交织的决策活动中,以此来避免周期性情报流程运转的僵化和各阶段关系的断裂[1],强调面向决策目标变化的情报跟进与反馈,最终有助于创新情报流程,使之更符合情报工作的实际。与传统的情报流程相比,本书的情报流程在广泛吸纳决策主体参与中解决了两个主要问题:一是解决了情报活动和研究成果单向地向决策主体流动,反馈不充分,情报产品应用评估没有跟进等问题。该流程强调主客观交织背景下决策需求及其变化中的情报活动跟进与反复循环的反馈,有助于实现决策主

---

[1] 彭知辉.情报流程研究:述评与反思[J].情报学报,2016,35(10):1110-1120.

体与情报工作的深层对话,倡导资源的自由流动,强调情报搜集人员和分析人员形成网络,以决策主体和情报工作者之间足够的互动来驱动情报流程的持续运转,最大限度地缩短情报工作者和决策主体之间的距离,使情报产品能够自然地满足决策主体的不同需求。二是解决了情报活动各环节彼此孤立、相互分割等问题。该流程各环节具有层次性和综合性,在一定程度上能够指导情报活动的分工,它强调了各环节综合性的情报活动,最大限度地匹配决策过程中的情报需求规律。

(四) 绩效评估贯穿于整个过程中

通常而言,研究者按照评估在决策中所处的不同阶段,将其分为总结性评估和形成性评估。总结性评估是在决策执行结束后做总结时,评估决策达到预期目标的程度。这一评估方式的缺陷为,当决策者察觉到情况有异时,损失可能已经造成,难以改变。即使决策者在发现失败的第一时间重新退回到最初的议程设置的环节重新决策,但也难以实现在有限的时间里,识别出旧方案的问题并形成新的替代选择[①]。传统情报流程大多缺失情报评估这一环节,即使是有,也多为总结性评估。20世纪90年代,作为对总结性评估的回应,有学者提出了在决策执行之前开展形成性评估[②]。它主要适用于方案讨论阶段,评估人员对决策方案提出建议,帮助决策者确定方案的组成要素和执行细则。周期性和线性等传统的情报流程很难将形成性评估贯彻执行。本书提出的情报流程实现了评估结果的实时生成,将总结性和形成性评估贯穿整个流程过程始末,从行动到效果的反馈回路大大缩短。伴随着决策过程的推进,决策者可以接近同步地获得评估结果,而不是等所有环节都结束后才得知决策方案的好坏[③]。

(五) 强调了各环节功能的综合性和协同性

在具体环节上,本书提出的情报流程没有照搬目前大部分情报流程所采用的情报规划、情报加工处理等环节。原因是上述环节对情报工作的指导意义过于笼统。在面对综合性很强的决策活动时,各环节应该是一种综合性的

---

① Hudson J, Lowe S. Understanding the policy process: Analysing welfare policy and practice [M]. Bristol: Policy Press, 2004: 98 - 102.

② Parsons D W. Public policy: An introduction to the theory and practice of policy analysis[M]. Aldershot: Edward Elgar Publishing, 1995: 320 - 321.

③ 陈一帆,胡象明.大数据驱动型的公共决策过程创新及效果评估——基于 SSCI 和 SCI 的文献研究[J].电子政务,2019(08):14 - 27.

情报活动,而不是孤立的。如搜集情报本应是情报检索阶段的工作,但搜集什么样的情报,搜集来的情报如何组织,搜集来的情报可用于什么分析目标,也就是搜集来的情报"放在哪""怎么放""如何用",都属于综合性的工作。本流程引入了"系统观",将每一个环节视为一个系统,每个系统由多个微循环的子系统构成,从而实现了各个环节的综合性功能。此外,本流程在"情报搜集与分析系统"这一环节中增加了"情报累积与评估"这一微循环要素,通过这一环节来不断识别影响决策的新变量,这些变量的变化会在很大程度上改变情报活动的最初规划,从而重新启动情报流程,驱动了各环节的协同运行。在"情报产品生产系统"中增加了"情报产品刻画"这一微循环要素,通过产品刻画原则将情报分析与情报产品生产协同起来。在"情报产品传递系统"中对于"5R 理念"和"信息市场竞争"重要性的强调,突出了情报产品从内容到形式的综合性要求,将情报搜集与分析、情报产品生产和情报产品传递协同起来。

(六) 以"知识管理"来克服决策过程中的主观性偏见

本流程以"知识管理"作为需求管理系统的微循环要素,克服了决策过程中的主观偏见,具体体现在三个方面:一是建立决策执行者和决策制定者之间的知识共享渠道。战略决策最终的绩效体现在决策执行中,从决策制定到决策执行需要一个知识共享的过程,由于决策本身具有很强的主观性,决策制定者在向执行者传达决策要求时不免要渗透主观思想。同时,管理者与执行者之间的交流不善,管理者的意图不清、表述不明等均会影响决策执行。决策执行者若想充分了解制定者的核心思想,需要双方进行有效的知识共享,而承担隐性知识和显性知识共享双重使命的知识管理是提升决策执行者和制定者之间知识共享有效性的重要保障。二是由于决策过程中决策主体的有限理性和认知偏见等主观性因素的广泛存在,通过知识库的构建来不断累积知识,为决策主体提供学习的平台,从而可在一定程度上克服有限理性与主观认知偏见的缺陷。三是决策执行者往往在决策行动过程中有大量的决策需求,这些决策需求是决定决策最终绩效的重要因素,以往面向决策的情报流程中大多将决策需求的重点分析对象定位于决策制定者,而忽略了决策执行者。本流程通过知识管理这一要素,将决策执行者的情报需求也一并作为知识管理的对象,更贴近决策行动的真实需求。

二、情报流程的适用范围

本流程适用于以情报支持企业和国家层面的战略决策中,为这些组织在高度不确定发展环境下理解和沟通未来提供情报方案。值得注意的是,情报流程的任务是优化战略决策,这一模型主要是通过情景构建,为组织发展提供各种可能情景和影响力量,试图协助组织透视未来,并帮助决策主体进行逻辑性的系统思考和想象,最终优化组织的战略决策。本流程没有将预测未来作为重点,也不是直接为组织提供决策方案。

第八节　本章小结

本章构建了服务于战略决策制定的情报流程模型,这一流程的运行过程可描述为:情景规划处于整个情报流程的中心位置,它构筑了决策与情报之间连接的通道,构筑的方式就是决策需求及其情报满足。具体而言,组织期望与绩效之间的差距(来自组织内外部环境的评估)驱动战略决策的需要,战略决策提出的问题映射到情景规划中,成为情景规划的项目主题。在项目主题的驱动下,情景规划活动开始启动,情报需求产生于情景规划中的情景构建,同时,情报方法作用于情景规划过程中,从而形成战略决策的具体情景。不同的战略情景展现了组织战略发展的不同影响力量和关键因素,为了充分优化和利用这些力量和因素,避免威胁,强化机遇,情报方法形成了支持情景规划的行动情报。行动情报应用于组织的战略分析、战略评估和知识管理中,从而实现优化战略决策的目的,并把战略决策效果反馈到组织期望与绩效之间的差距评估中,从而驱动整个流程的新一轮运转。

服务于战略决策制定的情报流程的特征主要体现在以下五个方面:一是服务于战略决策制定这一特定对象的情报流程的要素充分体现了战略决策制定的特征和要求;二是充分体现了共享思想和迭代思想,以共享来强化情报与决策之间的连接,以迭代来不断深化情报价值;三是注重各环节的综合性,强调它们之间的边界,由此克服传统情报流程中具有同质性功能的各环节之间关系的割裂;四是为实现综合性功能,各环节内部设置相应的微循环;五是将情景规划作为流程的中心,以情景规划这个战略管理的重要工具作为情报与决策关系连接的纽带。

服务于战略决策制定的情报流程定位为:帮助组织透视未来,从而优化战略决策。重点在于帮助组织理解和控制影响未来的各种力量,不将预测作为重点,也不为组织提供决策方案。这一流程的主要应用价值包括:第一,为情报支持战略决策提供支持路径;第二,为情报机构的部门设置和情报学教学任务提供指南,并为情报失误提供明确的责任归属;第三,推动情报学理论与实践的结合,以实践为基础,为情报学理论创新提供新的增长点;第四,为组织战略管理提供情报解决方案,从而彰显情报学的社会性功能。

第五章　情报流程在科技发展战略决策制定中的应用模式

本章以服务于科技发展战略决策为例,进行情报流程应用研究。重点是构建"三跑并存"的科技发展战略情景,并提出情报分析的基本模式、情报产品生产的通用模式和情报产品的智库化传递模式。这一案例研究的目的在于从情报流程视角,为情报支持科技发展战略决策提供通用性和宏观指导性的服务路径,以验证情报流程的合理性和有效性。

第一节　新时代科技发展中的情报问题分析

新科技革命正在孕育兴起,这是重塑国家科技竞争力的重要战略机遇期,随之而来的是国家之间的科技竞争会异常激烈,科技发展的赶超式、对抗性态势日益白热化,科技发展环境也会变得十分复杂,其影响因素存在诸多不确定性。上述种种科技发展过程中内外因素的变化均十分需要情报工作来全面感知,以及准确预知发展态势,并与全球科技力量进行动态对比,基于此超前部署,掌握新一轮全球科技竞争的战略主动。

一、新时代科技发展中的情报需求

(一)赶超式科技发展的情报需求

党的十八大以来,习近平总书记在多次会议中强调要跟踪全球科技发展方向,努力实现赶超。据统计,习近平主席至少 6 次在公开场合提出"非对称赶超战略"。在《"十三五"国家科技创新规划》中还将"加速赶超引领"作为一项重要基本原则。清华大学刘立教授认为,这一战略是在知己知彼的情况下,利用自身的独特优势,采用不被竞争者所知的非常规策略战术、方式方法、途径手段,实现超越竞争者目标的一种指导思想①。"赶超"需要追随者加快速度以缩小与先行者之间的差距,直至赶上并超越先行者②。科技水平落后的国家,欲在较短时间内赶超先进国家,必须对其科技发展进行整体布局,对科技领域进行主次安排和顺序推进,把重点放在可以快速发挥后发优势的科技领域上。

为实现科技赶超,国家必须明确以下三个主要问题:赶超谁(即目标国家),赶超什么(即科技领域),如何赶超(即战略布局、战术安排)。为此,需遵循以下过程:领先国家科技发展水平与布局的监测与识别—本国科技发展水平及其与领先国家之间的差距分析—本国与领先国家科技领域的竞争优势对比—实施赶超的时机选择—本国科技战略的保密。这一过程涉及大量的情报需求:通过情报预见识别未来技术的制高点;通过情报监测、情报评估等分析目标国家的前沿技术以及目标国家的科技战略布局;通过竞争情报进行竞争优势比较、竞争战略布局和竞争策略安排;通过情报评估、情报预警等分析本国资源存量、资源结构和目标国家科技发展态势,进而决定赶超时机;通过反情报、保密情报等对本国科技发展战略进行安全保护。

(二) 对抗性科技发展的情报需求

对抗意味着利益的冲突,与赶超式发展强调竞争性不同的是,对抗性发展强调一方对另一方的"打压限制"。例如,某大国航天局获知我国某型运载火箭在突发故障后成功紧急停车的消息,便立即向国际相关专利组织申请了"火箭发射紧急停车方法及其技术"的系列专利保护,以此阻止我国航天产业开拓欧洲卫星发射市场。再如,美国为了维持其科技霸主地位,对技术出口进行了严格管制③,并专门制定了对华技术出口限制条例。随着中国崛起和民族复兴,以美国为首的少数霸权国家掀起新一轮的全球性冲突④。情报是竞争和冲突的产物⑤,历史证明,国家越是处于冲突环境,越是需要情报的支持。

在对抗性科技发展环境下,我们必然要面临两种选择:一种是反对抗,即对其他国家针对我国科技发展的打压限制进行监测、预警,并提出有针对性的

---

①　刘立.以非对称赶超战略推进科技强国建设——习近平科技创新思想的重大时代意义[J].人民论坛·学术前沿,2016(16):60-69.

②　吴晓丹,陈德智.技术赶超研究进展[J].科技进步与对策,2008(11):236-240.

③　Bureau of Industry and Security of U. S. Department of Commerce. About BIS: Mission Statement[EB/OL]. [2019-12-20]. https://www.bis.doc.gov/index.php/about-bis/mission-statement.

④　包昌火,刘彦君,张婧婧,等. 中国情报学论纲[J]. 情报杂志,2018,37(1):1-8.

⑤　张晓军. 情报、情报学与国家安全——包昌火先生访谈录[J]. 情报杂志,2017,36(05):1-5.

反制策略;另一种是加强我国科技安全保护,尤其是避免泄露有可能成为我国核心竞争力的关键技术和基础科学技术,加强科技人才资源的安全管理,以求不留安全漏洞。我国已开始重视科技安全问题,《中华人民共和国国家安全法》把维护与保障技术安全作为内容之一,科技安全也成为总体国家安全观的组成部分之一,这些法律法规和战略的实施无疑需要情报的支持。情报是直接服务于对抗性决策实践活动的一项重要内容[①],对抗性科技发展环境中,战略情报、安全情报、反情报甚至隐蔽行动等情报活动可以有力地支持反对抗并保护科技安全。正如陈峰认为,围绕应对国外对华技术出口限制开展竞争情报问题的研究,既有理论价值又有现实意义[②]。

(三)自身发展环境的不确定性对情报的需求

科技发展环境的不确定性主要体现在环境复杂性和动态变化性:科技发展受经济、政治、文化、技术等多种因素的综合影响;科技竞争也具有显著的跨界性、颠覆性等特征;科技创新更需要前沿技术的预见和向未知领域大胆探索的方法手段;一些基础科学领域需要做好前期长远规划等,这些均需对科技发展环境进行监测分析。事实上,对环境的监测已成为支撑企业发展战略的重要手段。美国的一项研究成果表明,经营绩效好的公司总裁对外部环境监测的范围更广,对战略不确定的反应更频繁,广泛而频繁的环境监测使他们能够及时掌握外部环境的变化,从而采取更好的战略予以应对[③]。越是复杂变化的环境越需要情报,以此来克服人的理性局限、发现微弱信号、发现趋势、预见未来,从而发现机会[④]。不确定的科技发展环境对情报工作提出了现实需求,通过情报搜集、情报分析和情报评估,我们可以对环境发展变化进行预估、预见,为科技发展战略的超前部署提供决策支持。

二、新时代科技发展中的情报功能

20世纪50年代,新中国刚刚成立,百废待兴,加之西方国家的封锁,情报工作被赋予"耳目尖兵参谋"的重要使命,履行着跟踪国际科技最新成果,协助科技人员获取资料的职能,在我国科技发展中发挥了重要作用[⑤]。60年代,为

---

① 赵冰峰.情报论[M].北京:兵器工业出版社,2011:49.
② 陈峰.应对国外对华技术出口限制的竞争情报问题分析[J].情报杂志,2018,37(1):9-14.
③ 曾忠禄.情报制胜:如何搜集、分析和利用企业竞争情报[M].北京:企业管理出版社,2000:15.
④ 曾忠禄.21世纪商业情报分析:理论、方法与案例[M].北京:中国经济出版社,2017:6.
⑤ 中国科学技术情报学会,中国社会科学情报学会.情报学与情报工作发展南京共识[J].情报学报,2017,36(11):1209-1210.

服务国家规划、重点项目攻关等科学技术发展10年规划,情报研究通过综述、评述和专题研究报告的形式在科学技术与发展中,尤其是国内外对比研究中履行了重要职能[①]。70至80年代,情报研究通过发展战略和方针政策研究为科学决策提供了重要的依据和对策。60年来,科技情报部门选编的大量科技参考资料经常受到科技主管部门的批示,科技情报为我国科技决策和创新发展做出了突出贡献[②]。以往的以文献、信息和知识服务为主的支撑性情报工作与当时的科技发展环境和发展战略是相匹配的。

今天,我国科技创新水平正加速迈向国际第一方阵,进入跟跑并跑领跑三跑并存、并跑领跑日益增多的历史性新阶段,在若干重要领域开始成为全球创新的引领者。国务院印发的《关于全面加强基础科学研究的若干意见》提出,到21世纪中叶,把中国建设成为世界主要科学中心和创新高地,未来科技发展已呈现出从问题出发转向从目标和愿景出发之势[③]。科技对经济、社会、国防等方方面面的支撑作用日益显著,各国奋力占领科技制高点,力图以此获得各领域竞争优势。在此背景下,如何预见未来新兴技术,如何取得竞争优势,如何保护科技发展的安全性,如何超前部署科技发展战略等一系列问题,超出了支撑性情报服务的胜任能力,均需具有先导性功能的情报服务来发挥作用。美国国家情报委员会自1996年开展关于全球未来发展趋势的系列研究,最近出版的《全球趋势2030》对未来15—20年全球经济、政治、社会、安全重大发展趋势进行了全面的预测分析[④],在2017年通过情报分析得出,未来数十年,中俄将在"灰色地带"和争议地区挑战美国主导地位这一论断[⑤],这些预测分析的结果对于美国的发展战略决策具有重要的先导性作用。而我国在此方面尚显薄弱,面向科技发展的情报服务多局限于简单的文献服务,无法应对新时代科技发展需求的变化。

第二节　"三跑并存"情景规划的构建

2014年,习近平总书记在两院院士大会上指出,我国科技的某些领域正

①　包昌火,刘诗章.我国情报研究工作的回顾与展望[J].情报学报,1996,15(5):345-350.

②　曾建勋. 花甲之年的惆怅:科技情报事业60年历程反思[J]. 情报理论与实践,2017,40(11):1-4.

③　郭戎.关于未来五年科技发展关键点的思考[J].经济研究参考,2016(13):39-40.

④　美国国家情报委员会.全球趋势2030:变换的世界[M].中国现代国际关系研究院美国研究所,译.北京:时事出版社,2016:123-126.

⑤　US National Intelligence Council. Global trends:The paradox of progress[EB/OL].[2018-03-01]. https://www.dni.gov/index.php/global-trends-home.

由"跟跑者"向"并行者"和"领跑者"转变。"领跑"意味着科技发展已走在世界前沿,所存在的风险也很明显:没有前车之鉴、摸着石头过河,未来发展方向不是十分明确,一旦方向错误,将很容易走弯路、走错路。这要求我们必须建立完备的预警系统,准确把握前进方向、提前防控前方可能出现的风险。与此同时,跟跑国家也正虎视眈眈地盯着我们,随时准备通过竞争、对抗等手段赶超我们。"并跑"意味着科技发展与世界水平相当,处于这一状态的科技发展主要面对的是竞争者之间激烈的竞争甚至对抗,为了在竞争和对抗中取得胜利,必须考虑如何构建自身的优势、如何比对手提前识别和抓准机遇,最终实现"弯道超车"。与此同时,还需注意跟跑者正在寻找赶超我们的机会,我们也必须紧盯领跑者的行为。"跟跑"意味着科技发展落后于世界水平,我们所要做的是时刻监测领跑者的发展动向,评估领跑者的方向是否正确以及己方与其能力的对比。我们要根据国情、经济社会的发展需求和自身的能力来选择跟踪的范围、深度,而不是盲目跟踪。综上,"三跑"身份的科技发展需要综合性的情报系统支持,对于每一种身份,情报系统的建设都要有所侧重:"领跑者"身份应侧重于预警情报系统、预见情报系统和反情报系统的建设;"并跑者"身份应侧重于竞争情报系统和反竞争情报系统的建设;"跟跑者"身份则应侧重于竞争情报系统、评估型和支撑型情报系统的建设。

2016 年印发的《国家创新驱动发展战略纲要》中指出,到 2020 年我国进入创新型国家行列,到 2030 年跻身创新型国家前列,到 2050 年建成世界科技创新强国。这一战略纲要十分明确地规定了我国科技发展战略实施的时间窗口,构建了科技发展战略决策的愿景,并规定了情报在支持决策过程中最终极的核心任务。在 20~30 年这样的时间窗口和科技强国这样的战略愿景下,可明确科技发展情景规划诸要素,如表 5-1 所示。

表 5-1 科技发展情景规划要素

情景维度	条件的维度	核心目标	主要评估指标
跟跑	·发展模式 ·与领跑者的差距 ·自身建设	追踪领跑	·领跑者方向 ·自身能力
并跑	·发展环境 ·对手(伙伴)发展态势 ·对手发展策略	构建竞争与对抗优势	·竞争态势 ·自身优势

通过针对己方的资源基础与发展优势分析,利用对手的弱点,识别外部环境的机会(尤其是经济社会需求和不确定发展环境),为牵动科技发展沿着事先预定好的方向前行提供外部动力支持;安全制动是面向难以预测和具有不确定性的发展环境,以及对手持续性和潜在性的威胁,进行情报预警、情报评估,从而发现前方可能遇到的风险,并把握适当时机暂停或重新调整当前的目标;风险干预是通过反情报、警务情报和对外情报,来破除前行道路的困境和障碍,并根据具体情况适当调整后沿着事先拟定好的方向继续前行。上述体系是一个相互嵌套的循环过程。

在面向具体战略时,情报工作要根据决策者和国家总体战略需求对情报功能进行级别划分,来保证情报活动的针对性和高效性,避免因情报活动过度而造成资源浪费,对情报功能的级别加以划分还有助于在情报圈内提高情报工作体系与模式的成熟度,在情报圈外提高情报工作运行模式的显示度[①]。具体来说,竞争战略,可划分为三级:第一级是提供竞争环境扫描,明确已知和潜在的对手有哪些,分布在哪里,有哪些特征等,目的是消除不确定性;第二级是提供竞争态势识别,掌握竞争对手有什么优劣势,竞争对手之间的力量对比,己方在竞争生态中处于何等位置等,目的是明确竞争性;第三级是提供竞争战略布局,明确对手的竞争意图,谋划己方在科研资源、人才资源等方面的布局,并根据竞争态势选择领先战略、追随战略或替代战略[②]等,目的是创造可能性;对于安全战略而言,第一级是安全风险评估,即识别安全风险,定性安全风险;第二级是安全风险干预,从"被动防御"(如反情报)、"主动攻击"(如隐秘行动、情报欺骗、反反情报等)和"风险转化"三方面构建安全风险管理体系;第三级是安全战略布局,为国家安全战略布局的动态完善和实施提供情报支持(包括健全国家安全制度体系,创新国家安全思想理论,推进国家安全法治建设,完善国家安全方略谋划,推进国家安全宣传教育[③]等)。

二、以"三跑"情景假设为逻辑起点的情报分析要点

面向科技发展战略决策制定的情报分析,在过程上遵循结构化情报分析过程(如图4-23所示),但在具体环节上根据科技发展战略决策特征进行设定。其中,情报任务是优化科技发展战略决策,要根据科技发展战略决策特

---

①　杜元清.情报分析的5个级别及其应用意义[J].情报理论与实践,2014,37(12):20-22.
②　包昌火,李艳,王秀玲,等.竞争情报导论[M].北京:清华大学出版社,2011:27.
③　刘跃进.以总体国家安全观构建国家安全总体布局[J].人民论坛,2017(34):38-40.

征、决策需求来设置和规划。本书前面提出了科技发展战略的三个情景,它们对于情报的需求分别构成了三种不同的情报任务。

(一) 假设模型的建立和评估

2019 年 6 月,在 2021—2035 年国家中长期科技发展规划研究编制工作启动会上,与会专家们指出,中长期科技发展规划要针对远景和未来的假设来进行规划。面向科技发展战略决策的情报分析,应首先对科技发展的未来情景进行假设,并在假设的基础上,进行情报搜集与分析。因此,我们要特别强调假设在情报分析中的重要地位。假设通常包括两种,一种是基本假设,即假设过去发生的事件将来还会发生。这种假设若想获得较高的预测概率,需要观察大量已发生的事件,因此需要大体量数据的采集。另外一种是较为高级的假设,即假设造成过去某一事件的那些因素会在将来引发类似的事件。根据确定的起因进行预测,结果往往非常可靠,在实验室条件下预测结果几乎是准确无误的。确定起因使得研究人员能够建立确定性的模型,只要提供给该模型的数据正确,该模型就能够准确无误地预测出结果①。

建立假设模型过程,需要依据三种情景特征,采用提问式的方式界定和明晰决策问题。例如,对于跟跑情景,假设模型的建立需要围绕以下问题展开:我们的领跑者是谁? 他们与我们存在怎样的差距? 他们的路径和发展方向是否正确,是否适合我们? 我们自身的能力如何? 我们的国情和经济社会需求与领跑者存在什么样的差异? 等等;对于并跑情景,我们需要提出的问题是:竞争者的发展意图、态势如何? 竞争者采取怎样的竞争策略? 竞争者释放的信号是否真实,我们如何利用? 我们与竞争者存在怎样的差异? 我们的优势在哪里? 我们的伙伴在哪里? 等等;对于领跑情景,我们需要提出的问题是:我们定位的方向是否体现了经济社会未来的需求趋势? 我们所从事的研究是否能够解决世界性共性的问题和难题? 按照目前的发展环境和需求,以及我们自身的能力,我们将会有什么样的风险? 我们如何把控风险? 世界上哪些国家在盯准我们,他们的意图、优势如何? 如果我们的研发能够成功,应该怎样巩固和维持? 如果我们的研发最终失败,应该采取怎样的方式在借助已有资源和失败经验的基础上重整旗鼓? 等等。我们应将这些问题一一在假设模型中予以体现,并寻找相关证据予以验证和评估。

---

① 包昌火,李艳,王秀玲,等.竞争情报导论[M].北京:清华大学出版社,2011:27.

（二）多渠道获取情报信息

为了建立和评估假设，我们需要不断地搜集信息来支持假设模型和验证假设。通常而言，情报搜集包括以下五个方面：一是文献信息搜集，其中，公开出版的文献可以直接订购或采购，内部出版的文献可以直接或间接索取，会议、展会的文献可以现场收集，与合作单位之间的信息可以互相交换。二是实物信息搜集，反求工程是获取实物信息的一种有效途径，即通过拆卸、检查、化验实物产品，获得其材料、工艺、成本等经济技术信息，以及功能、性能、方案、结构、材质、精度、使用规范等众多信息。实物的反求对象可以是整机、部件组件或零件。需要通过反求来搜集隐含信息的实物通常是比较先进的设备、产品。三是视觉信息搜集，这种方式通常借助实地调查来实现，包括参与式观察和旁观式观察的方式来进行调查。四是言语信息搜集，如通过电话、网络语音软件和相关的录音仪器设备（如小型录音机、录音笔等）等方式。五是网络信息搜集，包括对网页内容进行浏览，利用爬虫技术抓取数据，检索相应数据库，对网页内容进行文本挖掘等。

（三）将预测、预见性情报方法贯穿于情报研究中

不同于情报学研究，情报研究是一种实践性的应用研究[①]。在情报研究中，情报人员需采用适当的方法从信息源中获得全面的信息，并通过对这些信息的时序关联分析，提供具有前瞻性的情报，例如，通过地平线扫描法获取和利用外部环境事件信息、趋势信息，描述组织与外部环境之间关系的信息[②]，以及与观念类相关的信息和证据[③]，来识别、处理战略性的威胁和机遇，预见可能构成或创造机会的新出现的问题和事件[④]。在进行环境扫描时可根据问题时空需求采取被动扫描（阅读相关资料）、主动扫描（定期对特定的信息源进行扫描）和定向扫描（特定目的、有选择性）相结合的方式。情报分析是情报流程的核心，有效的分析方法是提高情报产品效用的关键，除传统的归纳、演绎、综合和定量的分析方法，以及大数据环境下的网络计量、聚类和关联分析方法外，一些被证明卓有成效的特定分析方法也表现出了对先导性功能实现的高效性（见表5-3）。

① 陈超. 谈谈情报学研究与情报工作[J].竞争情报,2017, 13(04):3.
② Aguilar F J. Scanning the Business Environment[M]. New York: Macmilan, 1967.
③ 王延飞,杜元清,钟灿涛,等.情报研究论[M].北京:北京大学出版社,2017:62-63.
④ Loveridge D. Foresight: the art and science of anticipating the future[J]. Foresight, 2009(5): 80-86.

表 5-3　预见性情报分析方法举例

方法	实施要点	使用目的
情景分析法	找出围绕核心问题或核心决策的关键要素及其驱动力量，模拟可能情景，并按情景出现可能性高低排序，通过监测主要指标和先兆事件逐步缩小情景范围①。	回答我们将到哪里？如何到那里？在此过程中会发什么?②
全谱分析法	将情报任务进行结构化和框架化的分解、组织和重构，以实现情报工作的"全面覆盖，互不重叠"。具体可包括基于主题领域和目的的"战略情报谱系分析"，基于时间谱系的"技术年谱分析"，基于空间的"五大空间谱系分析"，基于问题的"兰德问题谱系分析"，基于要素的"要素全谱分析"，基于"层级"的情报工作谱系分析，基于工作流程的"输入端全谱、方法端全谱、输出端全谱等"③。	全方位获得分析对象的信息及其之间的关联。
意图—能力分析模型	全面分析对手的目的、计划、承诺或行动方案，深刻洞悉对手的整体军事、政治、经济、科技、方法和生产力④。不仅在乎带有威胁性质行动的信息，不带有威胁性行动的信息也要掌握（如研发动向、先进实践等）。	了解暗含于竞争政策与战略背后的竞争对手态度、理念及目标等⑤，分析对手竞争能力以及可能采取的威胁行动。
基于注意力理论的分析	分析对手的注意力聚焦领域（领域重点）、注意力情景化情况（环境）、注意力结构性配置（规则、资源、社会关系等的配置）⑥。	分析对手的重点战略部署。
文本分析法	发现重要文本中（如领导讲话、发展规划等）使用频率高以及与科学技术有关的术语，如无线电波长、电子磁场或太空光线调制器、太空研究院等，然后分析与这些术语相关联的短语或句子，从而发现可能的科技情报⑦。	分析对手正在关注的研究领域。

　① 曾忠禄,张冬梅.不确定环境下解读未来的方法:情景分析法[J].情报杂志,2005(05):14-16.
　② 娄伟.情景分析法研究[J].未来与发展,2012(9):17-26.
　③ 王延飞,杜元清,钟灿涛,等.情报研究论[M].北京:北京大学出版社,2017:47-49.
　④ 曾忠禄.21世纪商业情报分析:理论、方法与案例[M].北京:中国经济出版社,2017:83.
　⑤ 赵筱媛,郑彦宁,陈峰.近年美国科技竞争战略的演进与变化[J].中国科技论坛,2010(04):142-147,160.
　⑥ Ocasio W. Towards an Attention-based View of the Firm[J]. Strategic Management Journal, 1997, 18(1):187-206.
　⑦ 曾忠禄.21世纪商业情报分析:理论、方法与案例[M].北京:中国经济出版社,2017:126.

续　表

方法	实施要点	使用目的
OPSEC 法	即操作保密性,一种针对己方信息的保护方法。确定关键信息、分析威胁和脆弱点、评估风险、采取对策①。	进行科技安全保护,节约用于安全保护的经费;并协助对泄露进行定性。

除上述方法外,为支撑先导功能的实现,情报工作应特别重视预测、预见性的情报分析方法。2004 年,在欧盟联合研究中心未来技术研究所组织召开的研讨会中有学者提出,可以用面向未来的技术分析(future-oriented technology analysis,FTA)来涵盖技术预见、技术预测和技术评价等各类面向技术分析的方法和实践。总结起来,FTA 方法主要包括六类:描述性分析方法、趋势型分析方法、系统型分析方法、统计型分析方法、模型类分析方法和调查类分析方法(见表 5‑4),这些方法在预测性情报分析中均具有十分重要的应用价值。

表 5‑4　可用于情报分析的 FTA 方法②③④

方法类别	方法举例
描述性分析方法	多元未来的形成、概率图、文献计量、影响清单、未来指标状态、多观点评价、形态分析、交叉影响分析、(技术)产品路线图、科学地图、多路径地图
趋势型分析方法	外推法、成长曲线模拟、领先指标、包络曲线、长波模型、未来工作组、愿景、类推、趋势影响分析
系统型分析方法	萃智理论(TRIZ)、需求分析、机构分析、利益相关者分析、社会影响分析、减弱风险的战略安排、可持续分析、行动分析(政策分析)、相关树、未来轮、反求、成本—收益分析、SWOT 和记分板分析、层次分析法、数据包括分析、多因素决策分析
统计型分析方法	(重要人物)心理语言学分析、风险分析、相关分析
模型类分析方法	贝叶斯分析、控制论模型、系统动力学模型、创新系统描述、复杂自适应系统模型、混沌机制模型技术融合或替代分析、投入‑产出模型、基于代理的模型、情景博弈
调查类分析方法	德尔斐法、焦点小组、参与者方法

①　曾忠禄. OPSEC:企业公开信息保护的方法[J].中国信息导报,2003(05):50‑51.

②　Alan L Porter. Technology foresight:types and methods[J]. International Journal of Foresight and Innovation Policy,2010,6(1):36‑45(10).

③　叶鹰,武夷山.情报学基础教程[M].北京:科学出版社,2012:164‑165.

④　杰罗姆.克劳泽.情报研究与分析入门[M].辛昕,译.北京:金城出版社,2016:170‑196.

（三）情报累积与评估

在进行情报分析过程中,情报工作者会不断产生思想、观点以及流程类和方法类的知识,这些知识需要进行有效的组织与聚合,从而实现情报分析结果的累积。情报分析结果累积的目的是整合决策及其过程中涉及的各种知识和情报资源,进行成果复用和组织学习,并为后续的情报产品生产提供素材。

情报分析结果评估除了关注情报对科技发展战略决策的影响力情况外,还要对控制情报分析结果的内部质量加以重点评估。高质量的情报分析结果应该是现状数据翔实、动向识别深刻、趋势预测具有证据和情景支持。高质量的情报分析至少包括以下要素:它是问题导向的,具有明确的研究目标,采用了科学的研究方法和研究假设,具有可靠的证据来佐证研究结论的科学性,研究成果可理解性强,情报观点和见解具有前瞻性、系统性和可行性。情报分析结果内部质量控制主要依靠内部信息源,重点是通过内部成员的头脑风暴、批判思维以及决策专家组的反馈来进行评估与修正。它需要开展情报评估和情报预警工作,情报评估需进行知识管理,如知识组织、隐性知识挖掘、搭建知识交流渠道,并结合上一轮的需求调研进行知识匹配分析;情报预警需要对可能产生的分析结果进行假设分析,并结合证实、证伪、竞争性假设以及情景模拟分析等方法验证假设,对可能性大的假设设计多种应对预案。

第四节　情报产品生产模式的构建

一、三个层次的情报产品刻画

高质量的情报产品应该涵盖符合国家、社会和竞争者发展趋势的新思想、新观点、新理论和新知识,对热点、难点、重大和规模性事件给出对策和办法,必须具有独立的思想和观点。情报产品刻画除了要遵循情报流程中关于情报产品刻画的总体描述规则外,还需应科技发展不同情景的需要,在内容上体现针对性和匹配性。

以集成电路(IC)设计领域为例,2010 年,全球前十大无晶圆厂模式(Fabless)厂商中有 9 家来自美国 1 家来自中国台湾,大陆企业无 1 家入围,当时大陆企业的 IC 市场占有率仅有 5% 左右。到了 2018 年,3 家台湾企业和 1 家大陆企业入围全球前十大 Fabless 厂商,而美国的企业中被"挤出"3 家,仅剩 6 家。尽管 IC 领域仍是美国一家独大的局面,但从中可看出,中国的科技实力正潜移默化地发生着变化,在跟跑的过程中,显示出了极大的发展潜力。那么,在跟跑的过程中如何破除美国的技术封锁与技术限制,并通过竞争情报手段构建我国 IC 领域的发展优势,从而提升竞争力,应成为情报产品刻画思考的主要问题。在 5G 领域,据德国专利数据公司 IPlytics 指出,截至 2019 年 4 月中国企业申请的 5G 通信系统标准关键专利(Standards-Essential Patents,SEPs)件数占全球 34%,居第一位,我国 5G 技术已进入世界的第一方阵。同样,在量子通信领域,中国已建成量子通信卫星"墨子号"和量子通信光纤链路"京沪干线",在世界上处于领先地位。5G 技术、量子通信在安全、社会发展等领域的强大应用价值,使得世界各国付诸巨大努力竞相设定相关战略并开展技术研发,可见,在领跑领域,制高点的占领取决于时间点的抢占,在将这些经验与理念融入科技战略决策制定过程中的同时,我国还应进一步通过情报界来优化制度体系建设,以及科技资源、人才资源的开发机制,助力实现我国 2030 年在全球率先建立量子通信网络的目标,并依此构建相匹配的情报产品。

总之,情报工作应根据不同情景开发有针对性的情报产品。为匹配"三跑情景",情报界需相应地开发跟踪型、竞争型以及发展型的情报产品。

(一) 跟踪型情报产品

跟踪型情报产品主要是应跟跑情景的需求,这类情报的理论与方法基础是竞争情报、情报资源组织。跟踪型情报产品刻画的主要任务是对领跑者发展意图、态势和趋势等进行分析判断,结合总体发展环境和经济社会现实需求,对领跑者的发展方向进行评估,根据己方特征和需求来分析己方与领跑者之间的差异和差距。

(二) 竞争型情报产品

竞争型情报产品主要应并跑情景的需求,这类情报的理论与方法基础是竞争情报。竞争型情报产品刻画的主要任务是对竞争者的发展态势、能力和意图等进行分析判断,找出竞争者的优势和劣势。能力和意图的分析主要依靠挖掘竞争对手的发展历史、文化、自然资源、社会资源、科技发展水平、跨国业务以及国家主要部门的领导者等相关信息来开展。根据己方自身的发展需求和特征,寻求非对称赶超战略。提出保护自身信息的机制和方法,识别竞争对手释放的各种信号,特别是微弱信号和虚假信号,并加以利用,以取得竞争优势。

(三) 发展型情报产品

发展型情报产品主要应领跑情景的需求,这类情报的理论与方法基础是发展情报学。发展情报是根据客观现状,想定(研判中的一步)未来发展态势,再根据未来发展态势提出方法、对策,即提出未来发展目标以及实现该目标的发展路径,并通过情报分析手段增加实现最优发展目标、最优发展路径的可能性。发展型情报产品刻画的主要任务是探究科技发展的方向在哪、如何发展,主要目标不是消除不确定性,而是创造可能性、塑造未来。重点包括:其一,识别战略发展方向,发现可能对国家利益造成威胁的信号和有益于国家发展的战略机遇;其二,分析科技发展过程中面临的各种可能性,包括发展空间和风险等;其三,时刻监测后发者和同行者的各种反应和可能的选择,并提出情报解决方案;其四,采用进攻型和防御型反情报,保护自身科技信息;其五,梳理国家和社会在经济、科技、军事、安全等领域未来发展脉络;其六,建立情报预警系统,对其他国家或行业组织可能采取的技术对抗和竞争进行响应、感知和刻画。

二、情报产品的服务模式创新

(一) 推动情报产品服务从"节点服务"向"过程性服务"转型

以往的情报服务大多是节点服务,即针对某一特定情报任务的情报研究与服务,关注的是特定任务本身,而不是用户发展这一全局,这种节点服务比较僵化和分散,各节点与整体服务间存在一定程度的割裂,缺乏系统性和战略性思维,因此,情报服务价值和影响力大打折扣。过程性服务强调与用户工作过程的融合,是一种面向用户发展的全程跟踪性的服务,不仅能够实现实时按需服务,而且还具有全局性、系统性和战略性的把控能力,每一个过程的服务都是整体服务目标的一部分,都是在这种整体性思维的指导下开展的,这将极大地深化情报服务的价值、增强用户对情报服务的依赖性、提高情报服务的地位和影响力。

(二) 推动情报产品服务从"支持型服务"向"支援型服务"转型

支援即支持和援助,相比"支持"而言,"支援"除体现支持外,还强调情报服务对决策活动的实质性效用、决策对情报服务需求的迫切性和情报服务机构对于决策的融入性。因此,构建支援型情报服务体系,需精准把握时机,精准把握需求,在决策最需要的时候,支援型服务采用最合适的方式提供恰当规模的,具有可操作性的,独特的情报解决方案,特别是要建立面向应急性、关键性和规模性问题的情报实施方案。向"支援型服务"转型要强调情报机构与决策管理层合作的团队意识,将自身的系统要素与决策活动要素有机融合,始终站在作为决策管理团队一员的角度开展情报服务。

三、生产情报产品的情报体系

(一) 情报体系理论框架

在面向科技发展战略的决策中,情报产品并非一定要局限于某一种具体的形态或固定的内容。在笔者看来,情报产品包括广义和狭义之分,狭义的情报产品指的是具体的简报、研究报告等;广义的情报产品指的是能够持续提供这些具体产品的情报体系,特别是面向科技战略决策这种复杂和长期的决策支持,建立情报体系这种广义的情报产品更为有效和现实。

面向科技发展战略决策的情报体系应该紧紧围绕先导性功能而建,具有先导性情报功能的情报体系将情报功能由"探路者"升华到"铺路者",这不仅保持了"耳目尖兵参谋"的情报本色,而且将关注点从局限于科技发展的现状问题转移到目标与愿景,在基于情报分析的探索性开拓中为科技发展的前行之路识别机会、指引方向、提供动力、破除风险,试图以此来为科技创新提供更大的可能性,为科技赶超提供更精确的目标、争取更大的优势,为科技安全提供更全面的保护,从而更加匹配新时代科技发展的新的情报需求。

为此,本书构建了具有先导性情报功能的情报体系,如图 5-2 所示。其中,情报组织融合作为情报体系的基础层,支撑情报活动的开展;"方向指引——动力牵引——安全制动——风险干预"作为功能层,以这一系列功能将科技发展引入对抗、竞争与不确定发展的环境中;在应用层中,该情报体系重视从现实与历史环境中推测未来环境趋势,以面向未来的技术分析(future-oriented technology analysis, FTA)等为基本方法,在情报流程中强调关联分析、情景演化和假定验证的重要作用,由此支撑先导功能的实现。

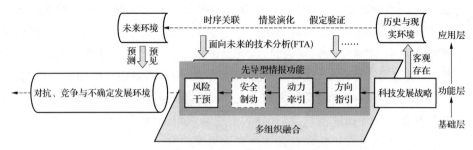

图 5-2　科技发展情报体系理论框架

1. 以支持战略决策为基本目标

美国情报专家安吉洛·奥德维拉指出,情报的本质属性是决策性[①]。服务、引领经济社会发展的重大决策,是时代赋予情报界的光荣使命和历史重任[②]。作为科技发展先行者的情报体系框架是以为国家科技发展战略决策提供支持和先导为最终目标,尤其是将国家科技发展战略置于赶超式、对抗性和不确定性的环境中,为了实现"三跑并存"并以领跑为最终价值取向来洞察存在的问题、谋划发展的目标和愿景。迈克尔·波特认为,战略的核心是选择什么、不做什么,决策就是对这些问题进行判断并做出抉择的智力活动。通常情况下,决策者往往只重视容易看到的信息和先收集到的信息,而忽略不显眼的信息和后收集到的信息。在理解信息时,决策者往往不能理解他们直接经验之外的问题,他们从信息中看到的东西往往是他们期望看到的东西。因此在制定目标时,决策者往往把过去的看法、过去的哲学导向带到决策分析过程中来,并且只注意非常有限的几个问题和结果,忽略与自己看法有矛盾的信息[③]。情报体系就是解决决策者信息获取和认知的困难问题,并通过对战略环境的监测分析,可利用资源的统筹安排,可能机会的识别,危险和困境的预见与破解,提出有针对性的解决思路和对策。

此外,早期的战略规划与战略实施是分开的,对环境的关注仅仅存在于战略规划阶段。规划一旦完成,对环境的关注便停止[④]。新时代的科技发展特征决定了以往的战略规划设计已经不能适应科技发展的新需求,现代战略管理

①　中国科学技术信息研究所. 中国科技信息事业 55 年(综合卷)[C].北京:科学技术文献出版社,2011:1-549.

②　包昌火,马德辉,李摇艳,等. 我国国家情报工作的挑战、机遇和应对[J].情报杂志,2016,35(10):1-6,17.

③　Das T K & Teng B S. Cognitive biases and strategic decision processes: An integrative perspective [J]. Journal of Management Studies, 1999(36):757-778.

④　曾忠禄.21 世纪商业情报分析:理论、方法与案例[M].北京:中国经济出版社,2017:49.

必须强调与环境的全程互动,战略规划需随着战略实施情况伺机而动。这就要求战略规划不仅重视环境现状的监测分析和未来环境的识别预测,还需对目前环境与未来环境进行时序转换的关联分析,以此为战略决策提供探索未知、预测未来和创造可能的依据。情报体系就是通过持续不断地采用监视、评估、预见等手段以及所具备的动态应变能力,来完成这一任务。

2. 以多部门融合的情报组织为执行主体

现代科技发展环境的复杂性,战略意图与规划设计的动态性、长远性和全方位性,决定了情报分析链条应同时具备专长性和宽广性两种特征。所谓专长性是指情报分析过程,需要长期持续不断的情报搜集、处理和监测,这一过程经历的时间长、涉及的上下游领域多;所谓宽广性是指情报源涉及的范围极其广泛,如各类纸质和电子出版物、各级各类领导讲话、各种形式的人际交流、各级各类电台媒体等。通常情况下,情报收集来自六个不同的领域:信号情报(从电子系统收集)、开源情报(新闻、电台和网络等)、人工情报(人工收集)、图像情报(各种出版物上的图片)、地理空间情报(卫星、无人机)、测量和痕迹情报(包罗万象)[1],全面收集这些领域的情报需要借助多个部门的资源和技术来完成。美国学者唐纳德·麦克拉克伦认为,只有将己方与敌方的计划相联系,敌方的情报才有意义,因此,作战人员和计划制定者必须将自己的意图告知情报人员,才能使情报人员更加高效地工作[2]。尤其是在需要强大专业知识支撑的领域,如重大科技项目和基础研究领域,相关专业人员和部门必须将所属领域的未来发展计划准确告知情报机构,并以领域专业知识视角配合情报分析,才能使情报活动有的放矢,提高情报产品的专业性和深度。

多部门融合的执行主体应注重三方面的建设:一是理顺结构。必须确立以一方为核心,其他各方作为辅助的结构体系。通常有两种结构供选择,一种是以专门情报机构作为核心,其他部门作为辅助,这种结构适用于技术更新较快,具有一定的竞争优势,有望在短期内实现从并跑到领跑的科技领域,如空间的进入和利用领域等。另一种是以对口的部门或者组织为核心,以专门情报机构作为主要辅助,其他部门作为次要辅助;这种结构适用于专业性强,而且需要长期积淀并做长远规划才能体现竞争优势的领域,例如,在高能物理研究领域,高能物理实验的设计、规划及实施动辄需要 30 年或 50 年[3],没有深厚的专业知识,仅通

---

①　艾伦·利斯卡.防患于未然:实施情报先导的信息安全方法与实践[M].姚军,吴冲华,译.北京:机械工业出版社,2016:31.

②　Michael I Handel. Intelligence and Military Operations[M]. London:Frank Cass, 1990:1.

③　王贻芳.创新驱动建设科技强国[N].人民日报海外版,2018－03－06(9).

过情报工作进行前瞻性的规划是行不通的。二是加强协调。通过体制、机制建设实现各部门高度协调并具有战略性,使多部门在执行情报活动时,凝聚力强大、资源畅通、目标聚焦、步调一致、行动一体。三是理清各部门的职责分工。专门的情报机构主要通过情报搜集、组织、分析、应用和评估的技术和方法,将特定的情报源在情报需求的引导下转化为可以指导实践应用的情报产品;科技管理部门和领域专家协会主要负责领域发展意图与目标的设计和传达,以及情报分析中的领域专业知识指导;海外华人协会、驻外大使馆等主要负责对外情报的搜集;知识产权、安全管理和贸易管理等部门主要负责安全情报的搜集。

(二) 情报体系实现

1. 情报体系主体:依靠相关法律法规,构建"超级情报组织"

近年来,我国在科技发展方面出台了各种规划性文件和纲要,如《"十三五"国家科技创新规划》《国家创新驱动发展战略纲要》等;在国家安全方面,提出了"总体国家安全观",颁布了《国家安全法》《反间谍法》,出台了《国家安全战略纲要》,《国家情报法》也正式诞生。这些法律法规无不反映着集中力量办大事的决心与纲领,为专门情报机构与其他相关机构融合,从而建立集多种部门为一体的"超级情报组织"提供了依据和导向,特别是为未来情报工作的任务聚焦提供了组织线索。

现代战略情报研究工作已转向分布式协同模式[①]。超级情报组织就是以凝聚全源力量为目标,以任务聚焦为组织线索,以分布式的协同为工作模式,将专门情报机构与其他多种类型的职能部门融合,共同完成特定的情报任务。构建这样一个组织的基础性工作是冲破各组织之间的价值壁垒,平衡各组织的价值博弈,找到各组织协同合作的内驱动力。从顶层设计角度上,情报工作需从国家全局层面和战略性高度建立举国一致的情报管理体制和机制。如,成立国家情报委员会或国家情报总局(中心)等[②]。美国在此方面给我们提供了丰富的经验,"9·11"事件后,美国情报界进行了大幅改革,其中的一项重要举措就是成立了联合情报界委员会,其成员主要包括国家情报主任、国务卿、财政部部长、国防部部长、司法部部长、能源部部长和国土安全部部长等[③]。维持这一组织的稳定性,需将体制、机制落实到具体的法律法规和制度性文件

---

① 刘细文,虞惠达.分布式科技战略情报研究与服务之工作模式研究[J].情报学报,2007(3):430-434.
② 包昌火,马德辉,李艳. Intelligence 视域下的中国情报学研究[J]. 情报杂志,2015,34(12):1-6,47.
③ 高庆德.美国情报组织解密[M].北京:时事出版社,2016:44.

中,以此协调各利益相关者之间的关系。提高这一组织的运行效率,需以任务为情报活动的组织线索,建立面向国家各重大战略任务需求的情报行动指南和标准化情报活动程序,并构建情报资源共享战略。

2.情报体系基础:抓住军民融合机遇,提升情报能力

在复杂化的国际环境下,科技发展战略本质上是竞争与安全的统一,支持科技发展战略决策的情报体系需要安全类和发展类情报的综合能力加以保障,提升情报的综合能力,需要以军民情报融合作为路径。军民融合是指把国防、军队现代化建设融入经济社会发展体系之中,军民情报融合是指将军事、国防、安全等情报与社会、经济、科技等情报融合。军民情报融合应以国家发展与安全共谋为本,以理论共建为基,以资源共享和方法共通为路。并特别强调,将民用情报领域的信息及其加工优势与军事情报领域的对抗性情报优势相整合,将民用情报学理论的原理性与军事情报学理论的实务性相融合,以此发挥二者的合力,促进情报能力的提升。

所谓情报能力是情报机构或情报人员的情报收集、组织、分析和情报活动执行能力的总和,一般包括规划能力、技术预见能力、情报处理能力、情报分析能力、情报决策支持能力[①],以及情报活动中的动态能力(如感知并抓住机会的能力、重新调配资源的能力[②],战略抗逆力[③]等)。实现情报能力的提升首先必须建立在强大的情报资源支撑基础上,为此,我国要构建军民情报资源共享机制,提出促进情报资源全要素、全方位的双向转移策略(侧重于规避"小核心",强化"大协作")。首先,对于信息、知识、技术和方法类资源共享,一方面可通过共建各类数据库来实现,如构建案例知识库、方法知识库、策略知识库等为情报规律的揭示、情报技能的借鉴、情报能力的训练提供依据;另一方面要以完成具体情报任务为出发点,推动情报活动的一体化发展,从而在情报活动中通过双方的深入协同合作,实现经验类、隐性化的知识与情报文化的潜移默化式的共享,在此过程中要充分发挥知识管理和领袖人物的重要作用。对于人才资源共享,可以借鉴美国智库的"旋转门"机制,实现军民情报人才"旋转门"模式的双向转移。其次,我国需重视大数据环境下情报技术与工具的研发,不仅要善于对大体量数据内容的处理分析来挖掘情报价值,还要强化对数据的

①　张家年,马费成.国家科技安全情报体系及建设[J].情报学报,2016(5):483-491.

②　Teece D J. Explicating dynamic capabilities: the nature and microfoundations of (sustainable) enterprise performance[J]. Strategic Management Journal, 2007,28(13):1319-1350.

③　张家年.国家安全保障视域下安全情报与战略抗逆力的融合与对策[J].情报杂志,2017, 36(01):1-8,22.

敏感性训练,增强对小数据、异常点数据等容易忽略的数据的情报感知能力。除此之外,我国还要重视逻辑推理、批判性反思能力的建设,善于从数据间的逻辑结构、数据时空关联分布等数据外部特征揭示有价值的情报,识破欺骗性的情报等。再次,情报工作要重视情报方法和流程的变革,使其更加突出场景化特征,善于针对不同场景,选择最优的方法和流程。最后,我们还要研究顶层文化、业务原则,情报使命与情报战略等融合过程中的治理体系,以及融合过程中军民双方的互动管理。

3. 情报体系规划:借势科技发展新征程,尽快制定国家情报战略

党的十九大的召开吹响了全国人民走向新征程的号角,我国创新性国家建设的蓝图已经形成:2020年建成创新型国家,2035年跻身创新型国家前列,2050年成为世界科技强国[①]。具有极强应用性和横断性特征的情报学,作为科学技术组成部分之一的情报工作[②],理应为科技创新发展、赶超式发展和安全发展提供情报决策支持。情报学发展的战略机遇期已经到来,把握这一机遇的重要举措是尽快制定国家情报战略。

国家情报战略是通过综合运用各种力量筹划指导国家情报的建设与发展,从而为国家发展与安全提供决策支持。首先,国家情报战略的基本愿景是跻身国际情报强国行列,并深度嵌入到国家创新与安全体系中。其次,为实现这一愿景,我们需开展以下五方面的布局:一是建立健全国家情报的制度体系,为国家情报的健康可持续发展提供制度保障;二是创新情报学理论体系,尤其是实现军民情报理论的融合,建立面向"大情报观"的理论体系,为情报工作的开展提供理论指导和立论依据;三是创建与完善国家情报的法律、法规。进一步完善国家情报法,更加全面、系统化地强调各级各类情报组织的权利与义务,突出情报活动的"责任性"而非"自愿性",强调各类职能部门的情报贡献。构建规范化的情报工作体系,建立情报活动的标准流程和程序;四是谋划情报活动的方略、政策;五是重构情报学教育体系,变革目前高校的教育内容与模式。拓展情报教育对象,培育科技管理与研究人员的情报素养,使他们走进情报学、认知情报学、参与情报工作、体验情报成果。最后,重点应以以下几方面作为切入点:面向国家发展与安全重新定位情报功能,提升情报机构与人员的使命感,创新情报服务模式,努力提升情报能力,加强政府部门对情报工作的认知、认可,提高情报学的社会地位。

---

① 洪银兴.以建设现代化经济体系开启现代化新征程[J].政治经济学评论,2018,9(01):11-15.
② 史秉能,袁有雄,卢胜军.钱学森科技情报工作及相关学术文选[M].北京:国防工业出版社,2015:9.

第五节　情报产品智库化传递模式的构建

一、智库化传递模式界定

支持科技发展战略决策的情报产品主要功能是想定未来和协助决策者探索未来发展的可能路径,这与智库产品的研究理念不谋而合。智库特别重视其产品的影响力,智库产品的目标是影响政策产出,政策是由决策者制定的,所以,智库的影响力与其说是对政策的影响,倒不如说是对决策者及其政策观点的影响①。智库影响力是指智库专家们成功地向一系列政策制定者或社会公众传递其想法或者引起他们对政策相关信息的思考或者操作②。情报产品的智库化传递模式就是模仿智库产品影响力提升策略,来提升情报产品的应用价值和被决策者接受的程度。具体而言,情报产品传递重点是要主动创设推广渠道和平台以及产品服务品牌。在对决策环境和推广对象深刻理解的基础上,开展竞争情报服务。细分用户需求,开发多载体、多体裁的情报产品,充分采用个性化服务手段将情报产品推送给用户。同时,在传递过程中,影响途径具有可扩展性,这是由媒介发展和成果展示方式的丰富性所决定的。在这一点上,国外著名智库的产品传播策略对情报产品传递具有重要的启示作用,例如,美国智库影响政府决策主要有以下途径——刊行出版物、举办研讨和培训会活动、与媒体互动、参加国会听证会③,其智库成果展示除了常规的纸质或电子文献,还包括多媒体音像视频等。在体裁上,除了研究报告、学术论文、专业书籍等,他们常常就一些突发事件、时事新闻、政府政策颁布等,在第一时间发表声明或评论,阐述自己的观点。美国智库也重视自己出版物的品牌塑造,例如兰德公司的《兰德评论》、国际战略研究中心的《华盛顿季刊》等,这些出版物不仅在社会上有较大影响力,也是向政府传递智库观点的重要平台④。

①　朱旭峰.智库影响力测量的多维性[N].学习时报,2017-04-10(6).

②　里奇.智库、公共政策和专家治策的政治学[M].潘羽辉,等译.上海:上海社会科学院出版社,2011:10,78-91.

③　侯经川,赵蓉英.国外思想库的产生发展及其对政府决策的支持[J].图书情报知识,2003(5):23-25.

④　杨思洛,冯雅,韩雷.中美顶尖智库比较分析及其启示[J].智库理论与实践,2016,1(3):15-24.

二、智库化传递中的信息流控制

情报产品传递过程中的不同阶段会产生不同的传递需求,情报工作需要关联不同的情报功能和情报活动来支持这种需求。情报产品传递过程分为情报任务规划、产品传递、产品进入决策者视野三个阶段,相应地,情报可以发挥的功能依次为感知与刻画、响应与监测、管理与评估。

如图 5-3 所示,情报任务规划阶段的任务是细分用户对象和进行决策问题识别。细分用户对象是根据事先规划好的情报产品预期,分析目标用户的特征,如用户的社会定位与基本知识素养、对当前决策的关注点、可以接受的产品传递途径、最佳接受时间等,以此为后续的精准传递奠定基础。这一阶段涉及的主要情报工作是情报采集和情报研判;决策问题识别是根据用户个性化需求分析并辅以环境扫描分析,来识别用户关注的关键决策问题,并对决策问题的预期目标和研究方案进行规划,主要涉及的情报工作是情报采集、情报组织和情报评估。产品传递和扩散阶段的任务是对产品进行包装(即设计情报产品的刻画),确定传递时机(即根据用户特征和社会环境发展态势选择用户最迫切需要、事件发展最热的时间点),选择传递途径(即根据用户需求和产品特征选择能够最大化表达产品内涵和最令人习惯接受的方式),取得竞争优势(即在信息市场相关产品比较和竞争中,挖掘产品内容与服务的优势并突出显示),主要涉及的情报工作是情报采集、情报组织、情报研判和情报评估。进入决策视野阶段的任务是开展反馈和评估,调研分析决策者对情报产品的意见和建议以及满足预期需求的程度、评估情报产品被采纳的程度、被应用的程度和形式等,涉及的情报工作包括情报评估、情报预警。

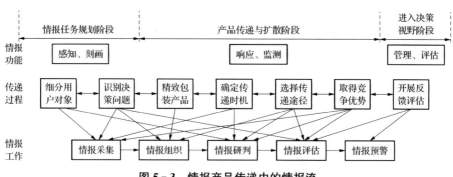

图 5-3 情报产品传递中的情报流

(一) 情报任务规划阶段的情报流控制

这一阶段是保证情报产品质量最为关键的阶段,它在情报产品被决策者接受程度提升中的作用至关重要。情报任务规划是情报产品质量保障的基本前提,情报任务要有问题意识、时效意识、家国意识。它应该与国家和社会发展相关,关乎地球未来。制定情报任务规划,要合理安排优先考虑的事项、资源和战略,灵敏地觉察决策者可能面临的决策困境,洞悉潜在的外部决策需求,除此之外,情报任务要具有前瞻性和可操作性。前瞻性应关注对情报任务的牵连性、影响性和可发展性的把握,以及对潜在性的挖掘。它需要深入调查研究,在系统性思维和战略性思维引导下超前预测、超前谋划及超前预警,并具有洞察力和预见性。前瞻性的情报任务需要可操作性作为保障,没有可操作的情报任务,犹如纸上谈兵,毫无意义。

此阶段情报流控制的目的是感知与刻画用户需求和发展环境信息,以此精准把握决策问题和决策情景设计需求,通过情报预测和预见性方法,研判发展环境的动态变化及其对政策、决策者可能带来的影响。

此阶段的情报输入主要包括公开来源信息(包括政府网站信息、领导人讲话资料、政府报告、相关的学术研究性文献等)和人力信息(主要是用户调研),采用的方法包括假设性分析、批判性分析、情景分析、德尔菲法等主观性分析方法,以及网络爬虫、知识组织技术、语义关联分析、情感分析、行动分析(政策分析)等技术性分析方法。例如,将用户访问信息和需求信息,以及信息资源的物理信息、网络资源的语义信息等进行融合,情报工作可以实现支持多类型、多内容的网络信息资源,以及各层级细粒度的聚合。利用语义化组织将情境、情感等背景知识纳入信息资源中,保证需求分析和情报任务识别的准确性和场景性。我们还可以将知识语义关联与社会网络关系、社会事件链关系、环境知识、跨领域隐性知识等进行多元化、多层级的知识关联,促成情报网络的生成。这将实现知识元素特征间更精确的抽象概括,反映面向某一问题或某一需求的更具普遍意义的一般规律。揭示知识元背后的情报元素,特别是在大数据环境下,开展大规模公开行为数据的分析成为可能,该情报网络可直接调研用户存在的潜在利益冲突和数据偏差,具有很强的客观性。

此阶段的情报输出主要包括用户画像研究报告,决策问题发展现状与发展趋势报告。用户画像研究报告主要就用户的基本特征、需求特征、社会地位及其网络关系特征进行描述。决策问题发展现状与发展趋势报告重点是在客观翔实的数据作为证据的基础上,对决策问题发展的历史演进、现状动向和未来发展趋势进行分析研究,并需要配备决策问题产生和发展的场景说明。

(二) 产品传递和扩散阶段的情报流控制

这一阶段重点在于构建情报产品与服务的竞争优势,情报产品服务的基本原则是要在正确的时间(时机)、以正确的方式(包装)、采用正确的途径将情报产品传递到正确的人的手中。取得竞争优势要求面对信息市场中的竞争,凝练特色、挖掘优势、提高曝光度,特别是在与各种媒体的竞争中,重视专家资源的建设(如吸引企业界精英、知名学者等专家进入情报研究团队)。

此阶段情报流控制的目的是基于响应前一阶段感知和刻画的情报研究结果的基础上,通过对用户对象、发展环境、媒体发展和竞争对手的持续监测,规划设计情报产品的表现形式,最佳传递的时机,与产品和用户需求匹配的传播途径以及针对竞争者而进行的情报评估和竞争分析。通过前一段的情报响应,我们能对用户和情报产品具有一定的认知,此阶段应据此来采取不同的传递策略,选择恰当的沟通时间点。

此阶段的情报输入包括公开信息源和人力信息源,而与前一阶段不同的是,公开信息源的搜集方向一是侧重于搜集决策者个人基本信息以及行为和活动的信息(主要通过政府网站、决策者的各种政府活动及其讲话资料等获得),二是竞争者、竞争环境信息(主要通过竞争者研究与管理活动,开展竞争的经济、社会、政治等环境信息分析获得)。采用的方法主要包括网络爬虫技术、数据库技术、地平线扫描法、全谱分析法、意图—能力分析、注意力分析、SWOT 分析法等。

此阶段的情报输出包括信息分析市场发展报告和竞争态势研究报告,信息分析市场发展报告主要是对相关信息产品生产机构及其产品产出情况、产品产出的影响因素等进行描述分析。竞争态势研究报告主要是对具有竞争关系的其他信息产品产出的机构、竞争环境等进行分析。

(三) 进入决策视野阶段的情报流控制

这一阶段侧重于情报产品与服务的反馈和评估。反馈需要情报人员与用户对象进行持续性的深入沟通交流,从中获得有关情报产品与服务的各种意见和建议,通过数据证据、权威观点等影响和控制用户的反馈内容。同时,要通过建立相应的反馈渠道(如网络社区、汇报会、研讨会、重点访谈等)来保障反馈信息流的畅通。评估需要从三方面开展,一是接受与应用情况评价,这需要建立相应的评价指标和评价机制；二是对接受与应用水平低的情报产品及其服务的特征、原因进行评估；三是对接受与应用水平高的情报产品影响决策的程度、形式等加以评价。特别是，评估应与前一阶段的用户特征、产品形式、传递时机、传递途径等进行关联分析，以此分析上述各因素在决策者接受与应用情报产品中的积极推动作用。

此阶段情报流控制的目的是开展情报评估和情报预警。情报评估是为了发现情报产品的接受与应用情况及其主要影响因素，情报预警是对情报产品进入决策视野的过程中可能产生的后果提前预测、预见，并提出相应的预案。

此阶段的情报输入主要是人力信息源和大数据信息，人力信息就是对用户对象的反映进行调研分析，进行主观上的评估。大数据信息就是搜集各种类型、各类载体的信息，进行关联化组织和聚合，从而进行客观上的评估。

此阶段的情报输出是情报产品接受与应用报告，报告应该对情报产品的接受与应用情况及其影响因素，以及情报产品未来持续发展的趋势等进行描述和分析。

第六节　比较视角下情报流程应用的优越性

一、结构上的优越性

在竞争、对抗与不确定环境下，科技发展的战略决策并非一蹴而就，而是在不断适应变化的环境下经历动态调整的过程，这就决定了决策过程中的情报需求不断地发生着变化。这样的变化需要持续地反映在情报任务中，这就需要情报流程结构具有广泛的开放性和充分的共享性，从而使决策中的情报需求及其变化能够以最短的路径转化为情报任务，将情报产品以最高的效率传递给决策主体，并使情报绩效能够以最快的速度获得反馈，最终使科技发展能够及时掌握环境和对手的情报，并使情报能够得到更有效的利用。此外，情报流程各个环节并不是割裂的关系，而应具有充分的协同性，如情报搜集是情报分析的基础，反过来情报分析中的情报空白点决定了情报搜集范围；情报分析的结果是情报产品生产的基础，反过来决策主体对情报产品的需求以及情报产品刻画的要求决定了情报分析中意义建构的内容和方向。情报流程各环节的协同确保了各个情报活动互为基础、互为引导,从而使情报价值挖掘更为深入、更具针对性,并使情报活动能够更快速地响应战略决策中环境和对手的变化。各环节的协同性需要情报流程结构围绕某一中心节点进行绩效评估和控制,并基于此促进各环节的交互。本书所构建的网络化的情报流程结构基本上可以满足上述要求,从而在服务于科技发展战略决策中表现出了较显著的优越性。

在线性和周期性的情报流程中,决策中的情报需求转化为情报任务后,后续的环节便沿着情报活动的链条或闭环结构开始运转,决策中的情报需求的变化很难影响这一链条或闭环结构中的情报活动,情报产品需要经过一个周期的情报活动后才能传递给决策主体,这不仅造成了情报绩效评估的不及时性,更为重要的是,处在动态变化环境中的科技发展的情报需求的变化无法及时反映在情报任务变化中,从而也就无法对情报活动提供及时地指引。此外,线性和周期性的情报流程在结构上没有一个可随时反映决策中情报需求变化以及对各情报环节中情报活动结果及时进行验证和反馈的中心环节。中心环节体现了每个情报环节中所反映的情报需求及其变化,是每个情报环节中情报活动都要共同面临的任务,如决策中情报需求的变化会在中心环节中有所体现,从而使其他每个情报环节根据需求的变化来重新调整情报活动,这就使得每个情报环节均能在中心环节指引下形成协同关系,缺少中心环节就会造成各环节之间关系的割裂。

二、环节设置上的优越性

科技发展的战略决策具有长期性、模糊性和不可预测性等特征,这就决定了支持科技发展战略决策不能完全依据数据驱动的情报分析,还需要建立相应的假设模型,通过假设及其验证来定性地分析影响未来科技发展的各种关键力量和因素,从而勾画未来发展的可能情景。此外,战略决策的情报需求更需要的是系统性的信息和行动情报,这需要情报流程各环节能够形成综合性的情报分析结果或产品,使每一个情报环节均能提供相应的综合性情报功能,从而在网络化的情报流程结构配合下,能够将每个情报环节所产生的情报结果及时地向战略决策提供系统性的信息和行动情报。另外,面向科技发展战略决策支持的情报服务不仅要发挥支撑性功能,还应该借助情报本身的竞争性和对抗性属性,以及情报"耳目尖兵参谋"功能发挥引领功能,这需要情报感知活动发挥作用。与此同时,在情报支持战略决策过程中,情报方与决策方之间的连接并非自然而然形成,而是需要建立在战略决策过程与情报流程中均十分重要的环节基础上,双方通过共享重要环节来实现他们之间的连接。

在线性和周期性的情报流程中,情报分析通常是由数据驱动的,从而不能够匹配科技发展的战略决策的特征;并且因不能将假设作为情报搜集与分析范围厘定的依据,从而增加了情报搜集与分析的工作量,淡化了其针对性。此外,线性和周期性的情报流程忽视了环节功能的同质性,各环节综合性功能不强,也没有相应的环节来匹配战略决策的特征,从而在为科技发展战略决策的服务中很难提供系统性的信息或行动情报。另外,线性和周期性的情报流程因为没有相应的环节来强化情报方与决策方之间的连接,淡化了情报应用的有效性。而以目标为中心的情报流程,将目标作为情报方与决策方的连接中介,忽略了科技发展战略决策目标在复杂多变的环境中的不稳定性,而且目标的实现受多种可变力量和因素的影响。实际上,科技发展处在由各种力量和因素所构成的情景中,因此,在科技发展决策中,我们应该首先进行情景规划,在演绎影响各种力量和因素的过程中,确定情报需求,并为了控制情景的发展,来生产情报产品。以目标为中心的情报流以及线性和周期性的情报流程并非按这一步骤来运行,也没有开展情景规划活动。上述体现了相比于其他情报流程而言,本书提出的情报流程在科技发展战略决策中的宏观上的主要优越性。

　　实际上,本书在第二章第二节中关于"传统情报流程的缺陷"的分析,第二章第三节中关于"以目标为中心的情报流程的缺陷"的探讨,以及第四章第七节中关于"情报流程解决的问题"的阐述中,均从不同角度证实了本情报流程的优势,这同样可体现出本情报流程在科技发展战略决策应用中的优越性。

第七节　本章小结

　　科技发展战略决策是一个宏大的研究课题,其中涉及的内容丰富且复杂。本书提供了情报流程在科技发展战略决策制定中应用的一个通用性、宏观性、规范性的指导模式。通过该流程的应用后发现,这一流程可以较全面地兼顾到科技发展战略决策应考虑的问题。特别是,通过情景规划可以较为客观和全面地洞悉科技发展的多种可能,科技发展的情景规划使情报搜集与分析、情报产品生产和情报产品传递等环节具有很强的针对性。需要说明的是,制定科技发展战略决策视角开展实践的过程,需要多领域专家,以及情报机构与科技管理部门的通力合作。本章仅提出了情景规划、情报搜集与分析、情报产品生产和情报产品传递的指导性模式与框架,没有给出具体的和有针对性的情报产品,这缘于本章侧重于考察情报流程应用有效性验证的研究目的,而不是生产针对科技发展战略决策的相关产品。

附录:国外主要情报流程(周期)图

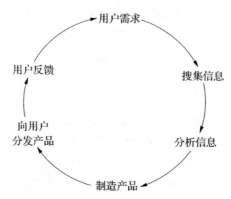

图 1   早期初级的情报周期模型

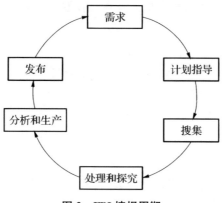

图 2   FBI 情报周期

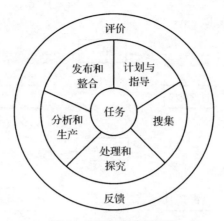

图 3   美国军事情报周期

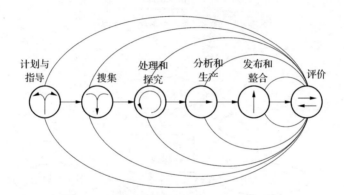

图 4   情报周期(ODNI)

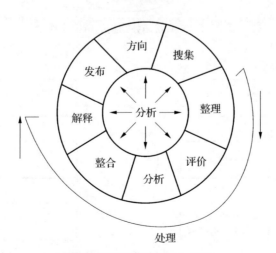

图 5   情报周期(JDP 2 - 00)

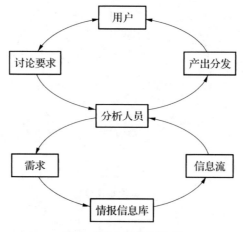

图 6 "8"字形情报流程

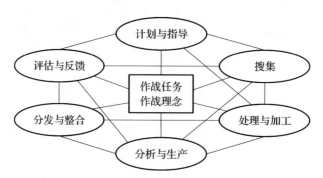

图 7 网状拓扑结构的情报流程

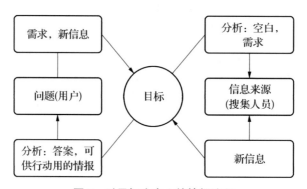

图 8 以目标为中心的情报流程

参考文献

［1］艾伦·利斯卡.防患于未然:实施情报先导的信息安全方法与实践［M］.姚军,吴冲华,译.北京:机械工业出版社,2016.

［2］包昌火,李艳,王秀玲,等.竞争情报导论［M］.北京:清华大学出版社,2011.

［3］贝塔朗菲.普通系统论的历史和现状［M］.北京:科学出版社,1981.

［4］高金虎,张魁.情报分析方法论［M］.北京:金城出版社,2017.

［5］高金虎.军事情报学［M］.南京:江苏人民出版社,2016.

［6］高金虎.美国战略情报与决策体制研究［M］.西安:陕西师范大学出版社,1996.

［7］高庆德.非战争军事行动情报支援［M］.北京:国防工业出版社,2014.

［8］高庆德.美国情报组织解密［M］.北京:时事出版社,2016.

［9］华勋基.情报科学导论［M］.广州:中山大学出版社,1990.

［10］黄政基.军事情报学［M］.内部出版物,1996.

［11］赫伯特·西蒙.管理行为［M］.詹正茂,译.北京:机械工业出版社,2013.

［12］杰弗瑞·理查尔森.美国情报界(上)［M］.石莉,译.北京:金城出版社,2018.

［13］杰劳姆·克劳泽.情报研究与分析入门［M］.辛昕,等译.北京:金城出版社,2016.

［14］李景龙.情报分析:理论、方法与案例［M］.北京:时事出版社,2017.

［15］李耐国.军事情报研究［M］.北京:军事科学出版社,2001.

［16］里奇.智库、公共政策和专家治策的政治学［M］.潘羽辉,等译.上海:上海社会科学院出版社,2011.

［17］刘强.战略预警下的战略情报工作:边缘理论与历史实践的解析［M］.北京:时事出版社,2014.

［18］刘宗和.中国军事百科全书·军事情报［M］.2版.北京:中国大百科全书出版社,2007.

[19] 卢克旺，候振山.中国军事情报科学体系概说[M].北京：军事谊文出版社，2005.

[20] 罗卫萍.二战期间日本情报失误研究及思考[M].北京：时事出版社，2014.

[21] 罗伯特·克拉克.情报分析：以目标为中心的方法[M].马忠元，译.北京：金城出版社，2013.

[22] 理查兹·霍那尔.情报分析心理学[M].张魁，朱里克，译.北京：金城出版社，2014.

[23] 拉尔夫.战略管理与组织动力学[M].宋光兴，付宏财，译.北京：中国市场出版社，2009.

[24] 理查德·霍耶尔.情报分析心理学[M].张魁，朱里克，译.北京：金城出版社，2014.

[25] 马费成.IRM-KM 范式与情报学发展研究[M].武汉：武汉大学出版社，2008.

[26] 马克·洛文塔尔.情报：从秘密到政策[M].杜效，译.北京：金城出版社，2014.

[27] 迈克尔·波特.竞争优势[M].陈小悦，译.北京：华夏出版社，2004.

[28] 迈克尔·A.希特，R.杜安·爱尔兰.战略管理：竞争与全球化（概念）[M].焦豪，等译.北京：机械工业出版社，2019.

[29] 美国国家情报委员会.全球趋势 2030：变换的世界[M].中国现代国际关系研究院美国研究所，译.北京：时事出版社，2016.

[30] 苗东升.系统科学大学讲稿[M].北京：中国人民大学出版社，2007.

[31] 苗东升.系统科学精要[M].北京：中国人民大学出版社，2016.

[32] 缪其浩.国家的经济技术情报：中国和法国的实践和比较[M].上海：上海人民出版社，2011.

[33] 缪其浩.探索者言：缪其浩情报著作自选集[M].上海：上海科学技术文献出版社，2008.

[34] 麦茨·林德格伦，班德·霍尔德.情景规划：未来与战略之间的整合[M].郭小英，等译.北京：经济管理出版社，2003.

[35] 卡尔·斯特思.波士顿战略观点[M].波士顿咨询公司，译.北京：中国人民大学出版社，2009.

[36] 凯斯·万·德·黑伊登.情景规划[M].邱昭良，译.北京：中国人民大学出

版社,2007.

[37] 钮先钟. 战略研究[M].桂林:广西师范大学出版社,2003.

[38] 钮先钟.战略研究入门[M].台湾:麦田出版股份有限公司,1998.

[39] 尼古拉·杰斯尔.情报——发展的一种手段[J].孙学琛,等译.科技情报工
     作,1982(3):25-29.

[40] 钱学森.论系统工程[M].长沙:湖南科学技术出版社,1988.

[41] 乔迪. 兰德决策[M]. 成都:天地出版社,1998.

[42] 秦荣斌. 军事情报基础[M].北京:解放军出版社,2007.

[43] 任国军. 美军联合作战情报支援研究[M].北京:军事科学出版社,2010.

[44] 史秉能,袁有雄,卢胜军.钱学森科技情报工作及相关学术文选[M].北
     京:国防工业出版社,2015.

[45] 斯科特·罗伯茨,利百加·布朗.情报驱动应急响应[M].李柏松,李燕
     宏,译.北京:机械工业出版社,2018.

[46] 舒尔斯基.无声的战争:认识情报世界[M].3版.北京:金城出版社,2010.

[47] 托马斯·特罗伊. 历史的回顾:美国中央情报局的由来和发展[M]. 北
     京:群众出版社,1987.

[48] 王延飞,杜元清,钟灿涛,等.情报研究论[M].北京:北京大学出版
     社,2017.

[49] 西蒙.管理决策新科学[M].李柱流,汤俊澄,译.北京:中国社会科学出版
     社,1982.

[50] 谢尔曼·肯特.战略情报:为美国世界政策服务[M].刘薇,肖皓元,译.北
     京:金城出版社,2012.

[51] 谢默霍恩,享特,奥斯本.组织行为学[M].8版.刘丽娟,等译.北京:清华大
     学出版社,2005.

[52] 闫晋中.军事情报学[M].北京:时事出版社,2003.

[53] 严怡民,刘晓敏,丰成君,等.现代情报学理论[M].武汉:武汉大学出版
     社,1996.

[54] 叶鹰,武夷山.情报学基础教程[M].北京:科学出版社,2012.

[55] 伊万切维奇,康诺帕斯基,马特森.组织行为与管理[M].邵冲,等译.北京:
     机械工业出版社,2006.

[56] 约翰·A.皮尔斯.战略管理:制定、实施和控制[M].8版.王丹,等译.北

京:中国人民大学出版社,2004.

[57] 约书亚·瑞夫纳.锁定真相:美国国家安全与情报战略[M].张旸,译.北京:金城出版社,2015.

[58] 曾忠禄.21世纪商业情报分析:理论、方法与案例[M].北京:中国经济出版社,2017.

[59] 曾忠禄.情报制胜:如何搜集、分析和利用企业竞争情报[M].北京:企业管理出版社,2000.

[60] 张晓军.军事情报学[M].北京:军事科学出版社,2001.

[61] 张晓军.美国军事情报理论著作评价(第二辑)[M].北京:时事出版社,2010.

[62] 张晓军.美国军事情报理论研究[M].北京:军事科学出版社,2007.

[63] 张新华.情报学理论流派研究纲要[M].上海:上海社会科学院出版社,1992.

[64] 赵冰峰.情报论[M].北京:兵器工业出版社,2011.

[65] 中共中央文献研究室.周恩来经济文选[M].北京:中央文献出版社,1993.

[66] 周三多,陈传明,鲁明泓.管理学——原理与方法[M].3版.上海:复旦大学出版社,1999.

[67]《中国情报学百科全书》编委会.中国情报学百科全书[M].北京:中国大百科全书出版社,2010.

[68] 包昌火,刘诗章.我国情报研究工作的回顾与展望[J].情报学报,1996,15(5):345-350.

[69] 包昌火,刘彦君,张摇婧,等.中国情报学论纲[J].情报杂志,2018,37(1):1-8.

[70] 包昌火,马德辉,李艳.Intelligence视域下的中国情报学研究[J].情报杂志,2015,34(12):1-6,47.

[71] 包昌火,马德辉,李摇艳,等.我国国家情报工作的挑战、机遇和应对[J].情报杂志,2016,35(10):1-6,17.

[72] 曹如中,史健勇,郭华.不确定性环境下竞争情报服务战略决策的作用机理研究[J].情报理论与实践,2018,41(01):28-32,4.

[73] 常绍舜.从经典系统论到现代系统论[J].系统科学学报,2011,19(03):1-4.

[74] 陈超.谈谈情报学研究与情报工作[J].竞争情报,2017,13(04):3.

[75] 陈德,刘杰.决策失误归因中"情报失察"泛化现象检视[J].情报杂志,2019,38(09):20-23,13.

[76] 陈峰.应对国外对华技术出口限制的竞争情报问题分析[J].情报杂志,2018,37(1):9-14.

[77] 陈一帆,胡象明.大数据驱动型的公共决策过程创新及效果评估——基于SSCI和SCI的文献研究[J].电子政务,2019(08):14-27.

[78] 陈悦明,葛玉辉,宋志强.高层管理团队断层与企业战略决策的关系研究[J].管理学报,2012,9(11):1634-1642.

[79] 程家瑜.技术预测中咨询专家人数、权重和评价意见的讨论[J].中国科技论坛,2007(5):24-26.

[80] 池建文.论情报的两个基本问题[J].情报学报,2006(S1):1.

[81] 储节旺,是沁.省级科技情报机构服务于创新驱动发展的策略研究[J].情报理论与实践,2017,40(07):1-5.

[82] 次雨桐,李阳,李纲.应急决策活动中的情报监督问题思考[J].情报杂志,2017,36(12):45-51.

[83] 杜元清.情报分析的5个级别及其应用意义[J].情报理论与实践,2014,37(12):20-22.

[84] 高金虎.论国家安全决策中情报的功能[J].情报理论与实践,2019,42(10):1-8.

[85] 宫宏光,许儒红.开展决策情报服务理论研究的思考[J].情报理论与实践,2011,34(2):1-4.

[86] 古家军,胡蓓.企业高层管理团队特征异质性对战略决策的影响——基于中国民营企业的实证研究[J].管理工程学报,2008(03):30-35.

[87] 郭戎.关于未来五年科技发展关键点的思考[J].经济研究参考,2016(13):39-40.

[88] 郭巍青,涂峰.重新建构政策过程:基于政策网络的视角[J].中山大学学报(社会科学版),2009,49(3):161-168.

[89] 洪银兴.以建设现代化经济体系开启现代化新征程[J].政治经济学评论,2018,9(01):11-15.

[90] 侯经川,赵蓉英.国外思想库的产生发展及其对政府决策的支持[J].图书情报知识,2003(5):23-25.

[91] 姜峰,谢川豫.基于控制论的公安情报流程优化研究[J].图书馆杂志, 2019,38(02):17-24.

[92] 姜昊,梁林,刘培琪.大数据对企业决策过程的影响:一个多案例的研究[J].河北经贸大学学报,2018,39(03):99-107.

[93] 蒋飞,郭继荣,王宁武."一带一路"倡议下社会文化情报决策支援路径研究[J].情报理论与实践,2018,41(01):81-86.

[94] 蓝海林.企业战略管理:"静态模式"与"动态模式"[J].南开管理评论, 2007,10(5):31-35,60.

[95] 雷润玲.成功决策中的情报保障[J].现代情报,1993(01):38-39.

[96] 李纲,李阳.智慧城市应急决策情报体系构建研究[J].中国图书馆学报, 2016,42(03):39-54.

[97] 李萌.大数据时代对我国科技情报事业发展的新思考[J].中国软科学, 2016(12):1-4.

[98] 李品,杨建林,杨国立.作为科技发展先行者的情报体系理论框架研究[J].情报学报,2019,38(02):111-120.

[99] 李全,佘卓霖,杨百寅.自恋型CEO对企业战略决策效果的影响机制研究[J].科学学与科学技术管理,2019,40(02):84-98.

[100] 李荣,李辉,吴雨蓉,等.面向战略情报研究的协同情报服务体系构建——基于科技前沿跟踪与预测实践分析[J].情报理论与实践,2018, 41(3):4.

[101] 梁战平.情报学和情报工作的历史性贡献[J].情报理论与实践,2004 (04):341-342.

[102] 梁战平.中国科技情报分析为规划和决策服务的现状[J].科学,1993 (01):35-38.

[103] 刘进,揭筱纹,何诗萌.企业家战略领导能力对战略决策机制影响研究[J].经济问题,2012(12):45-49.

[104] 刘立.以非对称赶超战略推进科技强国建设——习近平科技创新思想的重大时代意义[J].人民论坛·学术前沿,2016(16):60-69.

[105] 刘细文,虞惠达.分布式科技战略情报研究与服务之工作模式研究[J].情报学报,2007(3):430-434.

[106] 刘跃进.以总体国家安全观构建国家安全总体布局[J].人民论坛,2017

(34):38-40.

[107] 娄伟.情景分析法研究[J].未来与发展,2012(9):17-26.

[108] 罗兵,赵丽娟,卢娜.绿色供应链管理的战略决策模型[J].重庆大学学报（自然科学版）,2005(01):105-109.

[109] 马费成,张瑞,李志元.大数据对情报学研究的影响[J].图书情报知识,2018(05):4-9.

[110] 马费成.情报学发展的历史回顾及前沿课题[J].图书情报知识,2013(02):4-12.

[111] 马费成,望俊成.信息生命周期研究述评（Ⅰ）——价值视角[J].情报学报,2010,29(5):939-947.

[112] 欧阳慧,李树丞,陈佳.高层管理团队（TMT）在战略决策中的冲突管理[J].湘潭大学学报（哲学社会科学版）,2004(02):7-10+75.

[113] 彭知辉.论大数据环境下公安情报流程的优化[J].情报杂志,2016,35(04):15-20.

[114] 彭知辉.情报流程研究：述评与反思[J].情报学报,2016,35(10):1110-1120.

[115] 乔欢,周舟.意义建构理论要义评析[J].图书馆杂志,2007(05):8-10.

[116] 沈固朝.两种情报观：Information 还是 Intelligence?——在情报学和情报工作中引入 Intelligence 的思考[J].情报学报,2005(3):259-267.

[117] 沈固朝.情报失察——西方情报研究的重要课题及其对我们的启示[J].图书情报工作,2009,53(2):34-37.

[118] 宋继承,潘建伟.企业战略决策中 SWOT 模型的不足与改进[J].中南财经政法大学学报,2010(01):115-119.

[119] 苏新宁,朱晓峰.面向突发事件应急决策的快速响应情报体系构建[J].情报学报,2014(12):53-77.

[120] 苏新宁.大数据时代情报学学科崛起之思考[J].情报学报,2018,37(05):451-459.

[121] 苏新宁.大数据时代情报学与情报工作的回归[J].情报学报,2017,36(4):331-337.

[122] 孙凯飞."序"在系统论中的含义——兼谈系统整体协同运动规律与辩证法原有规律的关系[J].哲学研究,1994(04):38-43.

[123] 孙琳,邵波.企业技术竞争情报流程分析[J].情报杂志,2008(05):101-104.

[124] 孙守鹏.情报与决策:到底是谁的失误?[J].情报探索,2005(02):3-5.

[125] 汪先明,吴强,严萍.试评二战中英美对德战略轰炸[J].南昌大学学报(哲学社会科学版),2009(2):128-132.

[126] 汪应洛,李怀祖.钱学森开创的系统工程引导我国管理教育蓬勃发展[J].西安交通大学学报(社会科学版),2011(6):1-5.

[127] 王娟.基于信息熵—灰色局势集的企业战略决策方法[J].统计与决策,2014(04):173-175.

[128] 王雪莹.美国国家情报委员会预测未来20年六大领域创新趋势[J].科技导报,2017,35(06):126.

[129] 王延飞,陈美华,赵柯然,等.国家科技情报治理的研究解析[J].情报学报,2018,37(08):753-759.

[130] 王延飞,杜元清.融汇情报刻画的情报感知研究路径[J].科技情报研究,2020,2(01):1-11.

[131] 王知津,周鹏,韩正彪.基于情景分析法的企业危机发展预测[J].图书馆论坛,2010(6):299-302.

[132] 王知津,周鹏,韩正彪.基于情景分析法的技术预测研究[J].图书情报知识,2013(05):115-122.

[133] 吴晨生,张惠娜,刘如,等.追本溯源:情报3.0时代对情报定义的思考[J].情报学报,2017,36(01):1-4.

[134] 吴晨生,张惠娜,刘如,李辉,刘彦君,付宏,侯元元.追本溯源:情报3.0时代对情报定义的思考[J].情报学报,2017,36(01):1-4.

[135] 吴其胜.特朗普贸易新政:理念、议程与制约因素[J].国际问题研究,2018(1):124-138.

[136] 吴素彬,陈云,王科选,等.美国"以目标为中心"的情报分析流程研究[J].情报杂志,2013,32(04):6-9,21.

[137] 吴晓丹,陈德智.技术赶超研究进展[J].科技进步与对策,2008(11):236-240.

[138] 夏维力,许昌元.商务智能技术在企业战略决策中的支持作用及方法研究[J].软科学,2004(03):15-17+21.

[139] 谢开勇,邹梅,裴飞云.认知偏差及对战略决策的影响[J].科技管理研究,2008,28(12):332-334.

[140] 熊斌,陈思婷,石建有.高管团队与中层管理者的互动过程对战略决策质量及战略执行质量的影响研究[J].工业技术经济,2016,35(03):102-108.

[141] 徐峰,张旭.面向决策的情报研究与服务探析[J].情报学报,2012,31(11):1124-1130.

[142] 杨国立,李品.总体国家安全观背景下情报工作的深化[J].情报杂志,2018,37(05):52-58,122.

[143] 杨思洛,冯雅,韩雷.中美顶尖智库比较分析及其启示[J].智库理论与实践,2016,1(3):15-24.

[144] 杨晓宁,刘杰.论作为决策支持的情报分析——建议采纳的视角[J].情报杂志,2017,36(09):19-23.

[145] 余林."2018:国际形势前瞻"学术研讨会综述[J].现代国际关系,2018(2):63-65.

[146] 袁鹏.把握新阶段中美关系的特点和规律[J].现代国际关系,2018(6):1-3.

[147] 曾建勋.花甲之年的惆怅:科技情报事业60年历程反思[J].情报理论与实践,2017,40(11):1-4.

[148] 曾忠禄,张冬梅.不确定环境下解读未来的方法:情景分析法[J].情报杂志,2005(05):14-16.

[149] 曾忠禄.OPSEC:企业公开信息保护的方法[J].中国信息导报,2003(05):50-51.

[150] 曾忠禄.情报收集与分析中的假设分析:方法与案例[J].情报理论与实践,2014,37(09):1-4.

[151] 曾忠禄.情报分析:定义、意义构建与流程[J].情报学报,2016,35(02):189-196.

[152] 张家年,马费成.国家科技安全情报体系及建设[J].情报学报,2016(5):483-491.

[153] 张家年.国家安全保障视域下安全情报与战略抗逆力的融合与对策[J].情报杂志,2017,36(01):1-8,22.

[154] 张利国,杨子皎.战略管理:从目标管理迈向过程管理[J].企业管理,2014(11):24-25.

[155] 张晓军.情报、情报学与国家安全——包昌火先生访谈录[J].情报杂志,2017,36(05):1-5.

[156] 张志学,张文慧.认知需要与战略决策过程之间的关系[J].心理科学,2004(02):358-360.

[157] 赵柯然,王延飞.情报感知的方法探析[J].情报理论与实践,2018,41(08):11-16.

[158] 赵筱媛,郑彦宁,陈峰.近年美国科技竞争战略的演进与变化[J].中国科技论坛,2010(04):142-147,160.

[159] 郑彦宁,赵筱媛,陈峰.我国科技情报机构政府决策服务的最佳实践特征研究[J].情报学报,2012.31(1):4-8.

[160] 郑永年,张弛.特朗普政府《美国国家安全战略报告》对华影响及对策[J].当代世界,2018(2):22-25.

[161] 中国科学技术情报学会,中国社会科学情报学会.情报学与情报工作发展南京共识[J].情报学报,2017,36(11):1209-1210.

[162] 周建,罗肖依,余耀东.董事会与CEO的战略决策权配置研究[J].外国经济与管理,2015,37(01):52-61.

[163] 朱振伟,金占明.战略决策过程中程序理性的实证研究[J].科学学与科学技术管理,2010,31(03):113-118.

[164] 中国科学技术信息研究所.中国科技信息事业55年(综合卷)[C].北京:科学技术文献出版社,2011:1-549.

[165] 王贻芳.创新驱动建设科技强国[N].人民日报海外版,2018-03-06(9).

[166] 朱旭峰.智库影响力测量的多维性[N].学习时报,2017-04-10(6).

[167] Abram N Shulsky, Gary J Schmitt. Silent warfare: Understanding the World of Intelligence[M]. Washington DC: Brassey's Inc., 1991.

[168] Abram N Shulsky, Gary J Schmitt. Silent Warfare: Understanding the World of Intelligence [M]. 2nd edition. Washington DC: Potomac Books, 2002.

[169] Ackoff R L. A Concept of Corporate Planning [M]. New York:

Wiley,1970.

[170] Aguilar F J. Scanning the Business Environment[M]. New York: Macmilan, 1967.

[171] Allen W Dulles. The craft of intelligence[M]. New York: Harper & Row, 1965.

[172] Allison G T. Essence of decision: Explaining the cuban missile crisis [M]. Little Brown: Boston, 1971.

[173] Andrews K J. The Corporate Strategy[M]. Homewood:Irwing, 1971.

[174] Andrews K R. The concept of corporate strategy[M]. Homewood:ILL Irwin, 1971.

[175] Ansoff H I. Corporate Strategy[M]. New York: Penguin Books, 1965.

[176] Ansoff H I. Corprate strategy[M]. London: PenHill, 1965.

[177] Arthur S Hulnick. Fixing the spy machine: preparing American intelligence for the twenty-first century[M]. Westport: Greenwood publishing group, Inc, 1999.

[178] B H Liddell Hart. Foreword, of Sun Tzu, The Art of War[M]. Oxford: Oxford University Press, 1963.

[179] B S Chakravarthy, R E White. Strategy process: Forming implementing and changing strategies[M]. London: Sage Publications, 2002.

[180] Bass B M. Organizational Decision Making[M]. Berlin: Springer, 1983.

[181] Berkowitz B D, Goodman A E. Best truth: Intelligence in the information age[M]. London: Yale University Press, 2000.

[182] Berkowitz B D, Goodman A E. Strategic Intelligence for American National Security[M]. Princeton, NewJersey: Princeton University Press, 1989.

[183] Butler, the Lord of Brockwell. Review of intelligence on weapons of mass destruction[M]. London: The Stationery Office,2004.

[184] Carl J Jensen, David H McElreath, Melissa Graves. Introduction to intelligence studies[M]. Boca Raton, FL: CRC Press,2012.

[185] Carrel M R, Jennings D F, Heavrin C.Fundamentals of organizational behavior[M].Englewood cliffs, NJ: Prentice Hall,1997.

[186] Chandler A D. Strategy and Structure: Chapters in History of the Industrial Enterprises[M]. Cambridge, Mass: The MIT Press, 1962.

[187] Clark R M. Intelligence analysis: A target-centric approach[M]. Washington DC: CQ Press, 2003.

[188] Clark R M. Intelligence analysis: A target-centric approach[M]. 2nd edition. Washington DC:CQ Press,2007.

[189] Cyert R M, March J G. A Behavior Theory of the Firm[M]. Englewood Cliffs, NJ: Prentice Hall, 1963.

[190] D A Marchand, F W Horton. Infotrends: Profiting from your information resources[M]. New York: John Wiley & Sons, 1986.

[191] David F R. Strategic management: Concepts and cases[M]. Harlow, UK: Pearson, 2013.

[192] Dina Sidani, May Sayegh. Big Data at the service of universities:Towards a change in the organizational structure and the decision-making processes [M]. Cham, Switzerland:Springer Nature Switzerland AG, 2019.

[193] Drucker P. The Effective Executive[M]. NewYork, NY: Harper & Row, 1967.

[194] F W Horton. Information resources management: Harnessing information assets for productivity gains in the office, factory, and laboratory[M]. Englewood Cliffs, NJ: Prentice Hall, 1985.

[195] Fingar Thomas. Reducing Uncertainty: Intelligence Analysis and National Security[M]. Stanford: Stanford University Press, 2011.

[196] Gentry J A. Lost promise: How CIA analysis misserves the nation [M]. Lanham, Maryland:University Pressof America, 1993.

[197] George R Z, Bruce J B. Analyzing intelligence[M]. Washington DC: Georgetown University Press, 2008.

[198] Glick W, Miller C, Huber G L. Organizational change and redesign: Ideas and insights for improving performance[M]. New York: Oxford University Press,1993.

[199] H Mintzberg, J B Quinn. The strategy process[M]. Englewood Cliffs, NJ: Prentice Hall, 1992.

[200] Hans Christian Von Baeyer. The Fermi Solution [M]. Portland: Random House, 1993.

[201] Harrison E F. Policy, Strategy, and Managerial Action[M]. Boston, MA: Houghton Mifflin, 1986.

[202] Harrison E F. The Managerial Decisionmaking Process [M]. 4th edition. Boston, MA: Houghton Mifflin, 1995.

[203] Harry Howe Ransom. Central intelligence and national security[M]. Cambridge: Harvard University Press, 1965.

[204] Herbert A Simon. The new science of management decision[M]. New York: Happer & Brothers Publishers, 1960.

[205] Herbert A Simon. Administrative behavior [M]. New York: Free Press, 1945.

[206] Heuer R J. Psychology of intelligence analysis[M]. Washington DC: Center for the Study of Intelligence, Central Intelligence Agency, 1999.

[207] Hofer C W, Schendel D. Strategy Formulation: Analytical Concepts [M]. Saint Paul, MN:West Publishing, 1978.

[208] Hudson J, Lowe S. Understanding the policy process: Analysing welfare policy and practice[M]. Bristol: Policy Press, 2004.

[209] Hulnick A S. Controlling intelligence estimates[M]. London: Frank Cass, 1991.

[210] Isabelle Duyvesteyn, Ben de Jong, Joop van Reijn. The future of intelligence[M]. Oxon, OX:Routledge,2014.

[211] Jack Davis. A compendium of analytic trade craft notes[M]. Washington DC: Center for the Study of Intelligence, Central Intelligence Agency, 1997.

[212] James J Wirtz. The tet offensive: Intelligence failure in war[M]. Ithaca, NY: Cornell University Press,1991.

[213] Jamshid Gharajedaghi. Systems thinking: Managing chaos and complexity [M]. Boston: Butterworth-Heinemann, 1999.

[214] Janis I L. Crucial decisions: Leadership in policymaking and crisis management[M]. New York: Free Press, 1989.

[215] John A Gentry. Lost promise: How CIA analysis misserves the nation

[M].Lanhan,Maryland: University Press of America,1993.

[216] Thompson J D. Comparative Studies in Administration [M]. Pittsburgh, PA: University of Pittsburgh Press, 1959.

[217] J S Hammond, R L Keeney, H Raiffa. Smart choices: A practical guide to making better decisions[M]. Boston, MA: Harvard Business School Press, 1999.

[218] John Gentry. Lost promise: How CIA analysis misserves the nation [M]. MD: University Press of America Inc.,1993.

[219] John R, Schermerhorn Jr, James G Hunt. Organizational behavior [M]. 11th edition.Hoboken, NJ:John Wiley & Sons, Inc., 2011.

[220] Jordan A A, Taylor W J. American national security: Policy and process[M]. Baltimore:Johns Hopkins Press,1981.

[221] Julian Richards. A guide to national security: Threats, responses and strategies[M]. Oxford:Oxford University Press, 2012.

[222] Justin Crump. Corporate Security Intelligence and Strategic Decision Making[M]. New York: CRC Press, 2015.

[223] Kent S. Writing History [M]. 2nd edition. New York: Appleton-Century-Crofts, 1967.

[224] Krizan L. Intelligence essentials for everyone[M].Washington DC: Joint Military Intelligence College, 1999.

[225] L Fahey. Competitors[M]. New York: John Wiley & Sons, 1999.

[226] Larry Kahaner. Competitive intelligence:From black ops to boardrooms—How business gather, analyze, and use information to succeed in the global marketplace[M]. New York:Simon & Schuster,1996.

[227] Leontiades M. Policy, Strategy and Plans[M]. Boston, MA: Little Brown, 1982.

[228] Lowenthal M M. Intelligence: From Secrets to Policy [M]. Washington DC:Congressional Quarterly Press, 2012.

[229] Lowenthal M M. Intelligence: From secrets to policy[M]. 4th edition. Washington DC: CQ Press, 2009.

[230] MacMillan I C, Jones P E. Strategy Formulation: Power and Politics

［M］. St Paul：West Publication，1986.

［231］Makridakis S. Forecasting，Planning and Strategy for the 21st century ［M］. New York：Fress Press，1990.

［232］Manuel Castells. The Rise of the network society—The information age：Economy，society，and culture［M］. Oxford：Blackwell，2010.

［233］Mark Phythian. Understanding the intelligence cycle［M］. New York，NY：Routledge，2013.

［234］Marrin M Pythian. Intelligence theory：Key questions and debates ［M］. London：Routledge，2009.

［235］Mcdowell D. Strategic intelligence：a handbook for practitioners，managers and users［M］. Cooma，NSW：Istana Enterprise Pty. Ltd，1998.

［236］Michael I Handel. Intelligence and Military Operations［M］. London：Frank Cass，1990.

［237］Ministry of Defence Development，Concepts and Doctrine Centre. JDP 2－00 understanding and intelligence support to joint operations［M］. Shrivenham，UK：DCDC，2011.

［238］Mintzberg H. The Nature of Managerial Work［M］. New York：Harper and Row，1973.

［239］MODUK. JDP2－00：Understanding and intelligence support to joint operations，shrivenham［M］. London：UK Defence Concepts and Doctrine Centre，2011.

［240］N Quarmby，L J Young. Managing intelligence：The art of influence ［M］. Sydney：The Federation Press，2010.

［241］New Jersey State Police. Practical guide to intelligence-led policing ［M］.Trenton，NJ：New Jersey State Police，2006.

［242］Nutt Paul C. Making tough decision［M］. San Francisco：Jorssey-Bass，1989.

［243］Ofstad H. An Inquiry into the Freedom of Decision［M］. Oslo：Norwegian Universities Press，1961.

［244］Ohmae K. The mind of the strategist［M］. New York：Penguin McGraw-Hill，1983.

[245] Papula J，Papulova Z. Stratégia a strategický manazment ako nastroje，ktoré umoznuju superenie spoluzitie Davida s Goliasom［M］. Bratislava，SK：Wolters Kluwer，2015.

[246] Parsons D W. Public policy：An introduction to the theory and practice of policy analysis［M］. Aldershot：Edward Elgar Publishing，1995.

[247] Patrick F Walsh.Intelligence and intelligence analysis［M］. Oxon，OX：Routledge，2011.

[248] Patrick Mc Glynn，Godfrey Garner.Intelligence analysis fundamentals ［M］.London：Taylor &·Francis Group,2018.

[249] Peter Gill，Stephen Marrin，Mark Phythian. Intelligence theory：Key questions and debates［M］. New York，NY：Routledge，2009.

[250] Pettigrew A. The Politics of Organizational Decision-Making［M］. London：Tavistock，1973.

[251] Pfeffer J. Managing with Power：Politics and Influence in Organizations［M］. Boston：Harvard Business School，1992.

[252] Porter M E. Competitive Strategy［M］. New York：The Free Press，1980.

[253] Quarmby N，Young L J. The art of influence［M］. Sydney：Federation Press，2010.

[254] Richard Betts，Thomas Mahnken. Paradoxes of strategic intelligence ［M］. London：Frank Cass，2003.

[255] Richard Betts. Paradoxes of Strategic Intelligence：Essays in Honor of Michael I［M］. New York：Routledge，2003.

[256] Richards J，Heuer Jr. Psychology of intelligence analysis［M］. Washington DC：US Government Printing Office，1999.

[257] Robert M Clark. Intelligence Analysis：A Target-Centric Approach ［M］. Washington DC：Congressional Quarterly Press，2012.

[258] Robert M Clark. Intelligence Analysis：A Target-Centric Approach ［M］. 5th edition. Los Angeles：CQ Press，2016.

[259] Roberta Wohlstetter. Peal harbor：Warning and decision［M］. Standford：Stanford university press，1962.

[260] Robertson K G. British and American approaches to intelligence[M]. London:Macmillan, 1987.

[261] Ron Simmer. Using intellectual property data for competitive intelligence[M]. Philadelphia: Licensing executive Society USA & Canada Inc,2001.

[262] Roy Godson, Ernest R May, Gary Schmitt. U. S. Intelligence at the crossroads: Agendas for reform [M]. Washington DC: National Strategy Information Center, 1995.

[263] Sherman Kent. Strategic intelligence and American foreign policy[M]. Princeton, NJ: Princeton University Press, 1949.

[264] Simon French, John Maule, Nadia Papamichail. Decision Behaviour, Analysis and Support [M]. Cambridge: Cambridge University Press, 2009.

[265] Simon H A. Administrative Behavior—A Study of Decision Making Processes in Administrative Organization[M]. New York: Macmillan Publishing Co, lnc, 1971.

[266] Simon H A. Modes of Man: Social and Rational[M]. New York: John Wiley and Sons Inc., 1957.

[267] Simon H A. The New Science of Management Decision[M]. New York: Harper and Row, 1965.

[268] Stephen P Robbins, Mary Coulter. Management [M]. New York: Pearson Education, Inc, 2014.

[269] Sternberg R J. Cognitive psychology (6th ed.) [M]. Belmont, CA: Wadsworth Publishing, 2011.

[270] Steve Tighe. Rethinking strategy: How to anticipate the future, slow down change and improve decision making [M]. New York: John Wiley & Sons Australia, Ltd, 2019.

[271] Thomas L Hughes. The fate of facts in a world of men: Foreign policy and intelligence-making[M]. New York: Foreign Policy Association, 1976.

[272] Thomas N Martin. Smart decisions:The art of strategic thinking for the decision-making process [M]. New York, NY : Palgrave

Macmillan,2016.

[273] Timothy Walton. Challenges in Intelligence Analysis: Lessons from 1300 BC to the Present [M]. Cambridge: Cambridge University Press, 2010.

[274] Treve Rtong G. Reshaping national intelligence for an age of information [M]. Cambridge: Cambridge University Press, 2001.

[275] U. S. Joint Chiefs of Staff. Joint Publication 2 – 01, Joint and national intelligence support to military operations [M]. Washington DC: GPO, 2004.

[276] V Papadakis, P Barwise. Strategic Decisions [M]. New York: Kluwer, 1992.

[277] Vaughan F E. Varieties of intuitive experience [M]. London: Sage, 1989.

[278] Weston H. Agor, intuition in organizations[M]. Newbury Park, CA: Sage Publications, 1989.

[279] Wirtz J J. The tet offensive——Intelligence failure in war[M]. New York: Cornell University Press, 1991.

[280] Woodrow Kuhns. Intelligence Failures: Forecasting and the Lessons of Epistemology[M]. London: Frank Cass, 2003.

[281] Agor W H. Intuition and strategic planning: how organisation can make productive decisions[J]. The Futurist, 1989, 23:20 – 23.

[282] Alan L Porter. Technology foresight: types and methods [J]. International Journal of Foresight and Innovation Policy, 2010, 6(1): 36 – 45(10).

[283] Amason A C. Distinguishing the effects of functional and dysfunctional conflict on strategic decision making: Resolving a paradox for top management teams [J]. Academy of Management Journal, 1996, 39(1): 123 – 148.

[284] Anderson C R, Paine F T. Managerial Perception and Strategic Behavior[J]. Academy of Journal, 1975(18): 811 – 823.

[285] Arthur S Hulnick. What's wrong with the intelligence cycle [J].

Intelligence and National Security, 2006, 21(6): 959 – 979.

[286] Aversa Paolo, Cabantous Laure, Haefliger Stefan. When decision support systems fail: Insights for strategic information systems from Formula[J]. Journal of Strategic Information Systems, 2018, 27(3): 221 – 236.

[287] Betts Richard K. Surprise Attack: Lessons for Defense Planning[J]. Political Science Quarterly, 1984, 98(3):510.

[288] Brehmer B, Hagafors R. The use of experts in complex decision-making: A paradigm for the study of staff work[J]. Organizational Behavior and Human Decision Processes, 1986, 38:181 – 195.

[289] Burke L A, Miller M K. Taking the mystery out of intuitive decision making[J]. Academy of Management Executive, 1999, 13: 91 – 99.

[290] Busenitz L W, Barney J B. Differences between entrepreneurs and managers in large organizations: Biases and heuristics in strategic decision-making[J]. Journal of Business Venturing, 1997, 12(1): 9 – 30.

[291] C C Miller, L B Cardinal. Strategic planning and firm performance: A synthesis of more than two decades of research [J]. Academy of Management Journal, 1994, 37: 1649 – 1665.

[292] C Chet Miller, Lida M Burke, William H Glick. Cognitive diversity among upper-echelon executives: implications for strategic decision processes[J]. Strategic Management Journal, 1998, 19:39 – 58.

[293] Carpenter M A, Westphal J D. The strategic context of external network ties: Examining the impact of director appointments on board involvement in strategic decision making[J]. Academy of Management Journal, 2001, 44(4): 639 – 660.

[294] Child J. Organizational structure, environment, and performance: the role of choice[J]. Sociology, 1972, 6: 1 – 22.

[295] Christine Taylor Chudnow. Information lifecycle management and the government[J]. Computer Technology Review, 2004, 24(8): 144 – 159.

[296] Citroen Charles L. The role of information in strategic decision-making

[J]. International Journal of Information Management, 2011, 31(6): 493 - 501.

[297] Cohen M D, March J G, Ohlsen J P. A garbage can model of organizational choice[J]. Administrative Science Quarterly, 1972, 17: 1 - 25.

[298] D Kahneman, A Tversky. Judgment under uncertainty: Heuristics and biases[J]. Science, 1974, 185: 1124 - 1131.

[299] D Kahneman, D Lovallo, O Sibony. Before You Make That Decision [J]. Harvard Business Review, 2011, 89(6):50 - 60.

[300] Daft R L, Sormunen J, Parks D. Chief executive scanning, environmental characteristics, and company performance: An empirical study[J]. Strategic Management Journal, 1998, 9: 129 - 139.

[301] Das T K, Teng B S. Cognitive biases and strategic decision processes: An integrative perspective[J]. Journal of Management Studies, 1999, 36(6): 757 - 778.

[302] David Brooks. The Elephantiasis of Reason[J]. The Atlantic Monthly, 2003, 29(1):34 - 35.

[303] David Kahn. Codebreaking in World Wars I and II the major successes and failures: Their causes and their effects[J]. The Historical Journal, 1980, 23(3):617 - 639.

[304] Dean J W, Sharfman M P. Does decision process matter? A study of strategic decision making effectiveness[J]. Academy of Management Journal, 1996, 39: 368 - 396.

[305] Dean J W, Sharfman M P. Procedural rationality in the strategic decision-making process[J]. Journal of Management Studies, 1993, 30 (4): 587 - 610.

[306] Drucker P F. The effective decision[J]. Harvard Business Review, 1967, 45(1), 92 - 98.

[307] Duncan R. Characteristics of organizational environments and perceived uncertainty[J]. Administrative Science Quarterly, 1972, 17: 313 - 327.

[308] E Sadler-Smith, E Shefy. Developing intuitive awareness in management education[J]. Academy of Management Learning & Education, 2007, 6(2): 186 - 205.

[309] Eisenhardt K M, Bourgeois L J. Politics of strategic decision making in high-velocity environments: Towards a midrange theory[J]. Academy of Management Journal, 1988, 31: 737 - 770.

[310] Eisenhardt K M, Kahwajy J L, Bourgeois L J. Conflict and strategic choice: how top management teams disagree[J]. California Management Review, 1997, 39: 42 - 62.

[311] Eisenhardt K M, Zbaracki M. Strategic decision-making[J]. Strategic Management Journal, 1992, 13:17 - 37.

[312] Elbanna S, Chilid J. Influences on strategic decision effectiveness: development and test of an integrative model [J]. Strategic management Journal, 2007(28):431 - 453.

[313] Elbanna Said, Child John. The influence of decision, environmental and firm characteristics on the rationality of strategic decision-making [J]. Journal of Management Studies, 2007, 44(4): 561 - 591.

[314] Francois Brouard. Business intelligence for canadian Corporations after September 11[J]. Journal of Competitive Intelligence and Management, 2004,2(1):1 - 15.

[315] Fredrickson J W. The Comprehensiveness of strategic decision processes: Extension, observations,future directions[J]. Academy of Management Journal, 1984,27: 445 - 466.

[316] Gandz J, Murray V V. The experience of workplace politics[J]. Academy of Management Journal, 1980, 23: 237 - 251.

[317] Gary M S, Wood R E. Mental models, decision rules, and performance heterogeneity[J]. Strategic Management Journal, 2011, 32(6): 569 - 594.

[318] Gavetti G, Greve H R, Levinthal D A. The behavioral theory of the firm: Assessment and prospects [J]. Academy of Management Annals, 2012, 6(1): 1 - 40.

[319] Gavetti G, Levinthal D. Looking forward and looking backward: Cognitive and experiential search [J]. Administrative Science Quarterly, 2000, 45(1): 113 - 137.

[320] Gentner D. Structure-mapping: A theoretical framework for analogy [J]. Cognitive Science, 1983, 7(2): 155 - 170.

[321] George B D, Washington P. Strategic intelligence production [J]. Military Affairs, 1959, 22(4): 223.

[322] Geraint Evans. Rethinking military intelligence failure—Putting the wheels back on the intelligence cycle[J].Defence Studies, 2009 ,9(1): 22 - 46.

[323] Gerard P. Hodgkinson. Breaking the frame: an analysis of strategic cognition and decision making under uncertainty [J]. Strategic Management Journal, 1999(20):977 - 985.

[324] Gilovich T R. Seeing the Past in the Present: the Effect of Associations to familiar events on judgments and decisions[J]. Journal of Personality & Social Psychology, 1981(40):797 - 808.

[325] Ginsberg A. Measuring and modeling changes in strategy: Theoretical foundations and empirical directions [J]. Strategic Management Journal, 1988(9):559 - 575.

[326] Grégoire D A, Barr P S, Shepherd D A. Cognitive processes of opportunity recognition: The role of structural alignment [J]. Organization Science, 2010, 21(2): 413 - 431.

[327] H Mintzberg, A McGugh. Strategy Formation in an Adhocracy[J]. Administrative Science Quarterly, 1985, 30(2):257 - 272.

[328] Harrison E F. The concept of strategic gap[J]. Journal of General Management, 1989, 15(2):57 - 72.

[329] Heath C, Gonzalez R. Interaction with others increases decision confidence but not decision quality: evidence against information collection views of interactive decision-making [J]. Organizational Behavior and Human Decision Processes, 1995,61: 305 - 326.

[330] Herring Jan P. Buiding a business intelligence system[J]. Journal of

Business Strategy, 1988, 9(3):4 - 9.

[331] Heuer R. Strategies for analytical judgment [J]. Studies in Intelligence, 1981(1): 65 - 78.

[332] Hickson D J, Miller S J, Wilson D C. Planned or prioritized? Two options in managing the implementation of strategic decisions [J]. Journal of Management Studies, 2003, 40: 1803 - 1836.

[333] Hiller N J, Hambrick D C. Conceptualizing executive hubris: The role of (hyper-) core self-evaluations in strategic decision-making [J]. Strategic Management Journal, 2005, 26(4): 297 - 319.

[334] Hitt M A, Tyler B M. Strategic decision models: Integrating different perspectives [J]. Strategic Management Journal, 1991, 12 (3): 327 - 351.

[335] Hodgkinson G P, Bown N J, Maule A J, et al. Breaking the frame: An analysis of strategic cognition and decision making under uncertainty [J]. Strategic Management Journal, 1999, 20 (10): 977 - 985.

[336] Hough J R, White M A. Environmental dynamism and strategic decision-making rationality: An examination at the decision-level [J]. Strategic Management Journal, 2003, 24(5): 481 - 489.

[337] Hulnick Arthur S. The intelligence producer—policy consumer linkage: A theoretical approach [J]. Intelligence and National Security, 1986, 1(2):212 - 233.

[338] Intezari A, Pauleen D J. Management wisdom in perspective: Are you virtuous enough to succeed in volatile times? [J]. Journal of Business Ethics, 2014, 120(3):393 - 404.

[339] Intezari Ali, Gressel Simon. Information and reformation in KM systems: big data and strategic decision-making [J]. Journal of Knowledge Management, 2017, 21(1): 71 - 91.

[340] J A Lamberg, H Tikkanen, T Nokelainen, H Suur-Inkeroinen. Competitive dynamics, strategic consistency, and organizational survival [J]. Strategic Management Journal, 2009, 30:45 - 60.

[341] Jaana Woiceshyn. "Good Minds": How CEOs use Intuition, analysis and guiding principles to make strategic decisions[J]. Long Range Planning, 2009, 42: 298 - 319.

[342] Jack Davis. Tensions in analysis-policymaker relations: Options, facts, and evidence[J]. Intelligence Analysis Occasional Papers, 2003, 2(3): 8.

[343] Jain S. Environment scanning in US[J]. Long Range Planning, 1984, 17(2):117 - 128.

[344] Janczak S. The Strategic Decision-Making Process in Organizations[J]. Problems & Perspectives in Management, 2005, 101(101):411 - 415.

[345] Jay Luvaas. Napoleon's use of intelligence: the Jena Campaign of 1805[J]. Intelligence and national security, 1988, 3(3):40 - 54.

[346] Johan Frishammar. Information use in strategic decision making[J]. Management Decision, 2003, 41(4): 318 - 326.

[347] Johnson L K. Making the Intelligence Cycle Work[J]. International Journal of Intelligence and Counterintelligence, 1987, 1(4):2.

[348] Jonathan Kirshner. Rational explanations for war? [J] Security Studies, 2000, 10(1):143 - 150.

[349] Jones R E, Jacobs L W, Spijker W V. Strategic decision processes in international firms[J]. Management International Review, 1992, 32(3): 219 - 237.

[350] Jones R E, Jacobs L W, Spijker W V. Strategic decision processes in international firms[J]. Management International Review, 1992, 32, 219 - 237.

[351] Kim W C, Mauborgne R. Procedural justice, strategic decision making, and the knowledge economy [J]. Strategic Management Journal, 1998, 19(4): 323 - 338.

[352] Korsgaard M A, Schweiger D M, Sapienza H J. Building commitment, attachment, and trust in strategic decision-making teams-The role of procedural justice[J]. Academy of Management Journal, 1995,38(01): 60 - 84.

[353] Lefebvre S. A look at intelligence analysis[J].International Journal of Intelligence and Counterintelligence，2004，17(2):231 – 264.

[354] Li Yuan，Hou Mingjun，Liu Heng，et al. Towards a theoretical framework of strategic decision，supporting capability and information sharing under the context of Internet of Things[J]. Information Technology & Management，2012，13(4)：205 – 216.

[355] Lin Yang，Cole Charles，Dalkir Kimiz. The relationship between perceived value and information source use during KM strategic decision-making：A study of 17 Chinese business managers[J]. Information Processing & Management，2014，50(1)：156 – 174.

[356] Loch K Johnson. Bricks and mortar for a theory of intelligence[J]. Comparative Strategy，2003，22 (1)：1 – 28.

[357] Lovallo D，Clarke C，Camerer C. Robust analogizing and the outside view：Two empirical tests of case-based decision making[J]. Strategic Management Journal，2012，33(5)：496 – 512.

[358] Loveridge D. Foresight：the art and science of anticipating the future [J]. Foresight，2009(5)：80 – 86.

[359] M A Hitt，R D Ireland. The essence of strategic leadship：Managing human and social capital[J]. Journal of Leadership and Organization Studies，2002，9(1)：3 – 14.

[360] Maitland E，Sammartino A. Decision making and uncertainty：The role of heuristics and experience in assessing a politically hazardous environment[J]. Strategic Management Journal，2015，36(10)：1554 – 1578.

[361] Malakooti B. Decision making process：typology，intelligence，and optimization[J]. Journal of Intelligent Manufacturing，2012，23(3)：733 – 746.

[362] McKenna R J，Martin Smith B. Decision making as a simplification process：New conceptual perspectives [J]. Management Decision，2005，43(6)：821 – 836.

[363] Miller C C，Ireland R D. Intuition in strategic decision making：friend

or foe in the fast-paced 21st century[J]. Academy of Management Executive, 2005, 19:19-30.

[364] Miller C C, Burke L M, Glick W. Cognitive diversity among upper-echelon executives: Implications for strategic decision processes[J]. Strategic Management Journal, 1998, 19(1): 39-58.

[365] Miller D, Frieen P H. Innovation in conservative and entrepreneurial firms: two models of strategic momentum[J]. Strategic Management Journal, 1982, 3(1): 1-25.

[366] Mintzberg H, Théorêt A, Raisinghani D. The structure of the unstructured decision making process [J]. Administrative Science Quarterly, 1976, 21(2): 246-75.

[367] Mintzberg H, Waters J A. Of strategies deliberate and emergent[J]. Strategic Management Journal, 1985, 6:257-72.

[368] Mintzberg H. Crafting strategy[J]. Harvard Business Review, 1987, 65(4): 66-75.

[369] Mintzberg H. Strategy-making in three mode [J]. Management Review, 1973, 15(2): 44-53.

[370] Mintzberg H. The manager's job: folklore and fact [J]. Harvard Biuiness Rev, 1975, 53(4):49-61.

[371] Mitchell J Robert, Shepherd Dean A, Sharfman Mark P. Erratic strategic decisions: When and why managers are inconsistent in strategic decision making[J]. Strategic Management Journal, 2011, 32 (7): 683-704.

[372] Moore C, Tenbrunsel A E. Just think about it? Cognitive complexity and moral choice[J]. Organizational Behavior and Human Decision Processes, 2014, 123: 138 - 149.

[373] Nandini Rajagopalan. Strategic Decision Processes: Critical Review and Future Directions[J]. Journal of Management, 1993, 19(2):349-384.

[374] Nielsen Sabina, Huse Morten. Women directors' contribution to board decision-making and strategic involvement: The role of equality

perception[J]. European Management Review, 2010, 7(01): 16 - 29.

[375] Nutt P C. Evaluating alternatives to make strategic choices [J]. Omega, 1998, 26: 333 - 354.

[376] Nutt P C. The formulation processes and tactics used in organizational decision making[J]. Organization Science, 1993, 4: 226 - 251.

[377] Ocasio W. Towards an Attention-based View of the Firm[J]. Strategic Management Journal, 1997, 18(1):187 - 206.

[378] Olson Bradley J, Parayitam Satyanarayana, Bao Yongjian. Strategic decision making: The effects of cognitive diversity, conflict, and trust on decision outcomes [J]. Journal of Management, 2007, 33 (2):196 - 222.

[379] Onar Sezi Cevik, Oztaysi Basar, Kahraman Cengiz. Strategic decision selection using hesitant fuzzy TOPSIS and Interval Type-2 Fuzzy AHP: A case study [J]. International Journal of Computational Intelligence Systems, 2014, 7(5): 1002 - 1021.

[380] P Berrone, L R Gomez-Mejia. Environment performance and executive compensation: An integrated agency-institutional perspective [J]. Academy of Management Journal, 2009, 52: 103 - 126.

[381] P Chatopadhyay, W H Glick, G P Huber. Organizational actions in response to threats and opportunities[J]. Academy of Management Journal, 2001, 44: 937 - 955.

[382] P E Bierly, M D Santoro. The application of external knowledge: Organizational conditions for exploration and exploitation[J]. Journal of Management Studies, 2009, 46: 481 - 509.

[383] Papadakis V M, Barwise P. How much do CEOs and top managers matter in strategic decision-making? [J]. British Journal of Management, 2002, 13(1): 83 - 95.

[384] Papadakis V M, Lioukas S, Chambers D. Strategic decision-making processes: The role of management and context [J]. Strategic Management Journal, 1998, 19(2): 115 - 147.

[385] Papadakis V. Strategic investment decision processes and

organizational performance[J]. British Journal of Management, 1998 (9):115 - 132.

[386] Patterson E S, Roth E M, Woods D D. Predicting vulnerabilities in computer supported inferential analysis under data overload cognition [J]. Technology & Work, 2001(3):224 - 237.

[387] Pounds W F. The process of problem finding[J]. IndustrialManagement Review, 1969, 11:1 - 19.

[388] Powell T C, Lovallo D, Fox C R. Behavioral strategy[J]. Strategic Management Journal, 2011, 32(13): 1369 - 1386.

[389] Prietula M J, Simon H A. The experts in your midst[J]. Harvard Business Review, 1989, 67:120 - 124.

[390] R L Ackoff. From data to wisdom[J]. Journal of Applied Systems Analysis, 1989, 16:3 - 9.

[391] Rajagopalan N, Rasheed A M A, Datta D K. Strategic decision-processes crtical review and future directions [J]. Journal of Management, 1993, 19(2): 349 - 384.

[392] Regner P. Strategy creation in the periphery: inductive versus deductive strategy making[J]. Journal of Management Studies, 2003, 40(1):57 - 82.

[393] Robert M Gates. Guarding against politicization [J]. Studies in Intelligence, 1992, 36(5): 5 - 13.

[394] Rodriguez Cruz Yunier, Pinto Maria. Information requirements for strategic decision making in information organizations [J]. Transinformacao, 2017, 29(2): 175 - 189.

[395] Rodriguez Cruz Yunier, Pinto Maria. Information use model for the strategic decision making in information organizations [J]. Transinformacao, 2018, 30(1): 51 - 64.

[396] Roger Zane George, Robert Jervis. Why Intelligence Fails: Lessons from the Iranian Revolution and the Iraq War[J]. Intelligence and National Security.2013(28):761 - 765.

[397] Rogers P. The Cognitive Psychology of Lottery Gambling: A

Theoretical Review [J]. Journal of Gambling Studies, 1998, 14 (2):111.

[398] Rowley J. The wisdom hierarchy: representations of the DIKW hierarchy[J]. Journal of Information Science, 2007, 33(2):163 – 180.

[399] Sadler-Smith E, Shefy E. The intuitive executive: understanding and applying "gut feel" in decision-making[J]. Academy of Management Executive, 2004, 18:76 – 91.

[400] Said Elbanna, John Child. Influences on strategic decision effectiveness: Development and test of an integrative model [J]. Strategic Management Journal, 2007,28:431 – 453.

[401] Said Elbanna, John Child. The influence of decision, environmental and firm characteristics on the rationality of strategic decision-making [J]. Journal of Management Studies, 2007(6):4 – 44.

[402] Said Elbanna. Strategic decision-making: Process perspectives [J]. International Journal of Management Reviews, 2006, 8(1): 1 – 20.

[403] Salvato C. The role of micro-strategies in the engineering of form evolution[J]. Journal of Management Studies, 2003, 40(1):83 – 108.

[404] Sauter V L. Intuitive decision-making [J]. Communications of the ACM, 199, 42: 109 – 115.

[405] Schotter A. Decision-making with naive advice[J].American Economic Review, 2003,93: 196 – 201.

[406] Schrenk L P. Aiding the decision maker—A decision process model[J]. Ergonomics, 1969(12):543 – 557.

[407] Shirley R C. Limiting the scope of strategy: a decision-based approach [J]. Academy of Management Review, 1982, 7(2): 264 – 265.

[408] Simon H A. Making management decisions: the role of intuition and emotion[J]. Academy of Management Executive, 1987, 1:57 – 64.

[409] Simons T, Pelled L, Smith K. Making use of difference: Diversity, debate and decision comprehensiveness in top management teams[J]. Academy of Management Journal,1999,42:662 – 673.

[410] Sonenshein S. The role of construction, intuition, and justification in

responding to ethical issues at work: the sense making -intuition model [J]. Academy of Management Review,2007,32(4):1022－1040.

[411] Sonfield M, Lussier R N, Corman J, et al. Gender comparisons in strategic decision-making: An empirical[J]. Journal of Small Business Management, 2001, 29(02): 165－173.

[412] Stefan Wally J. Robert Baum. Personal and structural determinants of the pace of strategic decision making[J]. Academy of Management Journal, 1994,37:932－956.

[413] Stephen Marrin. Intelligence analysis theory: Explaining and predicting analytic responsibilities [J]. Intelligence and National Security, 2007, 22(6): 821－846.

[414] Stephen Marrin. Why strategic intelligence analysis has limited influence on American foreign policy[J]. Intelligence and National Security, 2017, 32(6): 725－742.

[415] Stew Magnuson. Satellite data distribution lagged, improved in Afghanistan[J]. Space News, 2002:6.

[416] Surma J. Supporting strategic decision making with case-based reasoning [J]. International Journal of Business Insights and Transformation, 2010, 3(1): 4.

[417] Taylor R S. Value-Added processes in the information life cycle[J]. Journal of the American Society for Information Science, 1982 (5):341.

[418] Teece D J. Explicating dynamic capabilities: the nature and microfoundations of(sustainable) enterprise performance[J]. Strategic Management Journal, 2007,28(13):1319－1350.

[419] Van de Ven A H. Suggestions for studying Strategy Process: A Research Note [J]. Strategic Management Journal, 1992 (13): 169－188.

[420] Van't Wout M, Kahn R S, Sanfey A G, et al. Repetitive transcranial magnetic stimulation over the right dorsolateral prefrontal cortex affects strategic decision-making [J]. Neuroreport, 2005, 16 (16):

1849 - 1852.

[421] Vassilis M Papadakis, Yiannis Kaloghirou, Maria Iatrelli. Strategic decision making: From crisis to opportunity[J]. Business Strategy Review, 1999(10): 29 - 37.

[422] Vassilis M, Papadakis Spyros Liouks, David Chambers. Strategic decision-making processes: The role of management and context[J]. Strategic Management Journal, 1998(19):115 - 147.

[423] Vego Goran, Kucar Dragicevic Savka, Koprivartac Natalija. Application of multi-criteria decision-making on strategic municipal solid waste management in Dalmatia, Croatia[J]. Waste Management, 2008,28(11): 2192 - 2201.

[424] Venkatraman Vinod, Payne John W, Bettman James R, et al. Separate Neural Mechanisms Underlie Choices and Strategic Preferences in Risky Decision Making[J]. Neuron, 2009, 62 (4): 593 - 602.

[425] Venkatraman Vinod, Rosati Alexandra G, Taren Adrienne A, et al. Resolving Response, Decision, and Strategic Control: Evidence for a Functional Topography in Dorsomedial Prefrontal Cortex[J]. Journal of Neuroscience, 2009, 29(42): 13158 - 13164.

[426] W H Stewart, R C May, A Kalla. Environmental perceptions and scanning in the United States and India: Convergence in entrepreneurial information seeking? [J]. Entrepreneurship Theory and Practice, 2008, 32: 83 - 106.

[427] Wally S, Baum J R. Personal and structural determinants of the pace of strategic decisionmaking[J]. Academy of Management Journal, 1994, 37:932 - 956.

[428] Wark W K. Introduction: Learning to live with intelligence [J]. Intelligence and National Security, 2003,18(4):1 - 14.

[429] Wei Guiwu. Some cosine similarity measures for picture fuzzy sets and their applications to strategic decision making[J]. Informatica, 2017, 28(3): 547 - 564.

[430] Yan Min Ren. Improving entrepreneurial knowledge and business innovations by simulation-based strategic decision support system[J]. Knowledge management Research & Practice, 2018, 16 (2): 173 - 182.

[431] Yaniv I, Choshen-Hillel S. Exploiting the wisdom of others to make better decisions: Suspending judgment reduces egocentrism and increases accuracy[J]. Journal of Behavioral Decision Making, 2012, 25: 427 - 434.

[432] Yeshoshafat Harkabi. The intelligence-policy-maker tangle[J]. The Jerusalem Quarterly, 1984(30): 125 - 131.

[433] Yim N H, Kim S H, Kim H W, et al. Knowledge based decision making on higher level strategic concerns: system dynamics approach [J]. Expert Systems With Applications, 2004, 27(1): 143 - 158.

[434] Zahra S, Neubaum D, El-Hagrassey G.Competitive analysis and new venture performance: Understanding the impact of strategic uncertainty and venture origin [J]. Entrepreneurship Theory and Practice,2002,27:1 - 28.

[435] Zeleny M. Descriptive decision making and its applications [J]. Applications of Management Science, 1981, 1: 333.

[436] Ford C M. Creativity in managerial decision making: An examination of factors that influence the creativity of managers' decisions[D]. Pennsylvania State University, 1989.

[437] Davies P H J. The intelligence cycle is dead, long live the intelligence Cycle[D]. Brunel University, 2012.

[438] Hess J H. Improving intelligence in a counterinsurgency or counterterrorism environment through the application of a critical thinking-based framework[D]. Louisiana State University, 2011.

[439] Priem R, Rasheed A, Kotulic A. Rationality in strategic decision processes, environ-mental dynamism and firm performance: A test of competing theories[D]. University of Texas at Arlington, 1992.

[440] Ali Intezari, David J Pauleen, Nazim Taskin. The DIKW hierarchy

and management decision-making[C]. 2016 49th Hawaii International Conference on System Sciences，4193 – 4202.

[441] Raudeliuniene Jurgita，Elskyte Vida. Change management：Formation of competitive strategic decisions [C]. 5th International Scientific Conference on Business and Management，2008：468 – 474.

[442] Niculae Iancu，Irena Dumitru. Intelligence in the Knowledge Society [C]. Proceedings of the XIXth International Conference，2014：219.

[443] Barclay S，Randall L S. Interactive decision analysis aids for intelligence analysts [R]. DTIC Document，No. DT/TR75 – 4. Decisions And Designs Inc Mclean Va，1976：131.

[444] CIA. Fact Book on Intelligence[R]. Washington DC：CIA，1983.

[445] P Bergeron. Information resources management[R]. Annual Review of Information Science and Technology，1996，31：263 – 300.

[446] Treverton G F. Reshaping national intelligence in an age of information[R]. RAND Report，2001：106.

[447] Black J，Cavano J，Hollyfield. Optimizing talent management Strategies for MCISR-E，Capstone Cohort 4，2011[EB/OL]. [2019-11-16].http：//www. hqmc.marines，mil/Portals/133/Dots/Optimizing％ 20 Talent％ 20Management％ 20Strategies％ 20for％ 20 MCISRE_ Capstone％ 20Cohort％ 204. pdf.

[448] Bureau of Industry and Security of U. S. Department of Commerce. About BIS：Mission Statement[EB/OL].[2019 – 12 – 20].https：// www.bis.doc.gov/index.php/about-bis/mission-statement.

[449] Agrell W. Intelligence Analysis after the Cold War—New Paradigm or Old Anomalies[EB/OL].[2020 – 1 – 1]. https：//www. researchgate. net/publication/292505591_Intelligence_analysis_after_the_cold_war_-_ new_paradigm_or_old_anomalies

[450] FBI. Directorate of intelligence website[EB/OL]. [2019 – 11 – 4]. http：//www.fbi.gov/about-us/intelligence/intelligence-cycle.

[451] Mangio C A，Wilinson B J. Intelligence Analysis：Once Again[EB/ OL].[2019 – 12 – 28]. hops：//www. education. psu. edu/drupal6/files/

sgam/Intel_Once_Again. pdf.

[452] Miller G. The Magical Number Seven, Plus or Minus Two: Some Limits on Our Capacity for Processing Information[EB/OL].[2020 - 1 - 29].https://www.ncbi.nlm.nih.gov/pubmed/13310704.

[453] Office of Training and Education. Analytic thinking and presentation for intelligence producers: Analysis training handbook [EB/OL]. [2020 - 01 - 10]. http://www. scip. org/files/resources/analytic-thinking-cia.pdf.

[454] Paul K Davis,Jonathan Kulick,Michael Egner. Implications of Modern Decision Science for Military Decision-Support Systems [EB/OL]. [2019-10-18]. https://www.rand.org/pubs/monographs/MG360.html

[455] Rand. Intelligence analysis [EB/OL]. [2019-11-16]. http://www. rand. org/topics/intelligence-analysis.html.

[456] US Army. lntelligence Analysis[EB/0L].[2019 - 12 - 29]. https:// info.publicintelligence.net /USArmy-IntelAnalysis.pdf.

[457] US National Intelligence Council. Global trends: The paradox of progress[EB/ OL].[2018 - 03 - 01]. https://www. dni. gov/index. php/global-trends-home.